Stockholm

Zeit für das Beste!

HIGHLIGHTS | GEHEIMTIPPS | WOHLFÜHLADRESSEN

»Und grade, als wir im besten Singen waren,
da tauchten die ersten Häuser der großen
Stadt auf. Weichen knackten, der Zug
schepperte über eine niedrige Brücke, hielt.
Komm raus! Die Koffer. Der Träger. Ein
Wagen. Hotel. Guten Tag. Stockholm.«

Kurt Tucholsky, Schloss Gripsholm, 1931

BRUCKMANN

Stockholm

Zeit für das Beste!

Ralf Schröder
Max Schröder

BRUCKMANN

INHALT

Entspannt genießen – Biergarten im Stadtteil Södermalm

Die Altstadt ist eine Perle der schwedischen Hauptstadt.

MEHR WISSEN

Die Schären sind ein kleines Sommerparadies.

MEHR ERLEBEN

VOM MÄLAREN ZU DEN SCHÄREN

S. 1: Die Thielska galleriet ist ein Kunstmuseum auf Djurgården.
S. 2/3: Stockholm – die Stadt, die sich über 14 Inseln erstreckt
Rechte Seite: In Schloss Drottningholm außerhalb des Zentrums wohnt auch heute noch die Königsfamilie.

UMGEBUNG UND AUSFLÜGE

Schlosswache bei der Arbeit

REISEINFOS

DAS SOLLTEN SIE SICH NICHT ENTGEHEN LASSEN

❶ Radtour um Djurgården (S. 146)
In Stockholm ist die Natur stets nah. Es
gibt sogar einen Nationalpark mitten in
der Stadt. Als grünes Band zieht sich der
geschützte Ekoparken mit einer Länge
von 15 Kilometer durch Stockholm. Das
Herzstück des Parks ist die Insel Djurgården, das ehemalige Jagdrevier des Königs. Es ist ein Genuss, die Insel mit dem
Fahrrad zu umrunden und Museen,
Schlösser und alte rote Häuser zu entdecken. Im entzückenden Bio-Garten Rosendal entspannt man mit einer Zimt-
schnecke unter Apfelbäumen und
vergisst die Großstadt.

❷ Im Kajak durch die City (S. 112)
In Stockholm bilden Land und Wasser
eine besondere Einheit. An mehreren
Stellen im Zentrum kann man Kajaks
ausleihen und sich durch die Kanäle
treiben lassen. Neulinge merken bei einer geführten Paddeltour vorbei an der
Insel Djurgården, wie leicht sie ihren
Rhythmus finden. Wer sich alleine ins
Boot traut, umrundet in zwei Stunden
die Insel Kungsholmen vorbei am Stadshuset und durch den grünen Karlbergs-
kanal.

**❸ Picknick auf dem Monteliusvägen
(S. 188 und Bild links)**
Das auf Felsen erbaute Stockholm birgt
viele hübsche Stellen für ein Picknick.
Am hohen Ufer von Södermalm bietet

9

der Panoramaweg Monteliusvägen einen weiten Blick über das Wasser, die markante Silhouette des Rathauses und den Sonnenuntergang. Tische und Bänke sind eine Einladung auf einen Snack im Freien, der Stockholmer zu (fast) jeder Jahreszeit folgen. Auch Kastellholmen und die Evert-Taube-Terrasse sind gute Anlaufpunkte.

4 Shopping auf der Straße der Königin (S. 46)

Wer nach Stockholm kommt, möchte oft ein Stück nordische Eleganz mit nach Hause nehmen. Gerade Schnitte, klassische Farben und blau-weißer Marine-Look: Die skandinavische Mode schmeichelt jedem. Einen ersten Überblick über die aktuelle Mode und Design-Mitbringsel für zu Hause verschafft man sich im Kaufhaus Åhléns. Auf der Drottningga-

tan wird man in Boutiquen mit skandinavischen Marken fündig, von erschwinglich bis luxuriös. Sogar die H&M-Auslage mutet in Stockholm anders an als im Rest Europas.

5 Aussicht vom Rathausturm (S. 32)

Das Stadshuset ist Stockholms interaktives Wahrzeichen. Eine geführte Tour durch die Hallen des Rathauses amüsiert mit Geschichten von Nobelpreisträgern und peinlichen Baufehlern. Vom Turm hat man einen schönen Blick über Altstadt, Reichstag, königliches Schloss und Riddarholmen. Im Garten kann man einfach entspannen und beobachten, wie fotografierende Touristen und Jogger aus der Nachbarschaft aufeinandertreffen. Die anschließende Uferpromenade Norr Mälarstrand ist wahrlich einen Spaziergang wert.

Das Stadshus ist eines der Wahrzeichen Stockholms.

❻ Fotogalerie für Nachtschwärmer (S. 194)

Die Galerie Fotografiska hat täglich bis 23 Uhr geöffnet. Damit ist sie ein willkommenes Ziel für Kunstinteressierte, die nach dem Abendessen noch etwas vorhaben. Die wechselnden Ausstellungen zeigen mal grelle Fotokunst, mal sanfte Porträts, immer von renommierten Fotografen. Den Rundgang durch die Welt der Bilder lässt man im Restaurant mit Panoramablick und Biogerichten ausklingen. Auf der Insel Södermalm gelegen, ist das Museum auch ein Ausgangspunkt ins Stockholmer Nachtleben.

❼ Mit ABBA singen (S. 166)

Auf Djurgården wird das schwedische Musikwunder gefeiert. Das ABBA-Museum gewährt Einblicke in die Anfänge und den Verlauf der Karriere, aber auch in die dramatische Auflösung von Schwedens Exportschlager. Originalkostüme erinnern an die farbenfrohen Auftritte des Quartetts, das nachgebaute Studio zeigt, wo und wie die Lieder entstanden. Als »fünftes Mitglied« soll man sich in dem interaktiven Museum fühlen. Überraschungen wie die Karaokekabinen und die Bühne laden zum Mitsingen und -tanzen ein.

❽ Die neue nordische Küche (S. 126)

Moderne Küchenchefs vereinen die Schätze aus Wald, Meer und Landwirtschaft auf kreative Art. Die schwedischen Fleischbällchen kennt jeder. In den vergangenen Jahren machen skandinavische Köche weltweit aber auch mit der neuen nordischen Küche auf sich aufmerksam. Lokale Zutaten wie Rote Bete und eingelegter Hering kommen nun in Gourmetmenüs auf den Teller. Konservierungsmethoden, die früher als bäuerlich galten, werden wieder geschätzt. Die Dichte der modernen Schweden-Küchen ist auf Östermalm – genauer gesagt – um den Stureplan besonders hoch.

❾ Kaffeekränzchen nach schwedischer Art (S. 144)

Zu Stockholm gehören Zimtschnecken, Kardamomgebäck und Blätterteigtaschen wie der König und die Schiffe. Egal ob bei der Arbeit oder mit Freunden: Schweden gönnen sich im Alltag regelmäßig eine süße Auszeit namens »Fika«. Dazu fließt Filterkaffee in rauen Mengen. Wer Espresso vorzieht, lässt sich lieber nichts anmerken, denn den Schweden ist ihr Kaffee heilig. Ob zum Mitnehmen aus dem Supermarkt oder in Ruhe in einem der unzähligen Cafés auf dem Karlavägen: kein Stockholm-Besuch ohne Kaffeekränzchen.

❿ Mit dem Schiff nach Gripsholm (S. 246)

Ein Tagesausflug nach Mariefred vereint Schwedens schönste Seiten: gemächliche Schifffahrt, verwinkeltes Schloss und eine pittoreske Hafenstadt. Sollte im Stockholm-Zeitplan Platz für nur ein Schloss sein, dann hoffentlich Gripsholm. In diesem verwinkelten Märchenschloss erwartet Besucher ein Streifzug durch Schwedens Geschichte seit dem ersten König Gustav I. Wasa. Die größte Porträtsammlung des Landes ehrt Prominente bis in die Gegenwart. Und im wohl ältesten Gasthaus Schwedens speist man wie ein kleiner König.

WILLKOMMEN
in Stockholm

Stockholm zählt zu den schönsten Hauptstädten Europas, daran gibt es keinen Zweifel. Es kann sich mit Paris, Lissabon oder Budapest messen. Die Gründe dafür sind vielfältig. An erster Stelle zu nennen ist die unvergleichliche Lage auf vielen kleinen Inseln, die im Übergang des Sees Mälaren zur Ostsee die Durchfahrt auf dem Wasserweg verengen. Ständig ist man als Besucher von Wasser umgeben, immer wieder laden Uferpromenaden und Kais zu Spaziergängen ein. In Stockholm sind innerstädtische Fußgängerfähren und Bootsverbindungen zu den Vororten ähnlich wichtig wie Busse und Bahnen – und für Urlauber bieten sie erfreuliche Ausblicke auf die verschiedenen Stadtteile.

Das zweite Pfund, mit dem die schwedische Hauptstadt wuchern kann, sind die ausgedehnten Grünanlagen. Stockholm richtete bereits im Jahr 1994 den ersten Nationalstadtpark weltweit ein, dadurch wurden weite Teile der innerstädtischen Grünflächen unter einen ähnlich strengen Schutz gestellt wie andernorts die Nationalparks. Nur im benachbarten Finnland folgten rund zehn Jahre später drei deutlich kleinere Kommunen dem schwedischen Vorbild. Für eine Hauptstadt ist der Nationalstadtpark immer noch einmalig.

Fußgängerfähren und Sightseeingschiffe sind rund um die »Stadt auf dem Wasser« unterwegs.

Und das dritte und wirklich gewichtige Argument ist die weitgehend intakte Stadtarchitektur: Stockholm wurde nie durch kriegerische Handlungen beschädigt oder gar zerstört. Alle architektonischen Wunden und Bausünden hat man sich also selbst zugefügt – aber das sind im Vergleich zur norwegischen Hauptstadt Oslo zum Glück nicht so viele. Mit Gamla Stan blieb der Kern des alten Stockholm rund um das königliche Schloss nahezu unverändert erhalten. Welche anderen Hauptstädte können von sich schon behaupten, dass ihr historisches Zentrum seit dreihundert Jahren intakt geblieben ist?

Und als kleiner, aber nicht zu unterschätzender Extrapunkt kommt im Sommer das häufig gute Wetter in Stockholm hinzu: 539 mm Niederschlag durchschnittlich pro Jahr sind ein niedriger Wert. Zum Vergleich: Hamburg liegt bei 774 mm, München bei 967 mm und das westnorwegische Bergen sogar bei 2250 mm. Wer also glaubt, dass es in Nordeuropa sowieso immer und überall regnet, sollte seine Vorurteile am besten in Stockholm kurieren. Blauer Himmel – kleine weiße Schaumkrönchen auf den Wellen und weiße Schäfchenwolken am Himmel bilden den Kontrast –, dazu die historische Silhouette mit Schloss und Bürgerhäusern und das Grün der Parks. Urlauberherz, was willst du mehr?!

Blick von Riddarholmen auf das hohe Ufer von Södermalm

Schweden muss nicht teuer sein

Bevor Euphorie ausbricht, schnell eine Einschränkung: Günstig ist die schwedische Hauptstadt nicht! Die Hotelpreise sind gehoben, das Preisniveau in Schweden liegt etwa zehn Prozent über vergleichbaren deutschen Preisen. Aber es gibt eine schwedische Besonderheit, von der Stockholm-Urlauber profitieren: Viele Hotels leben von Tagungen und kleinen Konferenzen. Die finden von Ende August bis Anfang Juni statt, jedoch nie in den schwedischen Sommerferien. Im Hochsommer, wenn alle Schweden selbst in den Urlaub fahren, sind die Hotelpreise in Stockholm deutlich günstiger – also wenn das Wetter am schönsten ist. Den Rest des Jahres sollten Städteurlau-

Hippe Einkaufsstraße – die Biblioteksgatan in der Weihnachtszeit

ber darauf achten, möglichst die Tage Freitag bis Sonntag zu nutzen. Dann sind die Hotels preiswerter als an den »Konferenztagen« Montag bis Donnerstag. Kennt man diese skandinavische Eigenart, lässt es sich auch in Stockholm halbwegs preiswert Urlaub machen. Warme Speisen sind mittags günstiger als abends, das Dagens rätt (Tagesgericht) beinhaltet oft zwei Gänge, ein alkoholfreies Getränk und der obligatorische Kaffee nach dem Essen sind meist inklusive. Und das gibt es für umgerechnet 12 bis 15 Euro. Nein, Schweden muss nicht teuer sein.

Einkaufen in Stockholm

Und richtig interessant wird es beim Shoppen: Wenn große Schilder mit den drei Buchstaben REA in den Schaufenstern hängen, lohnt ein genaueres Hinschauen. Die Abkürzung für »Realisation« meint eine Art Ausverkauf mit stark herabgesetzten Preisen. Der intensivste REA-Tag ist übrigens der zweite Weihnachtsfeiertag. Schnäppchenjäger schenken sich zu Weihnachten nur Gutscheine und kaufen dann zu herabgesetzten Preisen an eben jenem Feiertag ein, an dem alle großen Geschäfte geöffnet haben. Es ist unglaublich, wie voll die Läden dann sind!

Museen für jeden Geschmack

In der kalten Jahreszeit in Stockholm unterwegs und keine Lust auf Shoppen? Kein Problem angesichts der Vielzahl hochkarätiger Museen in der schwedischen Hauptstadt. Kunstliebhaber besuchen die Nationalgalerie und Moderna Museet, eines der führenden Museen für moderne Kunst in Europa. Foto-Enthusiasten haben zwei Museen zur Auswahl: Fotografiska mit Wechselausstellungen und die große Sammlung von Moderna Museet. Wer sich mit schwedischer Geschichte beschäftigen möchte, hat Mühe, eine Auswahl unter den vielen guten Museen zu treffen. Will man in der historisch korrekten Reihenfolge vorgehen, nimmt man zuerst das Ausflugsschiff nach Birka, dem Vorläufer Stockholms. Danach wäre das Mittelaltermuseum an der Reihe, das unter dem Parlament ein erhaltenes Stück Stadtmauer zeigt.

Speziell die Geschichte der Hauptstadt behandelt das Stadsmuseum, um das ländliche Leben in ganz Schweden geht es im großartigen Freilichtmuseum Skansen. Pflichtbesuche muss man als Urlauber natürlich nicht machen, aber das Vasamuseum zu verpassen, wäre schon sehr schade. Nirgendwo sonst auf der Welt ist ein königliches Kriegsschiff dieser Größe aus dem 17. Jahrhundert komplett erhalten. Kein Wunder, dass dieses Museum eine der meistbesuchten Attraktionen in ganz Schweden ist. Die Reihe der besonders sehenswerten Museen ließe sich noch viel weiter führen: Ob ABBA-Fan oder Strindberg-Liebhaber, ob Theaterfreund oder Bewunderer von Gärten und Parks, sie alle finden in Stockholm ihren persönlichen Favoriten.

Die Nase oben

Stockholmer sind im großen Rest Schwedens nicht unbedingt beliebt. Ih-

Das Vasamuseum ist ein großer Publikumsmagnet.

Die roten Sightseeingbusse passen nicht durch die engen Gassen der Altstadt.

nen eilt der Ruf voraus, etwas hochnäsig und versnobt zu sein – verweichlichte Großstädter eben, die nicht bei Wind und Wetter im Fjäll wandern und dafür umso abhängiger von ihren Mobiltelefonen seien, ohne die sie verhungern würden. In einem Land, in dem das Leben in und mit der Natur einen sehr hohen Stellenwert hat – sei es beruflich oder in der Freizeit –, haben die Stockholmer allein schon durch ihren Wohnort einen Nachteil. Zu weit weg von den Bergen, zu weit weg von der Natur aus schwedischer Sicht.

Der politische Nabel des Landes

Ob dieser Ruf gerechtfertigt ist, sei dahingestellt. Sicher hat er auch mit dem politischen System Schwedens zu tun: Zusammen mit Frankreich gehört

Schweden in Europa zu den dezidiert zentralistischen Staaten. Alle Macht geht von der Hauptstadt aus, die Selbstbestimmung der Regionen ist relativ schwach ausgeprägt. Stockholm ist der politische Nabel des Landes, hier wird entschieden. Kein Wunder, wenn unpopuläre Beschlüsse in den entfernten Landesteilen dann mit der Hauptstadt und ihren Bewohnern verknüpft werden. »Die da« in Stockholm hätten ja keine Ahnung, lautet eine beliebte Stammtischparole – vor allem in den einsamen Gegenden im Norden und an der schwedisch-norwegischen Grenze.

Aus der Perspektive eines ausländischen Besuchers ist das Bild der Stockholmer anders, auch dank positiver Vorurteile den Schweden im Allgemeinen gegenüber. Die offene, hilfsbereite Art vieler Schweden kommt bei deutschsprachigen

Besuchern meist gut an. Und das ist in Stockholm glücklicherweise nicht anders als in Nordschweden.

Schlangestehen

Gemeinhin gilt das Schlangestehen ja als eine englische Spezialität, welche die Schweden aber ähnlich perfekt beherrschen. Stockholm war ganz vorne dabei, als die Nummernautomaten in den 1980er-Jahren erfunden wurden. An den Postschaltern und in den Banken fing es an: Erst eine Nummer ziehen und warten, bis diese an einem Schalter angezeigt wird. Bis jede Schlachtertheke im Supermarkt und jedes winzige Café einen Nummernautomaten hatte.

Von Schweden und insbesondere von Stockholm aus traten die Nummernautomaten ihren Siegeszug an – bei uns sind sie heute vor allen in Kfz-Zulassungsstellen im Einsatz, während sie in Schweden ihren Zenit überschritten haben und zunehmend wieder abgeschafft werden. Aber wo es sie gibt, wird eine Nummer gezogen, selbst wenn alle Schalter frei sind. In Norwegen und Finnland macht man sich regelmäßig lustig über die wohlorganisierten Schweden, die selbst dann Dinge auf diese Art regeln, wenn es problemlos auch anders ging.

Speisen auf Schwedisch

Ganz ähnlich geht es abends in Restaurants zu, aber hier sind sich die Skandinavier weitgehend einig. Es ist selbst in mittelmäßigen Speiselokalen verpönt, sich selbst einen Tisch zu suchen. Befindet sich im Eingangsbereich ein Stehpult, wartet man auf den Hovmästare, den Oberkellner, der einem den Platz zuweist oder per Kopfnicken bedeutet, dass man einfach reinkommen soll. Aber ohne zu warten einfach auf einen freien Tisch zuzustürmen, das gilt den Stockholmern als schlechtes Benehmen. Wer einen Tisch erobern möchte, möge bitte in einer Cafeteria essen, was mittags nicht die schlechteste Idee ist, vor allem in den Museen: Die Preise pendeln zwischen niedrig und moderat, die Qualität ist meist gut. Einen Salat, eine Tagessuppe oder einen typisch schwedischen Auflauf, Paj genannt, bekommt man fast immer.

Schmelztiegel der Nationen

Schwedens Einwanderungspolitik war und ist großzügig ebenso wie die Ent-

Nicht nur die Engländer können sehr schön Schlange stehen.

Heringsspezialitäten werden im Restaurant des Spritmuseums serviert.

wicklungshilfe, die pro Kopf der Bevölkerung viel höher liegt als in Deutschland. Rund 20 Prozent der schwedischen Bevölkerung haben einen Migrationshintergrund. In absoluten Zahlen wird es noch deutlicher: Seit 1980 wurde ungefähr 1,6 Millionen Ausländern ein Aufenthaltsrecht gewährt. Dazu zählen Finnen, die in Schweden Arbeit gefunden haben, ebenso wie Deutsche und Dänen, die sich ein Häuschen im Grünen gekauft haben.

Ein Ort für Flüchtlinge

Für die Bewohner von Ländern, die sich im Krieg befinden, hat Schweden die Türen immer geöffnet. 2013 kamen 16 000 Syrer, 2014 waren es etwa 22000. Über Jahrzehnte hat die Integration von

Flüchtlingen gut funktioniert, doch in den letzten Jahren häufen sich die Probleme, weil sich Ghettos bilden. Södertälje, unweit von Stockholm gelegen, hat 83 000 Einwohner. Inzwischen sind 15000 von ihnen syrische Christen, die vor Verfolgung geflohen sind. Allein aufgrund des schwierigen zahlenmäßigen Verhältnisses bereitet die Integration in Södertälje Probleme, erschwerend kommt hinzu, dass das Viertel eine für schwedische Verhältnisse hohe Arbeitslosenquote von 14 Prozent hat.

Integrationspolitik

Auch in Stockholm gibt es Stadtteile, in denen einzelne Nationalitäten überproportional vertreten sind. Die schwedischen Parteien diskutieren intensiv, wie man einerseits weiterhin international helfen kann und andererseits die Flüchtlinge besser integriert. Mit Ausnahme der Rechtspopulisten, die seit 2010 im Reichstag vertreten sind, wird die Diskussion sachlich und lösungsorientiert geführt. Vielen Schweden ist es sehr präsent, dass sie selbst von 1850 bis in die 1930er-Jahre ein Auswanderungsland waren. In dieser Zeit verlor Schweden rund ein Viertel der Bevölkerung durch Emigration, weil die Menschen der Armut in den ländlichen Regionen zu entgehen versuchten.

Das »schöne Heim«

Die Auswanderungszeit hat ihre Spuren hinterlassen. Und rückblickend stellt sich die Stockholm-Ausstellung 1913 als Wendepunkt dar: Schweden sollte wieder lebenswert für die Schweden werden, das Motto war »Künstler in die

Fabriken«. In der Keramikfabrik Gustavsberg vor den Toren der Stadt entstand preiswertes Geschirr, in den Glashütten von Småland wurden die passenden Gläser produziert. Die Idee vom »schönen Heim«, das für breite Massen erschwinglich sein sollte, war eine politisch gewollte Reaktion auf die Auswanderung – und gleichzeitig die Keimzelle des schwedischen Kunsthandwerks und des Alltagsdesigns. Auch wenn die Anfänge rund hundert Jahre zurückliegen, ist die funktionale Ausrichtung des schwedischen Designs geblieben. Und der schön gedeckte Tisch hat eine lange Tradition im Land.

Landleben im Museum

Die Wiederentdeckung der bäuerlichen Kultur und ihre Wertschätzung in städtischen Kreisen hängt ebenfalls mit der Auswanderung zusammen: Das Freilicht-

Kungsträdgården ist ein Treffpunkt im nördlichen Zentrum.

19

Volkstanz in Skansen

museum Skansen wurde 1891 eröffnet und sollte den Stockholmer Bürgern einen Eindruck vom ländlichen Leben geben. Der Museumsgründer Artur Hazelius wollte die – durch die Auswanderung bedrohte – ländliche Kultur Schwedens für die Nachwelt erhalten. Die Bauernhäuser aus allen Landesteilen bildeten einen starken Kontrast sowohl zum damals stark industrialisierten Stockholm mit seinen Häfen als auch zu den prächtigen Bürgerhäusern, wie sie zum Beispiel am Strandvägen von Östermalm entstanden.

Stockholms Stadtteile

Die Lage auf mehreren Inseln hat dazu geführt, dass manche Stadtteile eine ganz eigene Entwicklung genommen haben. Im Kern, in der Mitte, im Herzen der schwedischen Hauptstadt liegt Gamla Stan, die »alte Stadt« mit dem königlichen Schloss. Warum die Modernisierungsmaßnahmen dort nie wirklich konsequent durchgeführt wurden, ist schwer zu erklären. Dass nach einem Stadtbrand Mitte des 17. Jahrhunderts zwei neue Prachtstraßen gebaut wurden, ist einer der wenigen größeren Eingriffe in die Struktur der Altstadt. Natürlich verschwanden Häuser, neue kamen hinzu – aber die Anlage von Gamla Stan folgt in weiten Zügen dem mittelalterlichen Straßennetz.

Norrmalm

Ganz anders hingegen Norrmalm nördlich der Altstadt. Es wurde das neue Zentrum Stockholms, das um den Bahnhof entstand. Regierungsgebäude, große Kaufhäuser und Fußgängerzonen dominieren das Viertel rund um die zentralen Knotenpunkte Hauptbahnhof und U-Bahn-Zentrale. Die unterschiedlichen

Vorstellungen von Modernität der vergangenen Jahrzehnte lassen sich in der Architektur von Norrmalm bestens ablesen.

Östermalm

Und dann ist da noch die »alte Tante« Östermalm, jenes Viertel, das seit seiner Entstehung im Ausgang des 19. Jahrhunderts etwas Großbürgerliches hat. Alte gepuderte Damen mit Pudeln und Herren mit Gehstock würden bestens in dieses Milieu passen, doch die Zeiten haben sich geändert. Heute sind es die jungen Schönen, die in die Bars und Diskotheken am Stureplan strömen, um zu sehen und gesehen zu werden. Und die Uferstraße Strandvägen gehört noch immer zu den teuersten Wohnlagen der schwedischen Hauptstadt. In den nächsten Parallelstraßen wird es nicht viel günstiger. Östermalm war und ist ein großbürgerlicher Stadtteil.

Södermalm

Der Gegenentwurf liegt im Süden der Altstadt: Södermalm gibt sich alternativ und bunt. Die Geschäfte sind kleiner, das Publikum ist jünger und gemischt. Das mag auch an der Geschichte des Ortsteils liegen: Södermalm war ein Arbeiterstadtteil, als es in Stockholm noch Industrie in nennenswertem Umfang gab.

Im März 2015 veröffentlichte die große schwedische Tageszeitung Dagens Nyheter (DN) einen Preisvergleich. In Södermalm stand eine einfache, schlichte Ga-

rage zum Verkauf. Preis: 895 000 schwedische Kronen. Das waren zu dem Zeitpunkt umgerechnet etwa 96 000 Euro. Für eine Garage mit 13 Quadratmetern Grundfläche! DN hielt fest, dass es in Nordschweden für das gleiche Geld ein Haus mit neun Zimmern gibt, im Wintersportgebiet Idre eine schöne Berghütte oder in Westschweden einen ehemaligen Bahnhof in Innenstadtlage. Wer mit dem Auto nach Stockholm reist, soll sich dementsprechend glücklich schätzen, wenn das Parken im Parkhaus nur 25 Euro pro Tag kostet. Das darf für Stockholm als günstig gelten. Der Stockholmer ist also Kummer gewöhnt, was die Wohnungs- und auch die Parkplatzsuche angeht.

Stockholm wächst

Kein Wunder, dass es in Stockholm eine rege Bautätigkeit gibt und neue Stadtteile entstehen. In den vergangenen hundert Jahren entwickelte sich Kungs-

Moderne Architektur am Kongresszentrum des Radisson-Hotels nahe dem Hauptbahnhof

holmen vom Industriestandort zum Wohnviertel, nach Norden entstand mit Vasastaden ein schöner ruhiger Stadtteil mit einer hohen Wohnqualität. Beide Viertel zählen heute fast zur Innenstadt, liegen sie doch innerhalb des Autobahnrings, der im Westen die Hauptstadt umrundet. Die Lage am Wasser macht es möglich, dass aus Industriebrachen attraktive Wohnlagen werden. Diese Entwicklung setzte im 19. Jahrhundert ein und hält bis heute an. Das jüngste Beispiel ist Hammarby, wo aus einem verrufenen Hafenviertel mit Schrottplätzen und leer stehenden Gewerbe-Immobilien eines der besten neuen Wohnviertel Stockholms entstand.

Solna

Städtebaulich am schwierigsten ist der Vorort Solna. Bereits 1904 verkehrte die Straßenbahn bis nach Rasunda, seit 1975 führt die Tunnelbana, wie die U-Bahn auf Schwedisch heißt, auch nach Solna. Was um 1900 noch eine Ansammlung mehrerer Dörfer war, wuchs stetig und schnell. 1943 zählte Solna etwa 30 000 Einwohner, heute sind es über 70 000, Tendenz weiter steigend. Zwischen 1950 und 1970 wurden im neu geschaffenen Zentrum von Solna Hochhäuser gebaut, wie es heute niemand mehr machen würde: scheußliche Plattenbauten von enormer Größe.

Die Stadt der Inseln

Für die vielen Pendler ist die Nähe zu den Arbeitsplätzen in Stockholm wichtig. Auch wenn die schwedische Hauptstadt sich immer weiter nach Norden und Süden ausweitet, sind ihr durch den See Mälaren nach Westen und die Ostsee nach Osten Grenzen gesetzt. Bei allem Schiffsverkehr, den es in und um Stockholm gibt, sind doch Busse und Bahnen meist schneller. Einst war der Wasserweg die einfachste und schnellste Verbindung, heute wird er vor allem in der Freizeit genutzt. An den Ufern der Inseln, ob sie nun im Mälaren oder im Schärengarten liegen, entstehen Freizeithäuser – Zweitwohnsitze mit Blick auf das Wasser und am liebsten mit einem eigenen kleinen Anleger.

Je näher die Grundstücke zur Innenstadt liegen, umso teurer sind sie. Aber der große Vorteil ist ja, dass der Stockholmer Schärengarten allein rund 30 000 Inseln, Schären und Holme zählt. Das Inselreich ist Stockholms größtes Naherholungsgebiet, vor allem im Sommer. Den Rest des Jahres geht es hier draußen deutlich ruhiger zu, nur wenige größere Inseln sind ganzjährig bewohnt. Da werden Sandhamn und Möja, Blidö und Ljusterö zu einem Rückzugsraum für Naturliebhaber, den es in dieser Form in keiner anderen Großstadt Europas gibt.

Stockholm ist eben einmalig – und an einigen Stellen auch einmalig schön. Ob damit die auf der Insel Stadsholmen gelegene Altstadt, Gamla Stand, gemeint ist oder die zahlreichen Schären, die hippen Bars am Stureplan oder die königlichen Schlösser, bleibt jedem Urlauber selbst überlassen.

Steckbrief

Lage: 59° 19' 46' nördlicher Breite, 18° 4' 7' östlicher Länge

Region: Stockholms län

Höhe: 0–102 m am Högdalstoppen

Fläche Stadtgebiet: 381,63 Quadratkilometer

Stockholms län: 6519 Quadratkilometer

Einwohner Stadt: 932 000

Einwohner Stockholms län: 2,23 Millionen

Bevölkerungsdichte Stadt: 4945,5 Einwohner pro Quadratkilometer; Stockholms län: 342 Einwohner pro Quadratkilometer

Stadtgliederung: Die Region Stockholm (län) besteht aus 26 Kommunen. Ein län entspricht etwa einem Bundesland. Solna, Vaxholm, Lidingö oder Södertälje sind eigene Kommunen, die aber zum »Stadtstaat« Stockholm zählen. Die Kommune Stockholm unterteilt sich in 14 Stadtteile.

Stadtwappen:

Wie die schwedische Nationalflagge in den Farben Gelb und Blau gehalten, zeigt das Stadtwappen Erik den Heiligen (Mitte des 12. Jahrhunderts).

Wirtschaft: Etwa 85 Prozent aller Arbeitsplätze entfallen in Stockholm heutzutage auf den Dienstleistungssektor. Stark vertreten sind die Telekommunikations- und IT-Branche. Die größten schwedischen Banken und Versicherungen haben ihre Hauptquartiere in der Hauptstadt. Kongresse und Tagungen spielen eine wichtige Rolle für die Hotellerie, der Tourismus ebenfalls.

Kultur: Stockholm ist der Nabel des schwedischen Kulturlebens. Dramaten ist die renommierteste Bühne des Landes. Die wichtigsten Buchverlage Schwedens haben ihren Sitz ebenfalls in Stockholm, hier werden auch die meisten Zeitschriften verlegt. Und die rund 70 Museen sind für Besucher bei einer Städtereise normalerweise nicht zu schaffen.

Öffentliche Verkehrsmittel: Das 110 Kilometer lange Netz der T-Bana (U-Bahn) ist für seine künstlerisch gestalteten Stationen bekannt. Es wird ergänzt durch Busse und einige wenige Straßenbahnen sowie die zahlreichen Fähren. Am Hauptbahnhof befindet sich auch der zentrale Busbahnhof, wo die Flughafenbusse von den Airports Arlanda, Bromma und Skavsta bei Nyköping ankommen.

Wo viel Wasser ist, gibt es auch viele Brücken.

Geschichte im Überblick

800–975 Auf der Insel Björkö, etwa 30 Kilometer westlich vom heutigen Stockholm im See Mälaren gelegen, befindet sich mit Birka ein befestigter Handelsplatz der Wikinger. 828 wird Birka vom Bremer Missionar Ansgar besucht und beschrieben.

980–1130 Sigtuna übernimmt die Rolle Birkas als zentraler Handelsort am Mälaren. Der Missionar Adam von Bremen sprach 1060 nach seiner Schwedenreise von Sigtuna als einer »civitas magna«, als einer großen Ansiedlung. Bis 1130 war Sigtuna Bischofssitz, dann fiel der Bischofssitz an Uppsala.

1252 Erste urkundliche Erwähnung Stockholms. Ein genaues Gründungsdatum kann nicht genannt werden. Möglicherweise gab es schon früher eine Befestigungsanlage an dieser Engstelle im Übergang vom See Mälaren zur Ostsee. Als Gründer gilt Birger Jarl, der 1247 die Führung über Svealand, das schwedische Kernland im Mälartal, erlangte.

1306 Die dreischiffige Kirche Storkyrkan neben dem Schloss wird geweiht. Sie wird im 15. Jahrhundert allerdings noch kräftig um- und ausgebaut.

1389–1523 In der Kalmarer Union sind die drei Königreiche Dänemark, Schweden und Norwegen vereint. Das dänische Königshaus reißt die Macht an sich.

1518–1520 Der schwedische Adel fordert, dass Schweden aus der Kalmarer Union austritt. Christian II. zieht 1518 und 1520 gegen die Separatisten zu Felde. 1520 erobert er ganz Schweden, nur Stockholm kann er nicht einnehmen. Er garantiert volle Amnestie, wenn sich die Stadt ergibt. Die Bürger Stockholms vertrauen dem Amnestiebrief mit seinen Siegeln. Vier Tage später lässt Christian II. 82 Männer der schwedischen Opposition auf dem Platz Stortorget hinrichten. Die Untat geht als Stockholmer Blutbad in die Geschichte ein.

1523 Gustav Wasa führt mit Unterstützung der norddeutschen Hansestädte einen Aufstand gegen den Dänenkönig an. Er belagert Kopenhagen und brennt Helsingør am Öresund nieder, bevor er die in Stockholm weilende Regierung durch eine Belagerung zur bedingungslosen Kapitulation zwingt.

6. Juni 1523 Gustav Wasa wird zum König gewählt. Er gilt als der schwedische Reichseiniger. Der 6. Juni ist bis heute Nationalfeiertag. Wasa lässt die Stadtmauern von Stockholm weiter ausbauen.

1611–1718 Schwedische Großmachtzeit. Die Regionen Skåne, Halland, Blekinge, Härjedalen und Jämtland sowie die Insel Gotland werden schwedisch. Schweden verfügt über große Besitzungen in Pommern, Bremen und Verden.

1625 Ein großer Stadtbrand sucht die »Stadt zwischen den Brücken« heim. König Gustav II. Adolf lässt mit Skeppsbron und Stora Konungsgatan (heute: Stora Nygatan) zwei neue Paradestraßen bauen. Steinhäuser werden Pflicht.

10. August 1628 Das königliche Flaggschiff »Vasa« kentert auf seiner Jungfernfahrt und sinkt.

1662 Der Architekt Nicodemus Tessin der Ältere bekommt den Auftrag, Schloss Drottningholm zu bauen.

7. Mai 1697 Das Stockholmer Schloss Tre Kronor brennt zu großen Teilen ab. Es beginnt der Bau des Schlosses, das bis heute dem König als Arbeitssitz dient.

1726 Die Porzellanfabrik Rörstrands nimmt ihren Betrieb auf Kungsholmen auf.

29. März 1792 König Gustav III. wird auf einem Maskenball in der Oper von einem Attentäter ermordet.

1844 Mit der mechanischen Werkstatt der Gebrüder Bolinder entsteht auf Kungsholmen gegenüber dem heutigen Hauptbahnhof ein wichtiger Industriebetrieb, der Dampfmaschinen, Sägewerke und Bugsierboote herstellt.

1891 Mit Skansen öffnet das erste Freilichtmuseum der Welt seine Pforten.

1911–1923 Stadshuset entsteht als städtischer Repräsentationsbau.

1956 Das Wrack der »Vasa« wird gefunden und 1961 gehoben.

15. September 1973 Carl XVI. Gustaf wird schwedischer König als Nachfolger seines Großvaters Gustav VI. Adolf. Sein Vater war 1947 bei einem Flugzeugunglück ums Leben gekommen.

28. Februar 1986 Der sozialdemokratische Ministerpräsident Olof Palme wird auf offener Straße in Stockholm erschossen. Bis heute ist der Mord nicht aufgeklärt und Gegenstand zahlreicher Verschwörungstheorien.

15. Juni 1990 König Carl Gustav eröffnet das Vasamuseum in Stockholm, das sich zu einer der größten Touristenattraktionen Schwedens entwickelt.

11. September 2003 Die schwedische Außenministerin Anna Lindh wird beim Einkaufen im Kaufhaus NK von einem Attentäter erstochen. Der Täter wird gefasst und verurteilt.

19. Juni 2010 Kronprinzessin Victoria heiratet Daniel Westling in einer feierlichen Zeremonie in der Storkyrkan.

23. Februar 2012 Estelle Silvia Ewa Mary, Prinzessin von Schweden, die Tochter von Victoria und Daniel von Schweden wird geboren. Gemäß dem schwedischen Thronfolgegesetz steht sie hinter ihrer Mutter auf Platz zwei der schwedischen Thronfolge.

2016 Östermalms Saluhall aus dem Jahr 1888 wird gründlich renoviert. Von 2016 bis 2018 müssen die Händler in einen Pavillon auf dem Platz Östermalmstorg umziehen, danach soll die Verkaufshalle für Fisch, Fleisch und Delikatessen in neuem Glanz erstrahlen.

STOCKHOLM
günstig

Picknicken Sie doch mal mit leckeren Zimtschnecken und Kaffee.

Stockholm ist leider zu Recht dafür bekannt, ein teures Pflaster zu sein. Die schlechte Nachricht: Den Preisunterschied spürt man am meisten beim Essen(gehen). Die gute Nachricht: Dank hochwertiger Mittagsmenüs kann man sich durch die schwedische Küche schlemmen, ohne dass das Budget leidet. Auch Museen mit freiem Eintritt und die vielseitigen öffentlichen Verkehrsmittel helfen wirtschaften.

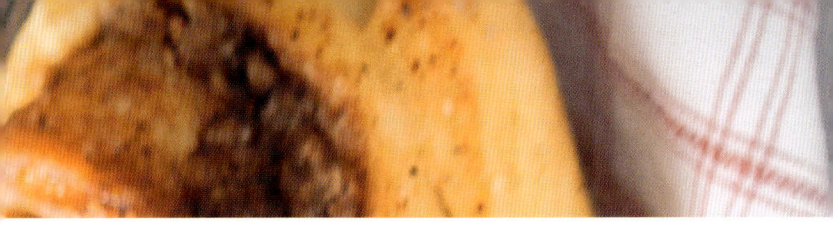

Super-Lunch statt Dinner

Wer die authentische schwedische Küche probieren möchte, sieht sich am besten mittags nach dem sogenannten Dagens Lunch um. An Werktagen servieren viele Restaurants zwischen 11 und 14 Uhr ein Mittagsmenü mit hochwertigem Tagesgericht, Salatbüfett und Kaffee für 10 bis 12 Euro. Im Angebot sind auch warme Büfetts mit Klassikern wie Köttbullar und Pfannkuchen.

Gratis ins Museum

Einige der interessantesten Museen Stockholms sind gratis. Im Hallwylska Museet tauchen Besucher in die Wohnwelt der Elite um 1900 ein. Das Medeltidsmuseet (Mittelaltermuseum) zeigt die Ursprünge der Stadt als kleiner Handelsplatz. Und das Nordiska Museet (Nordisches Museum) führt durch diverse Aspekte der nordischen Kultur (mittwochs 17 bis 20 Uhr gratis).

Kaffee mit Aussicht

Stockholm ist gespickt mit gemütlichen Cafés. Der Zimtschneckenduft steigt Besuchern regelmäßig in die Nase. Wer sich mit Kaffee und Gebäck stärken, aber nicht unbedingt lange sitzen möchte, ist mit der Variante zum Mitnehmen für insgesamt rund zwei Euro bei den Kioskketten Pressbyrån und

7Eleven gut beraten. Das Gebäck kommt mehrmals täglich frisch aus dem Ofen.

Skybar statt Aussichtsturm

Es gibt viele Möglichkeiten, sich einen Überblick über Stockholm zu verschaffen. Eine besonders angenehme Gelegenheit bieten diverse Panorama-Bars, etwa das Himlen auf Södermalm. Statt im Fernsehturm oder der Globen-Kugel Eintritt zu bezahlen, bestellt man sich dort einen Drink und genießt Stockholm unbeschwert von oben ganz . Im Sommer öffnen außerdem mehrere Rooftop-Bars unter freiem Himmel.

Öffentliche Verkehrsmittel

Das 72-Stunden-Ticket oder die Wochenkarte für die öffentlichen Verkehrsmittel bringt einen weiter als bis ins Stadtzentrum und ins Hotel. So kann man etwa mit dem Bus auf die Schäreninsel Vaxholm fahren und spart rund 20 Euro für die Fähre. Auf das Bootserlebnis braucht man dennoch nicht verzichten: Die Fähre zwischen Djurgården und Slussen ist im Ticket inklusive, genauso die Fähre zwischen Kungsholmen und Södermalm. Auch den Flughafen Arlanda erreicht man mit Pendelzug und Busanschluss und spart zehn Euro pro Strecke.

ZENTRUM

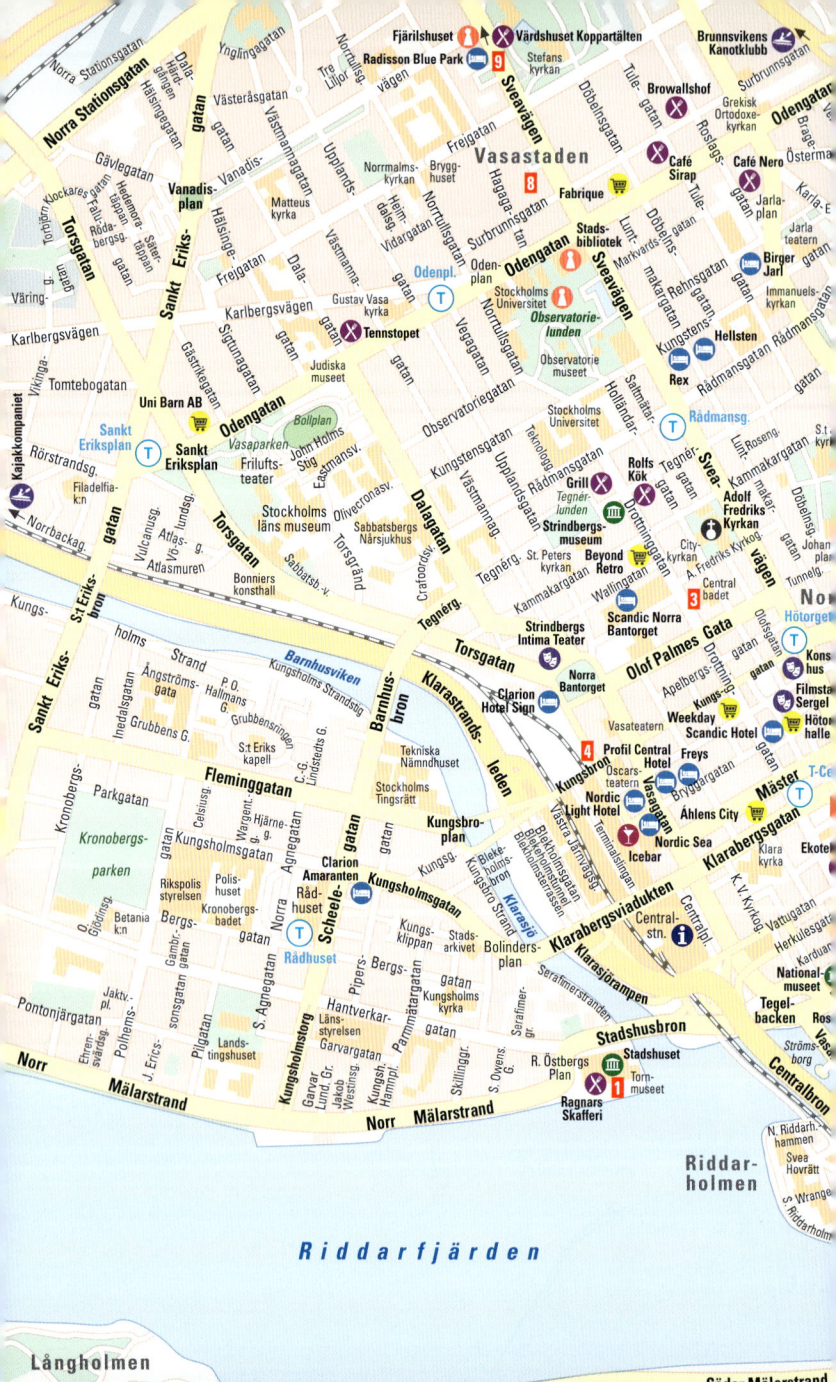

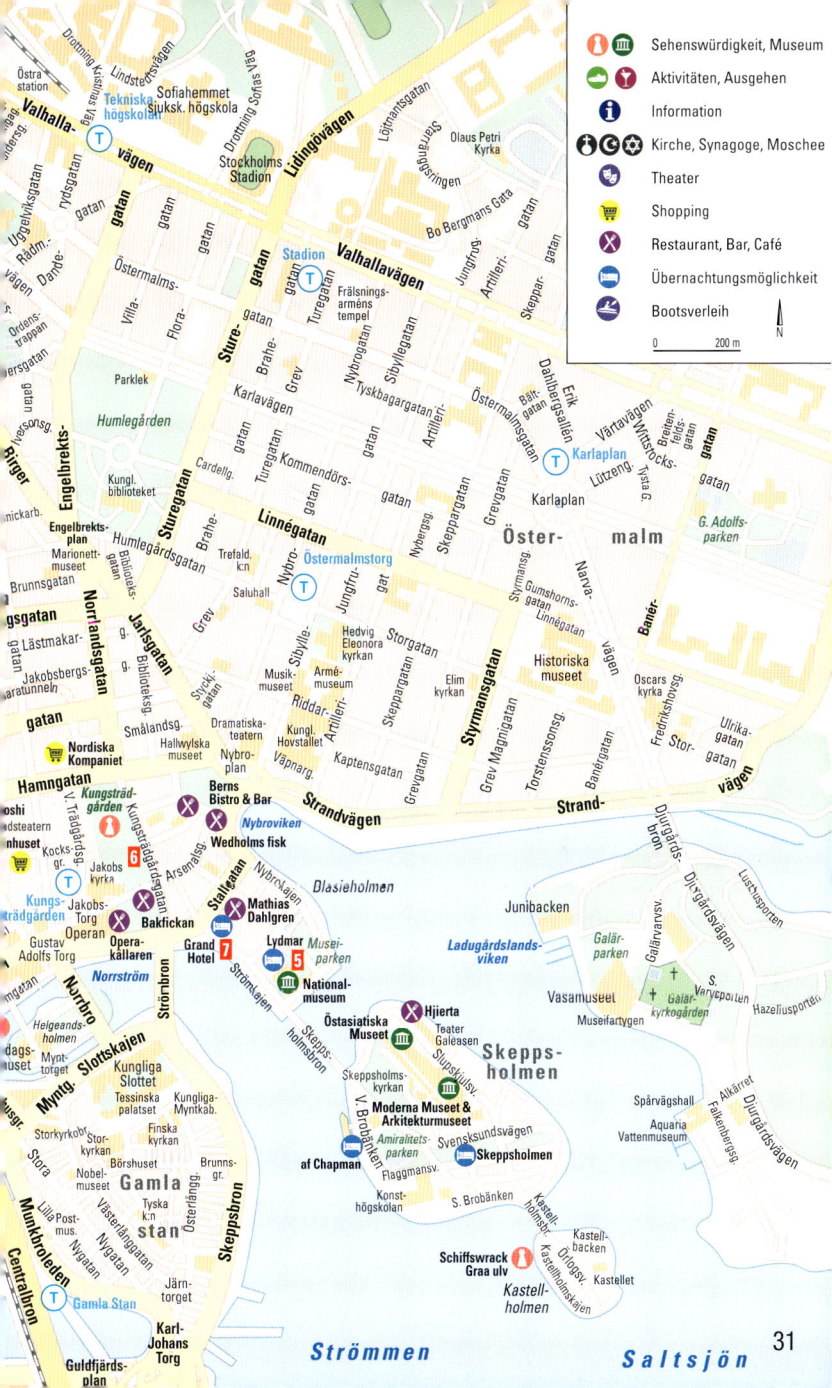

1 Stadshuset
Das Rathaus von Stockholm

Roter Backstein, eingerahmt vom Grün der Parks, davor das blaue Wasser des Sees Mälaren, darüber kleine weiße Wölkchen: Auf einer Landzunge der Insel Kungsholmen gelegen, wurde das Stadshuset zum Gesicht der Schönheit Stockholms. Anklänge an venezianische Palazzi hatten die Architekten Anfang des 20. Jahrhunderts bei seinem Bau im Sinn. Das repräsentative Rathaus bildet jedes Jahr im Dezember den Rahmen für das Bankett der Nobelpreisträger.

Wenn es ein Wahrzeichen von Stockholm gibt, dann ist es das Stadshuset, das Rathaus der schwedischen Hauptstadt. Prominent wurde es auf die Spitze der Insel Kungsholmen gebaut mit Blick über das Wasser nach Süden auf die Altstadt Gamla Stan und bis nach Södermalm. Der schlichte Backsteinbau ist höher als das königliche Schloss in der Altstadt oder das eher unauffällige Parlamentsgebäude – das Selbstbewusstsein der Stadtväter scheint ausgeprägt gewesen zu sein.

Vom Wasser umspült

Klara Sjö, die heute wie ein schmaler Kanal zwischen den Inseln Kungsholmen und Norrmalm wirkt, war ursprünglich eine deutlich breitere Bucht, die erst durch Aufschüttungen im Bereich des heutigen Hauptbahnhofs zu einem schmalen Wasserweg wurde. Auf Kungsholmen hatte sich im 19. Jahrhundert Industrie angesiedelt, doch nun sollte die Insel umgestaltet werden. Die stetig wachsende Hauptstadt benötigte neue Wohnviertel – und ein Rathaus. 1902 fassten die städti-

Seite 28/29: Neben dem Nationalmuseum haben historische Fußgängerfähren festgemacht.
Mitte: Das Stadshuset wurde am 23. Juni 1923 eingeweiht.
Unten: Die Arkaden mit Blick auf den See Mälaren werden gern für eine Pause genutzt.

Im Stadtgebiet ist der Mälaren nicht als See zu erkennen.

schen Gremien den Beschluss, auf der äußersten Spitze von Kungsholmen das neue Rathaus zu bauen, die eine Seite gen Klara Sjö, die andere zum Strom Riddarfjärden, dem breiten Ablauf des Sees Mälaren in die Ostsee. Doch bis zum Baubeginn sollte es noch einige Jahre dauern.

Italienische Vorbilder

Der schwedische Architekt Ragnar Östberg (1866–1945) bekam den Auftrag, das neue Rathaus zu gestalten. Östberg und seine Mitstreiter orientierten sich in ihren Entwürfen am Dogenpalast in Venedig. Der schlanke Turm – er ist 106 Meter hoch – und die Arkaden auf der Südseite des Gebäudes erinnern im Zusammenspiel mit dem Blau des Wassers aus der Ferne schon ein wenig an das italienische Vorbild. Aber Östberg zitierte ebenso aus der nordischen Gotik wie aus byzantinischer Kunst.

Dank einer Auseinandersetzung im Stadtrat wurde Stadshuset als repräsentativer Bau ohne die Funktionen eines Rathauses konzipiert. Das eigentliche Rathaus mit den Büros der Stadtverwaltung baute man zeitgleich ebenfalls auf der Insel Kungshol-

Nicht verpassen

AUSSICHT AUF DEN MÄLAREN

Stockholm von oben sehen, das geht am einfachsten vom Turm des Stadshuset. Mit 106 Meter Höhe bietet er eine unvergleichliche Aussicht über den Mälaren, die Altstadt Gamla Stan sowie die Stadtteile Norrmalm und Kungsholmen. Allerdings kann man nicht kommen und gehen, wie man möchte: Nur alle 40 Minuten dürfen maximal 30 Personen gleichzeitig auf den Turm. Auf halbem Weg nach oben befindet sich das Turmmuseum, das über einen Aufzug zu erreichen ist. Zur Aussichtsplattform geht es dann nur noch über eine Treppe weiter. Die Tickets für den Turmbesuch können nicht im Voraus gebucht werden. Da das Stadshus viele Besucher anzieht, kann es sinnvoll früh am Vormittag zu kommen – am besten vor 10 Uhr.

Stadshuset. Mai, Sept
9.10–15.50 Uhr, Juni-Aug
9.10–17.10 Uhr, Dauer 35 Minuten,
Ragnar Östbergs Plan 1,
11220 Stockholm,
www.stockholm.se/stadshuset

33

Geheimtipp

SPORT IM RÅLAMBS-HOVSPARKEN

Wenn es im Sommer in Stockholm nicht richtig dunkel wird, finden so viele Aktivitäten wie möglich im Freien statt – die Sportbegeisterung der Schweden kennt dann keine Grenzen. Im Rålambshovsparken am südlichen Ufer von Kungsholmen stehen dafür diverse Anlagen zur Verfügung. Der Sportverein Friskis & Svettis erweiterte sein Angebot sogar um Open-Air-Aerobic- und Tanzkurse für jedermann auf der grünen Wiese: Am späten Nachmittag lassen sich häufig Dutzende oder gar über hundert Menschen bei Aerobic und Gymnastik unter professioneller Anleitung beobachten. Wer möchte, kann selbstverständlich kostenlos mitmachen, den tollen Blick über das Wasser zur Altstadt gibt es gratis dazu. An Sportsachen denken!

Rålambshovsparken. Juni–Aug., täglich bei gutem Wetter, www.sthlm.friskissvettis.se

men in der Scheelegatan 7. Das im Stil der schwedischen Nationalromantik errichtete Gebäude beherbergt heute das Stockholmer Amtsgericht. Stadshuset mit seiner äußerst repräsentativen Platzierung am Mälarstrand hingegen konnte frei von funktionalen Zwängen entworfen werden. Am 23. Juni 1923 wurde es eingeweiht – 400 Jahre nach dem Einmarsch von Gustav I. Wasa (1496–1560) in Stockholm, der die Stadt und Schweden aus der Hand der dänischen Herrscher befreite. Ob das Datum historisch korrekt gewählt war, darf bezweifelt werden, aber die Symbolkraft war groß.

Beginn des Wohlfahrtsstaates

Schweden war zum Ende des 19. Jahrhunderts in den ländlichen Gebieten verarmt, zwischen 1850 und 1910 verlor das Land rund ein Viertel seiner Bevölkerung durch Auswanderung – heute würde man die Emigranten wohl als Wirtschaftsflüchtlinge bezeichnen. Das Land, das im 17. Jahrhundert noch Großmacht war, befand sich in einem starken Umbruch. Da waren große Symbole gefragt, und das Stadshuset war von Beginn an als ein solches geplant – für das wieder aufstrebende Schweden, den Beginn der Moderne. Es war die Zeit, als die Grundlagen für den schwedischen Wohlfahrtsstaat geschaffen wurden.

Die lichte Architektur mit den Arkaden zum Wasser hin ist bis heute eine Augenweide. Im Sommer sind die Treppenstufen im kühlen Innenhof begehrte Sitzplätze. In den kleinen Parks und Grünstreifen vor und neben dem Gebäude blitzen die Fotoapparate, Busfahrer und Reiseleiter ziehen sich gern hinter die Hecken des kleinen Parks zurück, um eine kurze Pause in dieser grünen Oase inmitten der Großstadt einzulegen. Und auf den Stufen zum See Mälaren hinab sitzen an schönen

Tagen Touristen und genießen die Aussicht über das Wasser auf die Inseln Riddarholmen und Södermalm.

Ein Festmahl für Nobelpreisträger

In den Mittelpunkt des Interesses rückt das Stadshuset jedes Jahr im Dezember, wenn im Blauen Saal das offizielle Abendessen für die frisch gekürten Nobelpreisträger stattfindet. Als Ehrengäste nehmen Mitglieder der Königsfamilie teil. Rund 1300 Gäste werden im Rahmen des Banketts bewirtet, das Menü ist bis zum letzten Moment geheim. Das schwedische Fernsehen überträgt die Feierlichkeiten live, die Einschaltquoten sind ausgesprochen hoch. Jeder der Preisträger, die mitsamt ihrer Familie eingeladen sind, hält eine kurze Rede im Verlauf der rund vierstündigen Zeremonie. Zweimal wird ein zünftiges »Skål« ausgesprochen: einmal zu Ehren des Königs und einmal durch den König zu Ehren Alfred Nobels.

Studenten bitten zum Tanz

Interessant an der Veranstaltung ist, dass sie in wesentlichen Teilen von Studenten durchgeführt wird. Sie sind Fahnenträger und Bedienung, auch als Toastmaster fungiert ein auf drei Jahre gewählter Student. Nach dem Abendessen werden

Oben: Den Blauen Saal des Rathauses kann man mit einer Führung besuchen.
Mitte: Im Ratssaal des Stadshuset werden die Geschicke der schwedischen Hauptstadt entschieden.
Unten: So speisen Nobelpreisträger.

35

die Gäste zum Tanz in den Hallen des Stadshuset gebeten. Seit 1978 organisieren vier Stockholmer Studentenvereinigungen ein sogenanntes Nachfest, zu dem keine Presse zugelassen ist. Etwa die Hälfte der Gäste zieht dann nach dem offiziellen Teil weiter zur Technischen Hochschule, zur Handelshochschule oder zum Verein der Mediziner.

Übrigens ist es Tradition, dass die Blumen für das Bankett aus San Remo an der Riviera geliefert werden. Dort verstarb Alfred Nobel 1896.

Kungsholmen

Weitere Sehenswürdigkeiten gibt es auf Kungsholmen nicht. Die Insel zählt heute zur Innenstadt, doch das ist erst seit etwas mehr als hundert Jahren so. Mitte des 18. Jahrhunderts waren in ihrem östlichen Teil – dort wo heute das Stadshuset steht – Fabriken entstanden, in denen Kleider und Seife produziert wurden. Aber auf Kungsholmen wohnte man nicht, historische Aufnahmen zeigen eine grüne, von Parks und Feldern durchzogene Landschaft. Der westliche Teil der Insel war bis zu Beginn des 20. Jahrhunderts weitgehend unbebaut. 1896 gab es ein Krankenhaus, ein Heim für unheilbar Kranke und eine Brauerei.

Heute zerschneiden förmlich die E4 und die E20 in einem überlasteten Autobahnring die beiden Essinge-Inseln und Kungsholmen. Der Drottningsholmsvägen ist eine der wichtigen Ausfallstraßen aus dem Zentrum zu den neu gebauten Wohnvierteln im Westen von Kungsholmen, die zu eigenen Stadtteilen gewachsen sind: Marieberg, Fredhäll, Kristineberg und Stadshagen. Wo einst die pompöse Brauerei allein am Ufer des Mälaren lag, entsteht ein modernes Wohn- und Büroviertel am Wasser.

Oben: Norr Mälarstrand ist eine der begehrten Wohnadressen in Stockholm.
Mitte: Dem Stadtgründer Birger Jarl hat man am Stadshuset ein vergoldetes Grabmal gewidmet.
Unten: Die lauschige Parkanlage gehört zum Stadshuset.

Infos und Adressen

SEHENSWÜRDIGKEITEN

Stadshuset. Im Stadshuset gibt es zwei sehenswerte Gebäudeteile: den Saal, in dem das Nobelbankett stattfindet und den 106 Meter hohen Turm mit seinen markanten drei Kronen auf der Spitze. Beide sind nur im Rahmen einer Führung zu besichtigen. Führungen gibt es täglich auf Englisch, im Sommer auch auf Deutsch. Stündlich zwischen 10 und 15 Uhr (ganzjährig), Dauer ca. 45 Minuten, Ragnar Östbergs Plan 1, 11220 Stockholm, www.stockholm.se/stadshuset

ESSEN UND TRINKEN

Ragnars Skafferi. Lunch-Restaurant und Café im Stadshuset mit täglich wechselnden Tagesmenüs, benannt nach dem Architekten Ragnar Östberg. Mo–Fr 7.30–16 Uhr, Hantverkargatan 1, 11152 Stockholm, Tel. Tel. 08/58 62 18 40, www.ragnarsskafferi.se

ÜBERNACHTEN

Clarion Amaranten. Innenstadthotel in ruhiger Lage und in fußläufiger Entfernung zum Zentrum. Kungsholmsgatan 31, 11227 Stockholm, Tel. 08/692 52 00, cl.amaranten@choice.se, www.nordicchoicehotels.com

In der Lounge des »Clarion Hotel Amaranten«

AKTIVITÄTEN

Kajakkompaniet. Die Kajakvermietung liegt am westlichen Ende der Insel Kungsholmen. Von hier lässt sich Stockholm auf eigene Faust vom Wasser aus erkunden. Man kann die Kajaks von einem halben Tag bis zu einer Woche mieten, es gibt auch geführte Touren für Anfänger. Kristinebergs Strand, 11252 Stockholm, Tel. 08/22 48 18, info@kajakkompaniet.se, www.kajakkompaniet.se

Mit dem Kajak kann man Stockholm vom Wasser aus erkunden.

2 Sergels Torg und Hötorget
Die Modernität der 1960er- und 1970er-Jahre

Sie sollten das neue, das moderne Zentrum bilden: die Plätze Sergels Torg und Hötorget. Hier fand der schwedische Funktionalismus seinen Höhepunkt. Heute wirken die beiden Plätze im Herzen von Norrmalm wie gewöhnliche Stadtteilzentren, doch im Bewusstsein der Schweden waren sie Meilensteine – und meilenweit von der ländlichen Idylle der roten Stuga, der Hütte am See, entfernt.

Norrmalm ist der Stockholmer Stadtteil, der im Laufe der Geschichte sein Antlitz am stärksten veränderte. Nördlich der Altstadtinsel gelegen, war er ursprünglich durch einen Bergzug zweigeteilt. Der Berg Brunkebergsåsen stellte die Stadtplaner vor viele Hindernisse. Eine Feuersbrunst im Jahre 1640 vernichtete 247 Häuser – diese Katastrophe markierte den Beginn eines radikalen Umbaus des großen Viertels. Heute ist die ursprüngliche Höhe nur noch an den Treppen an der Kungsgatan zu ahnen, wo sie zu zwei höher gelegenen Straßen führen.

Norrmalm

Man muss sich das alte Stockholm so vorstellen, dass die »Stadt zwischen den Brücken«, also die Altstadt, das natürliche Zentrum war. Von dort aus wuchs Stockholm nach Norden und nach Süden. Norrmalm, das heutige Zentrum, war also ein Vorort mit teils wilder Bebauung. 1616 schrieb der holländische Gesandte Antonius Goeteeris seine

Mitte: Modernität oder Moloch? Rund um den Platz Sergels Torg treffen sich die Verkehrsströme von Norrmalm.
Unten: Einst war die Kungsgatan eine der wichtigen Traversen durch Norrmalm.

An der Information im Kulturhuset ist man stets hilfsbereit.

Eindrücke auf: »Die Stadt Stockholm nahm sich bei der Ankunft völlig grün aus, wie sie gegen den Berg lag, denn alle Häuser hatten abgeflachte Dächer mit Birkenrinde und grünenden Grassoden gedeckt. Über den Dächern erhob sich ein meist weißer Schornstein, etwas, was sich aus der Entfernung recht eigentümlich ausmacht, sodass man nicht so recht weiß, was man davon zu halten hat.«

Zunächst war Norrmalm ländlich geprägt, später siedelten sich Industriearbeiter an, die in den Werkstätten und Handwerksbetrieben von Kungsholmen arbeiteten. Eine Stadtplanung hatte es mehrere Jahrhunderte lang nicht gegeben. Immer wieder zerstörten Großbrände die Häuser, obwohl es schon im 16. Jahrhundert Pflicht war, in Stein statt in Holz zu bauen – wenn man es sich denn leisten konnte. Diese Vorgeschichte hilft zu verstehen, warum ab dem 17. Jahrhundert gerade der Norden Stockholms so nachdrücklich von den Stadtplanern bearbeitet wurde.

Stadtplanung

König Gustav II. Adolf (1594–1632) ergriff um 1630 höchstpersönlich die Initiative, 1637 began-

Nicht verpassen

CAFETERIA IM KULTURHUSET

Das Kulturhaus am Sergels Torg ist eine Stockholmer Institution. Es wurde 1974 im Zusammenhang mit der Fertigstellung des Platzes eröffnet. Hinter der großen Glasfassade finden sich zahlreiche Ausstellungsräume, eine öffentliche Bibliothek mit Lesesaal und das Stockholmer Stadttheater. Das Kulturhuset will immer auch ein Treffpunkt für Menschen sein – und bietet zugleich einen schönen Rückzugsraum im Getümmel der Innenstadt: das »Café Panorama« im fünften Stock. Die gepflegte Cafeteria hat akzeptable Preise und verfügt über große Panoramafenster, die den Blick auf Norrmalm freigeben. Wer ökologisch Produziertes bevorzugt, findet im zweiten Stock das Restaurant »Ekoteket«.

Café Panorama. Mo–Fr 11–19 Uhr, Sa 11–18 Uhr, So 11–17 Uhr, Sergels Torg 3, 11157 Stockholm, Tel. 08/21 10 35, www.cafepanorama.se

nen die Vermessungsarbeiten. Senken wurden eingeebnet, Hügel abgetragen, und an den Hauptstraßen riss man die Holzhäuser ab. Die Industrialisierung des 18. und 19. Jahrhunderts zog viele Menschen an, Stockholm entwickelte sich prächtig, während die Landbevölkerung immer ärmer wurde.

Hundert Jahre lang war Schweden eine europäische Großmacht (1611–1721), dann begann der politische und wirtschaftliche Abstieg. Ende des 19. Jahrhunderts war die Armut in den ländlichen Bereichen so groß, dass zwischen 1880 und 1910 etwa 1,3 Millionen Menschen auswanderten, die meisten nach Amerika. Das Land verlor beinahe ein Viertel seiner Bevölkerung. Aber Stockholm, die Hauptstadt, prosperierte in diesen schwierigen Zeiten. Auch aufgrund der Auswanderungsproblematik fiel der Funktionalismus der 1920er- und 1930er-Jahre in Schweden auf einen ausgesprochen fruchtbaren Boden. Architekten, Künstler und Politiker wollten das Land wieder lebenswert für die Menschen machen.

Funktionalismus

Eine der Thesen jener Zeit war, dass Industrie und Wohnen getrennt werden sollten. So entstanden in den Stadtteilen Bromma und Hammarby neue Wohnsiedlungen im Stil des Funktionalismus. Und für Norrmalm bedeutete es, dass die Industrie aus dem Stadtbild verschwinden musste, es wurde zu einem Wohn- und Geschäftsviertel. Wieder einmal war es Betätigungsfeld für die Stadtplaner.

Konserthuset

Am Platz Hötorget entstand nach einem Architekturwettbewerb in den Jahren 1924 bis 1926 das neue Konzerthaus noch im Stil des nordischen Klas-

Rund um den Sergels Torg

Ⓐ Sergels Torg. Auf dem unteren Niveau, das Fußgängern vorbehalten ist, liegen die Eingänge zum Kulturhuset und DesignTorget direkt nebeneinander. Auf dieser Ebene befindet sich auch der Eingang zur U-Bahn T-Centralen.

Ⓑ Kreisverkehr mit Springbrunnen. Eine Ebene darüber in der Mitte des großen Kreisverkehrs: Springbrunnen mit der gläsernen Säule von Edvin Öhrström aus dem Jahre 1974

Ⓒ Hötorget-Hochhäuser. Haben das Weichbild der Stadt geprägt, waren aber immer umstritten: die fünf Hötorget-Hochhäuser aus den Jahren 1955 bis 1966.

Ⓓ Hötorgshallen. Die ehemalige Markthalle ist ideal für eine kleine Mittagspause.

Ⓔ Konserthuset. Bühne des Königlichen Philharmonischen Orchesters und jener Ort, an dem die Nobelpreise für Literatur, Chemie, Physik und Medizin verliehen werden

Ⓕ Kaufhaus PUB. Das älteste Kaufhaus Stockholms. Der Name bildet sich aus den Anfangsbuchstaben des Gründers, Paul Urban Bergström. In den obersten Geschossen befinden sich Zimmer des »Rica Hotel Kungsgatan«.

Ⓖ Rica Hotel Stockholm. Nicht zu verwechseln mit dem benachbarten Hotel in der Kungsgatan, obwohl beide zur selben Hotelkette gehören.

Ⓗ Fotopunkt. Von diesem Punkt lässt sich besonders gut einer der beiden Türme in der Kungsgatan fotografieren. Dazwischen liegt mit der Sveavägen eine der Hauptverkehrsadern der Stadt.

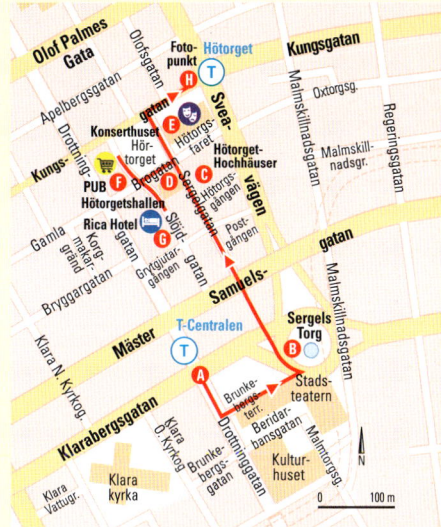

Die Kaufhäuser in Stockholm bieten eine vielfältige Auswahl.

Einfach gut!

Die Initialen des Gründers Paul U. Bergström wurden zum Namen seines 1882 eröffneten Kaufhauses.

sizismus. 1776 Sitzplätze für Kunst und Kultur, wo hundert Jahre zuvor Arbeiterwohnungen und Industrie vorherrschten – natürlich ging es beim Konserthuset ebenso um die Symbolkraft wie beim zeitgleich entstandenen Stadshuset auf Kungsholmen. Im Konserthuset ist das Königliche Philharmonische Orchester beheimatet, außerdem werden hier jährlich am 10. Dezember die Nobelpreise für Literatur, Chemie, Physik und Medizin verliehen.

Markt

Dem Konzerthaus gegenüber steht das Warenhaus PUB aus dem Jahr 1916. Die südliche Seite des Platzes wurde über sechzig Jahre lang von der alten Markthalle gesäumt, 1953 rissen sie die Stadtplaner dann ab und ersetzten sie durch einen gesichtslosen Neubau. Ein wenig Kleinstadtmilieu verströmt der Wochenmarkt, der auf dem Hötorget abgehalten wird. Hier gibt es Blumen und Gemüse, während Fleisch und Käse in der Halle verkauft werden müssen.

Hötorget-Hochhäuser

Das moderne Schweden – oder was man seinerzeit dafür hielt – wird symbolisiert durch die fünf Hötorget-Hochhäuser, die zwischen 1955 und 1966 entstanden. Erste Pläne gab es bereits im Jahr 1928, als von neun Hochhäusern mit jeweils 30 Stockwerken die Rede war. Realisiert wurden glücklicherweise nur fünf mit jeweils 19 Stockwerken. Unumstritten waren sie nie, haben sie doch das Gesicht von Norrmalm ganz wesentlich verändert. In den Anfangsjahren leuchtete auf dem ersten Hochhaus Europas größte Neonreklame. Heute sind solche Superlative in Schweden eher verpönt, damals fanden sie bei vielen Stockholmern Anklang.

Sergels Torg

Im Zuge der Stadterneuerung schufen die Verkehrsplaner noch einen zweiten Platz: Sergels Torg. Während Hötorget – auf Deutsch Heumarkt – lange Zeit Marktplatz war, wurde Sergels Torg völlig neu konzipiert. Auch hierfür gab es bereits seit 1928 Pläne, doch umgesetzt wurden sie erst Ende der 1960er-Jahre. Oben zirkuliert der Autoverkehr um einen großen Kreisverkehr, darunter schuf man für die Fußgänger den Platz, der zur Drottninggatan hin offen, unter dem Kreisverkehr aber überdacht ist. In der Mitte des Kreisverkehrs entstand ein monumentaler Springbrunnen, der von einer gläsernen Säule überragt wird. 37 Meter hoch und von innen beleuchtet, wurde das Kunstwerk von Edvin Öhrström (1906–1994) schon kurz nach der Einweihung 1974 zu einem Wahrzeichen des modernen Stockholm. Das markante Pflaster mit seinen weißen und schwarzen Dreiecken ist auch heute noch sehenswert.

Leider gingen die Pläne nicht ganz so auf, wie es sich die Stadtplaner am Zeichenbrett ausgedacht hatten. An Sergels Torg befindet sich auch einer der Ausgänge des U-Bahn-Hauptbahnhofs T-Centralen. Das T steht für Tunnelbana, wie die U-Bahn auf Schwedisch heißt. Der zwielichtige Ruf von Sergels Torg als Drogenumschlagplatz Ende der 1990er-Jahre ist Geschichte, seit eine eigene Polizeieinheit dort für Sicherheit sorgt.

Sergels Torg hinterlässt einen zwiespältigen Eindruck: Einerseits ist der Platz seit dem Jahr 2000 als »Kulturgut von Reichsinteresse« geschützt, andererseits nimmt diese Art von Großstadtarchitektur die Menschen nicht genügend mit. Es ist kein Ort zum Verweilen, wohl aber jener zentrale Platz in Stockholm, auf dem politische Demonstrationen stattfinden oder Sportfans die Erfolge ihrer Mannschaften feiern.

Oben: Mittlerweile nicht mehr wegzudenken – die fünf Hochhäuser der Hötorgscity von 1956
Unten: Der Sergelstorg wird im Volksmund oft »Plattan« genannt.

Infos und Adressen

ESSEN UND TRINKEN

Unter dem Dach von Kulturhuset gibt es neben dem »Café Panorama« noch zwei weitere Restaurants:

Nooshi. Asiatisches Restaurant mit Speisen aus Korea, Japan, Thailand und China. Mo–Fr 11–15 und 17–20 Uhr, Sa, So 12–20 Uhr, Kulturhuset, Sergels Torg 3, 11157 Stockholm, Tel. 08/35 25 20, www.nooshi.se

Alle Farben, alle Formen – Åhléns ist das größte Kaufhaus Stockholms.

Ekoteket. Sowohl Café als auch Ausstellungsraum mit einer Speisekarte, die den Jahreszeiten folgt. Das Angebot wird nach eigenen Angaben mit ökologisch einwandfreien Zutaten hergestellt: von Salaten über hausgebackenes Brot bis zu britischen Scones gibt es viele leckere Kleinigkeiten. Mo–Fr 10–19 Uhr, Sa, So 11–17 Uhr, Kulturhuset, Sergels Torg 3, 11157 Stockholm, Tel. 08/14 56 06, www.teaterbarenstockholm.se/ekoteket/ekoteket-2

ÜBERNACHTEN

Scandic Klara. Das Haus wurde 2012/13 komplett renoviert, einige der 292 Zimmer haben einen Blick auf die Fußgängerzone. Zur Einkaufsstraße Drottninggatan sind es nur wenige Schritte, und auch zur U-Bahn-Station T-Centralen ist es nicht weit. Slöjdgatan 7, 11157 Stockholm, Tel 08/51 72 66 00, klara@scandichotels.com, www.scandichotels.se

Haymarket by Scandic. Im ehemaligen Warenhaus PUB befindet sich heute das Hotel »Haymarket by Scandic«. Das Gebäude liegt prominent gegenüber des Stockholmer Konzerthauses und ist vor allem dafür bekannt, dass hier die berühmte Greta Garbo in der Hutabteilung arbeitete, bevor sie zu Ruhm gelangte. Die Einrichtung des 405-Zimmer Hotels zitiert die 1920er-Jahre und verweist immer wieder auf die wahrscheinlich berühmteste Angestellte des Warenhauses – eben Greta Garbo. Hötorget 13-15, 111 57 Stockholm, Tel. 08/51 72 67 00, haymarket@scandichotels.com, www.scandichotels.se

EINKAUFEN

Åhléns City. Åhléns ist in etwa das schwedische Gegenstück zu Karstadt. Einst gegründet als Versandhandel, dessen einziges Produkt ein Porträt der königlichen Familie war, ist es heute ein Warenhaus mit einem Sortiment von Mode über Textilien und Einrichtungsbedarf bis hin zu Kosmetika. Mo–Fr 10–21 Uhr, Sa 10–19 Uhr, So 11–19 Uhr, Klarabergsgata 50, 11121 Stockholm, www.ahlens.se

Hötorgshallen. Im Gegensatz zu Saluhallen in Östermalm hat die Markthalle am Hötorg den Wandel der Zeit nicht überlebt. Sie wurde abgerissen. An ihrer Stelle steht heute das große Kino. Im Untergeschoss finden sich – inzwischen wieder – Lebensmittelstände mit Delikatessen. Von geschlachteten Lämmern bis zum Toast Skagen findet sich alles. Man kann Hötorgshallen sowohl zum Einkaufen nutzen als auch für einen Imbiss zwischendrin. Vom Ambiente her ist die Markthalle Saluhallen allerdings schöner. Mo–Fr 10–18 Uhr, Sa 10–18.30 Uhr, 11157 Stockholm, www.hotorgshallen.se

VERANSTALTUNGEN

Konserthuset. Das Konzerthaus am Hötorget ist die Spielstätte der Königlichen Philharmoniker. Über die Landesgrenzen hinaus ist der klassizistische Bau für die alljährlich dort am 10. Dezember stattfindenden Nobelpreisverleihungen bekannt. Danach geht es dann ins Stadshuset zum Bankett. Kartenkasse: Mo–Fr 11–18 Uhr, Hötorget 8, 10387 Stockholm, Tel. 08/50 66 77 88 (für Konzerttickets), www.konserthuset.se

Filmstaden Sergel. Großes Kino direkt am Hötorget. Hier laufen schwedische wie auch internationale Filme, die häufig in der Originalsprache mit Untertiteln gezeigt werden. Ausländische Produktionen kommen in Schweden zum Teil früher als in Deutschland heraus. Hötorget, 11157 Stockholm, Tel. 08/56 26 00 00, www.sf.se

Kulturhuset. Unter dem Dach des Kulturhuset versammeln sich mehrere Theaterbühnen, Galerien mit Wechselausstellungen sowie Cafés und Bibliotheken, darunter auch das Stadttheater. Es gibt zahlreiche öffentliche Bereiche, die als Treffpunkt dienen. So kann man hier Schach spielen oder einfach ein Buch lesen. Bibliothek: Mo–Fr 9–19 Uhr, Sa, So 11–17 Uhr, Galerien: Mo 16–19 Uhr, Di–Fr 13–19 Uhr, Sa, So 11–17 Uhr, Theaterkasse: Mo–So 12–19 Uhr, Sergels Torg 3, 11157 Stockholm, www.kulturhusetstadsteatern.se

Ökologisch einwandfreie Zutaten möchte »Ekoteket« im Kulturhuset anbieten.

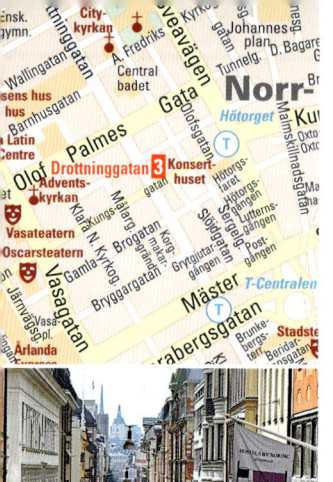

3 Drottninggatan
Auf den Spuren Strindbergs

Stockholms längste Fußgängerzone ist die Drottninggatan, die sich vom Parlament durch das Regierungsviertel auf Norrmalm bis hin zum Stadtteil Vasastaden zieht. Auf ihrem Weg gen Norden wechselt die Magistrale ihren Charakter mehrfach: Zuerst beherbergt sie Behörden und Banken, es folgen die Läden großer Ketten. Im nördlichen Teil dominieren kleine Läden, bis die Drottninggatan eine Wohnstraße wird.

Seit dem 17. Jahrhundert war die Drottninggatan eine der großen Ausfallstraßen Stockholms, und bis in die heutigen Tage ist der Straßenverlauf vom Parlament hinauf zum Hügel Observatorielunden erhalten geblieben. Nur dass die Drottninggatan längst keine Ausfallstraße mehr ist, sondern in großen Teilen Fußgängerzone.

Einkaufsstraße

Durch die Lage auf den Inseln fehlt Stockholm der eine große Boulevard, der den Anspruch als Hauptstadt sichtbar werden lässt. Auch die »Königinstraße« – so die deutsche Übersetzung – ist keine schwedische Version der Champs-Élysées. Drottninggatan ist eine Einkaufsstraße, je weiter man sie nach Norden geht, umso charmanter und kleiner werden die Geschäfte. Je näher man T-Centralen kommt, der großen U-Bahn-Zentrale, umso öfter sind internationale Ketten vertreten.

Rosenbadet

Den Beginn der Drottninggatan mit der Hausnummer 1–3 bildet Rosenbadet, der Regierungs-

Mitte: Schnurgerade aus dem Norden zur Altstadt führt die Drottninggatan.
Unten: Rosenbadet wurde 1902 im Jugendstil erbaut und ist der Sitz des schwedischen Ministerpräsidenten.

Zu Unrecht häufig übersehen …

sitz. Hier hat der Ministerpräsident seine Diensträume, hier finden die Sitzungen der Minister statt, mehrere Ministerien sind in diesem Viertel untergebracht. In der Verlängerung der Drottninggatan geht es über eine Fußgängerbrücke direkt zum Parlament – die Wege in Stockholm sind kurz.

Rosenbadet wurde 1902 im Jugendstil für eine Bank erbaut. Der Name rührt von einer Kaltbadeanstalt her, die sich zuvor auf dem Grundstück befunden haben soll. Ähnlich wie beim Stadshuset suchten die Architekten Inspiration in Venedig. 1912 übernahm der schwedische Staat Teile des Gebäudes, zunächst für das Handelsministerium. 1956 wurde das Restaurant geschlossen, seither wird Rosenbadet komplett von der Regierung genutzt. Nach einer umfassenden Renovierung 1981 ist es Sitz des Ministerpräsidenten.

Ins Auge fällt die Wasserseite von Rosenbadet, die nach Süden zum Norrström schaut, ein Wasserarm, der den See Mälaren mit der Ostsee verbindet. Das sogenannte Adelswärdska Huset von 1890 – es liegt auf der anderen Straßenseite der Drottninggatan am Norrström – sollte ebenfalls an einen Dogenpalast erinnern. Wenn also in der

Nicht verpassen

STRINDBERGS LETZTES DOMIZIL

In der Drottninggatan 85, einem schönen Jugendstilgebäude, befindet sich das Strindbergsmuseum. August Strindberg bezeichnete das markante Gebäude als seinen »blauen Turm« – obwohl es schon damals gelb verputzt war. Man vermutet, dass es auf das blau gekachelte Treppenhaus Bezug nahm. Hier wohnte der Dichter von 1908 bis zu seinem Tode 1912. Seine Wohnung und die komplette Einrichtung blieben erhalten. Man muss sich nicht unbedingt für die Werke Strindbergs interessieren: Das Museum gibt auch Auskunft über das bürgerliche Wohnen in Stockholm zu Beginn des 20. Jahrhunderts. Wer sich näher mit dem Autor beschäftigen möchte, kann sich an das angeschlossene Strindberg-Archiv wenden.

Strindbergsmuseet.
Di–So 12–16 Uhr, Drottninggatan 85, 11160 Stockholm, Tel. 08/411 53 54, www.strindbergsmuseet.se

Die Adolf Fredriks Kirche stammt aus dem Jahre 1774 und wurde im gustavianischen Stil mit Einflüssen des Rokoko erbaut. Sie nimmt eine besondere Stellung in der Stadtgeschichte ein, weil auf ihrem kleinen Friedhof prominente Namen zu finden sind. Hier befindet sich das Grab des 1986 ermordeten Ministerpräsidenten Olof Palme sowie des Forschungsreisenden Sven Hedin (1865–1952), dessen Reiseberichte in Deutschland populär waren. Strindberg hatte Hedin bereits 1908 heftig angegriffen, in Schweden sieht man ihn kritisch, weil er sich nicht von den Nationalsozialisten distanzierte. In der Kirche befindet sich eine Gedenktafel für den in Stockholm verstorbenen Philosophen René Descartes (1596–1650). Am bekanntesten ist sein Postulat »Ich denke, also bin ich«.

Adolf Fredriks Kyrka. Holländergatan 16, 11160 Stockholm, Tel. 08/20 70 76, www.adolffredrik.se

Touristenwerbung Stockholm als das »Venedig des Nordens« bezeichnet wird, gibt es neben dem vielen Wasser in der Stadt auch architektonische Gründe, dieses arg strapazierte Attribut zu verwenden.

Sagersta Palast

Das nächste Haus am Norrström heißt Sagersta Huset oder Sagersta Palast, stammt vom Ende des 19. Jahrhunderts und dient als Wohnung des jeweiligen Ministerpräsidenten. Von seinen Räumlichkeiten hat dieser einen Blick über den Norrström auf das Parlament und das königliche Schloss. Obwohl man sich am Beginn der Drottninggatan mitten im Regierungsviertel befindet, spürt man als Besucher davon wenig. Wer genau hinschaut, erkennt die Überwachungskameras, die Möglichkeiten zur Durchfahrt mit dem Auto sind durch versenkbare Poller eingeschränkt, aber eine verstärkte Polizeipräsenz gibt es nur im Ausnahmefall.

Jugendstil & Åhléns

Trotz mancher Neubauten, über deren Schönheit man streiten kann, finden sich in der Drottninggatan noch Kleinode aus der Zeit des Jugendstils. Das in rötlichem Sandstein errichtete Bankgebäude mit der Hausnummer 4 ist dafür ein schönes Beispiel, die genau gegenüber liegende Skånebank wurde vom selben Architekten entworfen. Zuerst die Regierungsgebäude, dann die Bankgebäude … Auch der Bau der Sundsvall Handelsbank mit der Hausnummer 17 hat einige schöne Jugendstildetails vorzuweisen. Im ersten Jahrzehnt des 20. Jahrhunderts verschob sich das Zentrum Stockholms aus der Altstadt hinüber in den Stadtteil Norrmalm. In keiner anderen Straße ist diese Entwicklung noch so deutlich zu erkennen wie in der Drottninggatan.

Drottninggatan

Auf dem Platz Sergels Torg hat die Moderne zu-
geschlagen, dann folgen die großen Kaufhäuser.
Die schwedische Warenhauskette Åhléns, deren
Rolle in Schweden etwa mit der von Karstadt in
Deutschland vergleichbar ist, betreibt hier eine
Niederlassung auf der Ecke der Drottninggatan
zur Klarabergsgatan. Das 1964 eingeweihte Kauf-
haus steht mittlerweile unter Denkmalschutz.

August Strindberg

Weiter stadtauswärts dominieren kleine Boutiquen, über ihnen befinden sich Mietswohnun-
gen statt Büros. In einem dieser Wohnhäuser
lebte der Schriftsteller August Strindberg (1849–
1912). Dem großen Dramatiker zu Ehren wurden
1998 Zitate aus seinen Werken in großen Lettern
in den Straßenbelag eingelassen. Hier finden sich
Sätze wie »Mein Feuer ist das größte in Schweden« oder »Was ist Wirtschaft? Eine Wissenschaft,
die von der Oberklasse erfunden wurde, um die
Früchte der Arbeit der Unterklasse zu ernten«.

Centralbadet

Eine schwedische Besonderheit sind die Badehäu-
ser. Es gibt sie als Kaltbadeanstalten am Meer –
im südlichen Malmö und in Varberg an der Westküste blieben zwei sehr schöne Exemplare erhalten – oder als Bäder in den größeren Städten. In
Stockholm haben gleich zwei dieser Badeanstalten
überlebt. Centralbadet liegt in der Drottninggatan 88, der unscheinbare Eingang durch ein
schmiedeeisernes Tor ist leicht zu übersehen.

Das 1904 erbaute Jugendstilbad schmückt eine
halbrunde Fassade mit hohen Fenstern, die zu einem kleinen Park im Innenhof weisen. Bei seiner
Einweihung war es das modernste Bad Schwedens: Es enthielt drei Schwimmbecken für Herren

Oben: Das Kaufhaus Åhléns steht
unter Denkmalschutz.
Mitte: August Strindberg war für
provozierende Aussagen bekannt.
Einige seiner Sprüche wurden in
der Fußgängerzone verewigt.
Unten: Jugendstil vom Feinsten –
das Centralbadet von 1904

und zwei für Damen, warme und kalte Bäder zur Reinigung und sogar ein Kohlensäurebad. Auf der Dachterrasse konnte man sonnenbaden, eine Kegelbahn und ein Tennisplatz zur sportlichen Betätigung rundeten das Angebot ab. 1965 sollte das baufällige Bad abgerissen werden, zum Glück wurde der Plan nicht ausgeführt. 1979 entschloss sich die Stadt zu einer Renovierung der Fassade, Investitionen in den Innenbereich erschienen damals zu riskant. Mit dem aufkommenden Trend zu Wellness erhielt Centralbadet seine zweite Chance: Bis 1989 wurde das mittlerweile unter Denkmalschutz stehende Gebäude renoviert und zum hundertsten Jubiläum der kleine Pavillon im Park davor nach alten Plänen rekonstruiert. Und so kann man heute mitten in Stockholm ausgesprochen stilvoll baden gehen.

GUT ZU WISSEN

TOURISTEN-FUTTER

Wenn man im Bahnhofsviertel logiert, liegen einige Restaurants in der Drottninggatan zwischen T-Centralen und Gamla Stan. Hier gilt die Regel von Reise-Profis: »Iss niemals, wo Bilder der Speisen im Fenster hängen.« Es gibt in Stockholm genug gute und teilweise sogar günstige Restaurants, sodass man nicht ohne Not in die erstbeste Touristenkneipe auf Drottninggatan gehen sollte. Gleiches gilt für die Souvenirläden in diesem Teil der Straße.

Oben: Elegant schwimmen im Bassin des Centralbads
Mitte: Auch für Bewegungsbäder gibt es Räumlichkeiten in der historischen Schwimmhalle.
Unten: Beyond Retro läuft dem Trend nicht nach, es prägt ihn.

Infos und Adressen

ESSEN UND TRINKEN

Rolfs Kök. Gehobenes Niveau im Bistro-Stil. Mo–Fr 11.30–1 Uhr, Sa, So 17–1 Uhr, Tegnérgatan 41, 11161 Stockholm, Tel. 08/10 16 96, www.rolfskok.se

Grill. Alles, was man grillen kann – von Fleisch bis Thunfisch – in entspannter Atmosphäre. Mo–Do 11–13.30 Uhr, Fr 11–14 Uhr, Mo–Fr 17–1 Uhr, Sa 16–1 Uhr, So 15–21 Uhr (nur Grillbüfett), Drottninggatan 89, 11360 Stockholm Tel. 08/31 45 30, www.grill.se

ÜBERNACHTEN

Profil Central Hotel. Vernünftiges Drei-Sterne-Hotel in einer Seitenstraße. Vasagatan 38, 11120 Stockholm, Tel. 08/56 62 08 00, centralhotel@profilhotels.se, www.profilhotels.se

Freys Hotel. Angenehmes Drei-Sterne-Hotel in der Nähe des Hauptbahnhofs. Bryggargatan 12, 10131 Stockholm, Tel. 08/50 62 13 00. freys@freyshotels.com, www.freyshotels.com

EINKAUFEN

Beyond Retro – Vintage Clothing. Zentrale Adresse für Liebhaber von Secondhand-Holzfäller-hemden und Vintage-Mode am oberen Ende der Drottninggatan. Mo–Fr 11–19 Uhr, Sa 11–17 Uhr, So 12–16 Uhr, Drottninggatan 77, 11160 Stock-holm, www.beyondretro.com/en/blog/tag/beyond-retro-stockholm/

Weekday. Junge schwedische Mode jenseits von H&M und trotzdem zu günstigen Preisen. Im Ober-geschoss kann man Designern über die Schulter schauen. Mo–Fr 10–19 Uhr, Sa 10–17 Uhr, So 11–17 Uhr, Drottninggatan 63, 11121 Stock-holm, www.weekday.se

Pralinhuset. Leckere handgemachte Pralinen gibt es in dem kleinen Laden im obersten Teil der Drottninggatan. Mo–Fr 10–18 Uhr, Sa 10–17.30 Uhr, Drottninggatan 112, 11360 Stock-holm, Tel. 08/31 59 30, www.chokladhotell.se

»Freys Hotel« liegt in einer Nebenstraße zwischen Hauptbahnhof und Drottninggatan.

4 Klaraviertel
Rund um den Hauptbahnhof

Straßenschluchten mit viel Verkehr, die Bahnlinie mitten durch die Stadt – nein, das Viertel rund um den Hauptbahnhof gehört nicht zu den schönsten Teilen Stockholms. Doch als Tourist kommt man daran kaum vorbei, weil hier viele Hotels liegen und weil sich die wichtigsten Verkehrsmittel treffen. Das Nebeneinander von historischen Ausflugsschiffen, Busbahnhof, Eisenbahn und U-Bahn auf verschiedenen Ebenen bildet eine sehr spezielle Melange.

Norrmalm ist der Stadtteil Stockholms, auf dem sich verschiedenste Generationen von Architekten austoben konnten. Kein Stadtteil sonst musste im Laufe der Jahrhunderte so viele Veränderungen hinnehmen. Denn Stück für Stück verschob sich das Zentrum Stockholms weg vom königlichen Schloss in Gamla Stan, der Altstadt, hinüber in den Norden nach Norrmalm. Ab dem 17. Jahrhundert wurden Berge gesprengt, Gassen begradigt und zu breiten Straßen ausgebaut. Nach einem Stadtbrand im Jahre 1625 ordnete König Gustav II. Adolf (1594–1632) an, dass auf Norrmalm anstelle der Holzkaten für Tagelöhner zukünftig Steinhäuser gebaut werden sollten. Dann zog der Schwedenkönig in den Dreißigjährigen Krieg.

Industrialisierung

Mit der industriellen Revolution, die Schweden mit etwas Verspätung erreichte, entstand ein Industriegebiet um die Bucht Klara Sjö – überwiegend auf der Insel Kungsholmen, aber auch auf Norrmalm. 1860 wurde Stockholms erste Bahnli-

Mitte: Die große Halle des Hauptbahnhofs entstand in den Jahren 1925 bis 1928.
Unten: Wasserweg, Bahntrasse und Straßen – Stockholm musste und muss immer wieder Lösungen für seine Verkehrsprobleme finden.

Stockholm Waterfront ersetzt das alte
Postterminal am Bahnhof.

Einfach gut!

nie eingeweiht. Mit dem Bau der Bahn-
strecken konnte die Industrie in die Vororte ausweichen. Zunächst hatte Stockholm
zwei Bahnhöfe: einen im Süden für die Verbindungen in Richtung Södertälje und einen auf
Norrmalm für die Strecke nach Uppsala.

Hauptbahnhof &
Verkehrsprobleme

Doch schon 1871 wurde der Hauptbahnhof fertiggestellt, die Nord-Süd-Verbindung lief nun über
Brücken und die Insel Riddarholmen. Stück für
Stück verschwanden die Industrieanlagen aus der
Innenstadt. Die breite Bucht Klara Sjö wurde so
weit zugeschüttet, dass von ihr nur ein schmaler
Kanal übrig blieb. Mit anderen Worten: Wo heute
der Hauptbahnhof steht, befand sich vor 150 Jahren noch eine Bucht. Und mit dem Hauptbahnhof,
auf Schwedisch übrigens Centralstation, wanderte
das Stadtzentrum nach Norden. Gamla Stan war
fortan nur noch die »alte Stadt«, deren enge Gassen als unmodern galten. Wer auf sich hielt,
wohnte zu Beginn des 20. Jahrhunderts in den repräsentativen Villen von Östermalm oder in den

Nicht verpassen

aufstrebenden Randbezirken von Kungsholmen und Norrmalm.

Dieser kleine geschichtliche Exkurs macht das Viertel zwar nicht schöner, hilft aber, die Verkehrsprobleme zu verstehen, vor denen die auf Inseln gebaute Hauptstadt stand, als der Wasserweg nicht mehr die natürliche Verbindung nach ganz Europa war. Eisenbahn und Straßenverkehr mussten ihren Platz finden in einer Stadt, die über Jahrhunderte am Wasser konzipiert worden war. Wer aus dem Hauptbahnhof tritt und im Umkreis von 500 Metern alle Brücken zählt, kommt auf eine erkleckliche Zahl.

Klara Kyrka

Inmitten dieser Häuserschluchten gibt es eine kleine grüne Insel, die aus der Zeit gefallen zu sein scheint: Klara Kyrka. Die rote Backsteinkirche hat alle Umgestaltungen von Norrmalm überlebt. Bereits 1280 gab es an dieser Stelle ein Nonnenkloster, das 1527 zusammen mit der damaligen Kirche abgerissen wurde. Die ältesten Teile der Kirche stammen aus dem späten 16. Jahrhundert, das meiste musste jedoch nach dem Stadtbrand im Klaraviertel 1751 neu aufgebaut werden. Als der hohe Turm 1932 renoviert wurde, montierte man auf der Spitze 1600 Kupferplatten mit einem Gesamtgewicht von rund zehn Tonnen.

Glockenspiel

Historische Stiche zeigen die Kirche auf einem Hügel oberhalb der Bucht Klara Sjö – kaum vorstellbar heute, wie nah das Seeufer einst war. Klara Kyrka ist in zweierlei Hinsicht bemerkenswert: Mit ihrem 116 Meter hohen Turm ist sie die zweithöchste Kirche Schwedens. Die zweite Besonderheit ist das Glockenspiel von 1965. Es wurde vom

Ehepaar Åhlén gestiftet, den Erben des Kaufhausgründers Johan Petter Åhlén (1879–1939).

35 Bronzeglocken befinden sich im Turm, der nicht nur durch sein Kupferdach ein Schwergewicht ist: Die Glocken bringen zusätzlich noch einmal 8,6 Tonnen auf die Waage: Die kleinste wiegt 35 Kilogramm, die größte stattliche 1700 Kilogramm. Drei Oktaven umfasst das Glockenspiel, das von einem kleinen Raum im Turm von Hand bedient werden kann. Allerdings muss der Glockenspieler einen Gehörschutz tragen, denn die Glocken liegen direkt über ihm.

Designerhotels

Nördlich des Hauptbahnhofs befinden sich besonders viele Hotels unterschiedlicher Schattierungen. Drei davon dürfen aufgrund ihrer besonderen Innenarchitektur hervorgehoben werden: »Nordic Light« und »Nordic Sea« liegen sich direkt gegenüber. Die beiden Designerhotels entstanden Anfang des Jahrtausends und haben jeweils ein Thema. Das »Nordic Sea« überrascht mit einem großen Aquarium in der Lobby. Außerdem beherbergt es eine Icebar als Ableger der Ice-Hotels im lappländischen Jukkasjärvi. Coole Drinks bei minus fünf Grad genießt man besser im Kälteschutzmantel, der im Eintritt inbegriffen ist. Die Icebar ist so beliebt, dass man reservieren sollte. Das

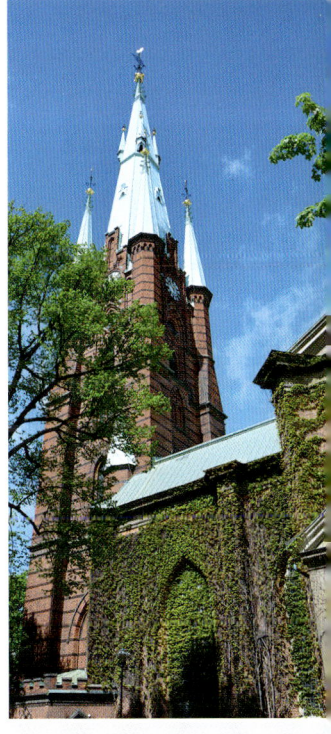

Oben: Tiefgekühlte Drinks in frostiger Umgebung verspricht die originelle Icebar im Hotel »Nordic Sea«.
Unten: Eine kleine Oase in der Modernität Norrmalms ist Klara Kyrka.

»Nordic Light« ist ruhiger, hier ist Licht das Thema: Lichtinstallationen in den Räumen verändern jeweils deren Farben. Geht man noch etwas weiter zum Platz Norra Bantorget, gelangt man zum »Clarion Hotel Sign«, dem dritten Designerhotel im Bahnhofsviertel.

Stockholm ist leider eine der teureren Adressen unter den europäischen Großstädten. Nur im Sommer, wenn die Schweden von Mitte Juni bis Mitte August Urlaub machen, sinken die Zimmerpreise in der Metropole. Vom 20. August bis zum 16. Juni hingegen finden oft Tagungen und Kongresse statt. Dann tut man gut daran, Zimmer nur von Freitag bis Sonntag zu buchen, die übrigen Wochentage können knapp doppelt so teuer sein. Zum Glück gibt es auch einige nicht gar so teure Hotels in Stockholm. Einige davon liegen fast gegenüber dem Hauptbahnhof in den Nebenstraßen zwischen Vasagatan und Drottninggatan.

Am Ufer des Mälaren

Den schnellsten schönen Blick auf Stockholm erhält man, wenn man aus dem Hauptbahnhof heraus nach rechts in Richtung Süden geht. Nach zweihundert Metern sind der Platz Tegelbacken, der »Ziegelhügel« und das Ufer des Sees Mälaren erreicht. Hier schaut man über den Strom Norrström, der Norrmalm von der Altstadt und der Insel Riddarholmen trennt. Wären nicht die großen Brücken und breiten Straßen, könnte man diesen ersten Blick idyllisch nennen: Am Anleger Klara Mälarstrand machen die historischen Dampfschiffe fest, man sieht das Stadshuset auf Kungsholmen, am anderen Seeufer gegenüber erstreckt sich die Silhouette von Södermalm – und im Rücken rauscht der Autoverkehr vorbei. Nein, zum Verlieben ist dieser Teil Stockholms nicht. Dennoch: Hier schlägt das Herz der Stadt.

Oben: Strindbergs Intima Teater ist den Werken des großen schwedischen Dramatikers vorbehalten.
Unten: Blick vom Stadshuset auf Norrmalm mit Klara Kyrka und dem Kongresszentrum des »Radisson Hotels«

Infos und Adressen

ÜBERNACHTEN

Nordic Sea. Das Vier-Sterne-Designerhotel liegt nur wenige Gehminuten vom Hauptbahnhof entfernt und bietet auch günstige, fensterlose Zimmer an. Vasaplan 4, 11120 Stockholm, Tel. 08/50 56 30 00, info@nordichotels.se, www.nordicchotel.com

Nordic Light. Schwesterhotel des »Nordic Sea« mit einem ganz eigenen Designkonzept: Die Zimmer verfügen über eine besondere Beleuchtung, die der Gast nach eigenem Gusto anpassen kann. Vasaplan 7, 11120 Stockholm, Tel. 08/50 56 30 00, info@nordichotels.se, www.nordiclighthotel.se

AUSGEHEN

Icebar. Eiskalte Drinks bekommen in der Icebar eine ganz neue Bedeutung. Die Möbel sind aus Eis, die Theke ebenfalls und sogar die Gläser. Die Raumtemperatur liegt bei minus fünf Grad, warme Mäntel sind im Eintritt inbegriffen. Reservierung empfohlen! So–Do 15.45–0 Uhr, Fr–So 15.45–1 Uhr, »Nordic Sea«, Vasaplan 4, 11120 Stockholm, Tel. 08/50 56 35 20, Reservierung online: www.icebarstockholm.se/booking/

VERANSTALTUNGEN

Strindbergs Intima Teatern. Von August Strindberg gegründetes Theater am Norra Bantorget, das bis heute Stücke von oder über den Dichter spielt. Es werden auch fremdsprachliche Darbietungen gezeigt, u.a. auf Deutsch. Barnhusgatan 20, Norra Bantorget, 11123 Stockholm Tel. 08/20 08 43, www.strindbergsintimateater.se

INFORMATION

Forex. Auch wenn in Schweden fast überall Kreditkarten akzeptiert werden, kann etwas Bargeld nützlich sein. Forex im Hauptbahnhof am Haupteingang hat faire Wechselkurse. Mo–Fr 6–21 Uhr, Sa, So 9–20 Uhr, Centralstation, 11120 Stockholm, Tel. 010/211 16 04, www.forex.se

Typisch Norrmalm: Die Scheiben eines modernen Bürogebäudes spiegeln die historische Bausubstanz.

5 Nationalmuseum und Moderna Museet
Kunst in der Oase

In der schwedischen Hauptstadt hat die bildende Kunst ihren Platz auf der Halbinsel Blasieholmen und der benachbarten Insel Skeppsholmen. Hier befinden sich das Nationalmuseum und das Moderna Museet. Letzteres birgt eine der führenden Sammlungen moderner Kunst in Europa. Aber nicht nur für Kunstliebhaber lohnt ein Rundgang, denn Skeppsholmen ist eine grüne Oase inmitten der lebhaften Großstadt.

Wer vom Kungsträdgården, dem ehemaligen königlichen Garten, nur auf die Altstadt schaut, verpasst einen der schönsten Teile der Stockholmer Innenstadt. Die Halbinsel Blasieholmen beginnt mit dem »Grand Hôtel«, das eine exzellente Aussicht auf das Schloss bietet. Davor liegt einer der Fähranleger, dann folgt das Nationalmuseum.

Nationalmuseum

Die Sammlung des Nationalmuseums umfasst über eine halbe Million Objekte. Darunter sind Werke aus den Sammlungen schwedischer Könige seit Gustav I. Wasa (1496–1560). Aus den königlichen Sammlungen wurden Ende des 18. Jahrhunderts staatliche. König Gustav III. (1746–1792) war die Sammelleidenschaft seiner Mutter zu teuer geworden, er übergab die Bilder dem Staat. Doch erst im 19. Jahrhundert, inspiriert durch die Nationalromantik, entstand die Idee eines nationalen Kunstmuseums. 1866 wurde das Gebäude, entworfen vom deutschen Architekten Friedrich August Stüler (1800–1865), eingeweiht. Seit 2013

Mitte: Das Nationalmuseum liegt auf der Halbinsel Blasieholmen.
Unten: Carl Larsson hatte die Ehre, das Nationalmuseum mit Fresken verzieren zu dürfen.

Nationalmuseum

wird das Nationalmuseum renoviert, die Sammlungen wurden ausgelagert. Ein Teil befindet sich weltweit auf Wanderschaft, ein Teil ist in den Räumlichkeiten der Kunstakademie untergebracht. Voraussichtlich 2018, 150 Jahre nach der ersten Eröffnung, soll das Museum Kunstinteressierte wieder erfreuen.

Carl Larsson (1853–1919) ist einer der wenigen schwedischen Maler, die es zu internationaler Bekanntheit schafften. Der Grund: IKEA verkaufte seine Werke als Kunstdrucke. Der Künstler schmückte seinerzeit das neu erbaute Nationalmuseum mit Wandmalereien aus. Sein Zeitgenosse Anders Zorn (1860–1920) ist als Maler ähnlich bedeutend, erreichte aber nie die Popularität Larssons. Beide sind im Nationalmuseum mit Werken vertreten.

Moderna Museet

Eine schmale Brücke verbindet Blasieholmen und das Nationalmuseum mit der Insel Skeppsholmen. Auf dem Hügel thront Moderna Museet inmitten von bunten Skulpturen. Die permanente Ausstellung zeigt unter anderem einen Ziegenbock von Robert Rauschenberg (bis 2018 auf Welttournee) und eine Installation von Olafur Eliasson. Daneben heißen Wechselausstellungen internationale, darunter oft deutsche, Künstler willkommen.

Skeppsholmen

Hat man Moderna Museet und das Hostelschiff »af Chapman« passiert, wird es ruhig. Die Westseite der Insel zeigt hinüber zur Altstadt, die Ostseite nach Djurgården. Große gelbe Magazine mit dunklen Fensterklappen stehen unterhalb von Moderna Museet am Ufer, darunter auch das einstige Zeughaus der schwedischen Flotte. Es be-

Zwei der Schiffsveteranen

SKEPPSHOLMEN UND DIE SCHIFFSVETERANEN

Die östliche Seite der Insel Skeppsholmen, die hinüberschaut nach Djurgården mit seinen Museen, ist nicht unbedingt eines der klassischen Touristenziele. Für Schiffsliebhaber ist sie jedoch ein absolutes Muss: An der Uferlinie vor dem Ostasiatischen Museum haben um die 40 Schiffsveteranen festgemacht. Es handelt sich jedoch nicht um Museen, die besucht werden können. All diese schönen alten Kähne, Schlepper und Boote befinden sich in Privatbesitz und sind noch voll einsatzfähig. Manche warten auf die Renovierung, andere wurden in ihrem Schiffsleben mehrfach umgebaut, und einige sind bereits fein herausgeputzt. Die meisten Schiffe haben ein eigenes Schild bekommen, aus dem ihr Name, ihr Alter und manchmal auch ihre bewegte Geschichte hervorgeht.

Norra Brobänken. 11149 Stockholm

herbergt heute das Ostasiatische Museum (Östasiatiska Museet) mit einer kulturgeschichtlichen Sammlung hauptsächlich aus China und Japan.

Kastellholmen

An der südlichen Seite von Skeppsholmen folgt eine weitere Brücke auf die Schäre Kastellholmen. Hierher lockt vor allem die Sicht auf den Stadtteil Södermalm und die Altstadt. Kastellholmen stand bis 1993 unter militärischer Verwaltung. Die Insel war der strategische Vorposten, um das Zentrum von Stockholm in Richtung Ostsee abzusichern.

Flagge mit Geschichte

Eine besondere Bedeutung kommt der schwedischen Fahne zu, die hier seit 1665 gehisst wird: So lange diese Fahne weht, befindet sich Schweden im Frieden, und Stockholm steht nicht unter ausländischer Herrschaft. Witzbolde haben sie 1996 eingeholt und stattdessen die norwegische Fahne gehisst – ausgerechnet am 17. Mai, dem norwegischen Nationalfeiertag. Die Schweden fanden das wenig lustig, seither ist das nationale Symbol oben auf dem Turm des Kastells besser gesichert.

Rundgang durch das Zentrum

A Oper am Kungsträdgården. Guter Ausgangspunkt für einen Rundgang. Dabei kommt man an dem Denkmal von Karl XIII. (1748–1818) vorbei, das am Rande des Parks steht.

B Grand Hotel. Hier wohnen die Nobelpreisträger.

C Strömkajen. An dem Anleger gehen die Fußgängerfähren der Reederei Waxholmsbolaget nach Vaxholm und in die Schären ab.

D Nationalmuseum. Das Museum ist bis 2018 wegen Renovierung geschlossen.

E Skeppsholmsbrücke. Schöner Standort, um Altstadt und Schloss zu fotografieren

F Moderna Museet. Eines der führenden Museen für moderne Kunst in Europa. Daran angeschlossen ist das Architekturmuseum.

G Jugendherberge. Die Unterkunft sucht ihresgleichen: Man nächtigt auf dem Großsegler »af Chapman« – Reservierung empfohlen.

H Wrack. Fundstelle eines historischen dänischen Kriegsschiffes. Das Wrack ist jedoch nur bei Niedrigwasser zu sehen.

I Kastell. Die Festung gab der Insel ihren Namen. Es sollte die Einfahrt nach Stockholm bewachen.

J Fußgängerfähre. Von hier gelangt man nach Djurgården zum Freizeitpark Gröna Lund und weiter nach Slussen (Gamla Stan).

K Museumshafen. Zahlreiche Schiffsveteranen und ein hölzerner Kran aus dem Jahre 1751

L Östasiatiska Museet. Das Museum befindet sich im ehemaligen Zeughaus der Marine.

M Lotsenschiff Orion. Das Schiff kann heute besichtigt werden.

N Berzelii-Park. Kleiner Park mit einer Statue, die an Raoul Wallenberg erinnern soll

O Fähranleger Nybroviken. Sightseeingschiffe und historische Dampfer der Reederei Strömma

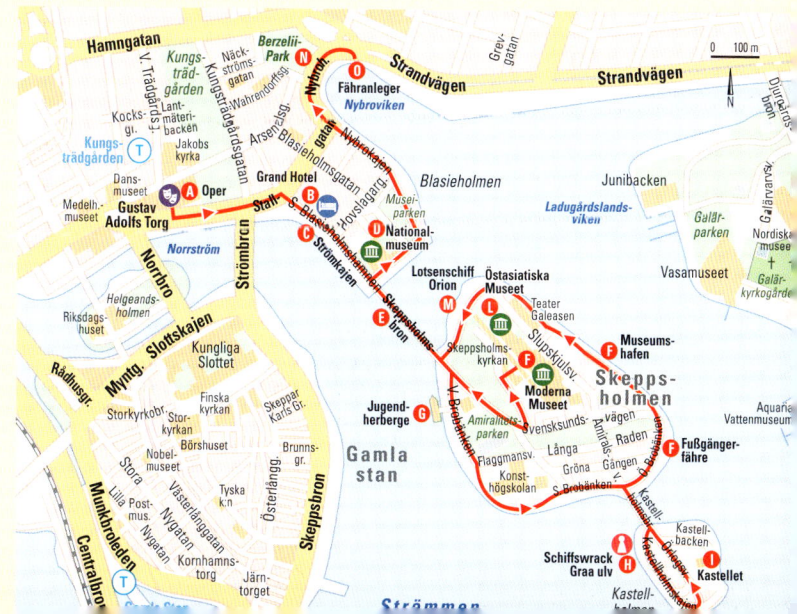

Infos und Adressen

SEHENSWÜRDIGKEITEN

Moderna Museet & Arkiturmuseet. Das Museum für moderne Kunst liegt gemeinsam mit dem Architekturmuseum auf der Insel Skeppsholmen vor Gamla Stan. Die beiden Museen teilen sich ein Gebäude und können mit einer kombinierten Eintrittskarte besucht werden. Das Moderna Museet ist eine der führenden Adressen Nordeuropas für die Kunst des 19. und 20. Jahrhunderts, was sich entsprechend in den Besucherzahlen spiegelt: Es liegt auf Platz vier der meistbesuchten staatlichen Museen Schwedens.

International immer vorne dabei: ein Werk des russischen Avantgardisten Wladimir Tatlin in Moderna Museet

Arkitekturmuseet. Di, Fr 10–20, Mi–Do 10–18, Sa–So 11–17 Uhr, www.arkdes.se

Moderna Museet: Di, Fr 10–20, Mi–Do 10–18, Sa–So 11–17 Uhr, Exercisplan, Skeppsholmen, 11149 Stockholm, 08/52 02 35 00, www.modernamuseet.se

Nationalmuseet. Zu den hochkarätigen Kunstmuseen Stockholms zählt das Nationalmuseum gegenüber des königlichen Schlossen auf Blasieholmen. Seine Sammlung ist thematisch deutlich breiter aufgestellt als die des Moderna Museet oder des Fotografiska. Insbesondere schwedische Klassiker wie Carl Larsson oder Anders Zorns sind Teil der Sammlung. – Von 2014 bis voraussichtlich Herbst 2018 wird das Hauptgebäude grundlegend renoviert. In der Zwischenzeit befindet sich das Nationalmuseum in den Räumlichkeiten des Nationalmuseums Design im Kulturhuset. Aufgrund der begrenzten Fläche am Ausweichstandort wird stets nur ein Teil der Sammlung gezeigt werden. Öffnungszeiten: Mo–Fr 10–19 Uhr, Sa–So 11–17 Uhr. Eintritt: frei. 4. Etage, Stadsteatern, Sergels torg, 111 51 Stockholm, www.nationalmuseum.se

Östasiatiska Museet. Auch wenn das Ostasiatische Museum erst 1963 gegründet wurde, gab es bereits Vorgängerinstitutionen. Der schwedische Archäologe Johan Gunnar Andersson (1874–1960) hatte in den 1920er-Jahren diverse Fundstücke von Grabungen aus China mitgebracht, die den Grundstock für das Museum of Far Eastern Antiquities bildeten. Nach wie vor liegt ein Schwerpunkt des Östasiatiska Museet auf archäologischen Fundstücken aus China, die um Exponate aus Korea, Japan und Indien ergänzt wurden. Mi–So 11–17 Uhr, Di 11–20 Uhr, Tyghusplan, 11149 Stockholm, 010/456 12 00, www.varldskulturmuseerna.se/ostasiatiskamuseet

ESSEN UND TRINKEN

Restaurangen Moderna Museet. Beliebtes und günstiges Bistro im Gebäude von Moderna Museet und Arkitekturmuseet nicht nur für Museumsgänger. Über das Wasser blickt man auf Strandvägen und das Vasa-Museum, im Sommer von der Terrasse aus. Auf der Speisekarte stehen wechselnde Tagesmenüs. Das Restaurant öffnet jeweils eine Stunde nach Öffnung des Museums und schließt eine Stunde vor Museumsschließung, Exercisplan, Skeppsholmen, 11149 Stockholm, Tel. 08/52 02 36 60, www.momumat.se

Mathias Dahlgren. Sterne-Restaurant im »Grand Hotel«. Montags bis freitags gibt es von 12 bis 14 Uhr den Business-Lunch im Bistro »Matbaren«, montags bis samstags diniert man abends ab 18 Uhr im Restaurant »Matsalen« – wenn man denn ein Fünf-Gänge-Menü für umgerechnet rund

180 Euro gustieren möchte. Södra Blasieholmshamnen 8, 11148 Stockholm, Tel. 08/679 35 84,
reservations@mdghs.com, www.mdghs.com

Hjerta. In einer ehemaligen Torpedo-Werkstatt auf
Skeppsholmen hat ein Restaurant Einzug gehalten.
Werktags günstiges Mittagsbüfett mit schwedischer Hausmannskost. Öffnungszeiten Mo–Sa
11.30–23 Uhr, Slupskjulsvägen 28,
11149 Stockholm, Tel. Tel. 08/52 02 36 70,
info@restauranthjerta.se,
www.restauranghjerta.se

ÜBERNACHTEN

Hotel Skeppsholmen. Ehemals wurde die gesamte Insel Skeppsholm als Marinestützpunkt genutzt,
heute beherbergt sie neben diversen Museen auch
das gleichnamige Hotel. Es liegt für eine Großstadt

ungewöhnlich ruhig im Grünen und trotzdem nur
wenige Gehminuten vom Zentrum entfernt. Eines
der schönsten Hotels der Stadt! Gröna gången,
11149 Stockholm, Tel. 08/407 23 00,
info@hotelskeppsholmen.se,
www.hotelskeppsholmen.se

Grand Hotel. Die klassische erste Adresse in
Stockholm – auch preislich. Im »Grand Hotel« direkt gegenüber dem Schloss residieren alljährlich
die Nobelpreisträger. Södra Blasieholmshamnen 8,
11148 Stockholm, Tel. 08/679 35 00,
info@grandhotel.se, www.grandhotel.se

Hotell Lydmar. Ähnlich luxuriöse, aber unprä-
tentiösere Alternative zum »Grand Hotel«. Södra
Blasieholmshamnen 2, 11148 Stockholm,
Tel. 08/22 31 60, reservations@lydmar.com,
www.lydmar.com

Abseits der Touristenpfade liegt das Restaurant »Hjerta« auf Skeppsholmen.

6 Kungsträdgården
Der königliche Garten

Königlicher Garten klingt nach mehr, als der Kungsträdgården in Wahrheit ist, nämlich ein großer begrünter Platz im Zentrum. Aber im geschäftigen Stadtteil Norrmalm ist man um jede Grünfläche dankbar, in der sich eine Bank findet, um ein Eis zu essen oder einfach mal kurz zu verschnaufen. Ein großer Springbrunnen ist bei Kindern beliebt, und je nach Jahreszeit gibt es die eine oder andere Attraktion.

Im 17. Jahrhundert war der Kungsträdgården ein königlicher Barockgarten, zu dem das gewöhnliche Volk keinen Zutritt hatte. Das Schloss der jeweiligen Herrscher war nur wenige Hundert Meter über die Brücke entfernt, hier hatten Königs ihre Ruhe. Und jeder neue König hatte andere Vorstellungen davon, wie sein Garten auszusehen habe.

Historische Spuren

Erik von Pommern (1382–1439) baute im Kungsträdgården Kohl an – heißt es zumindest. Erik XIV. (1533–1577) gehörte zu den ersten Königen, die ausländische Gartenbauer beauftragten, im Park Hand anzulegen. Und unter Karl XI. (1655–1697) wurden Wasserspiele installiert – wie es gerade in den europäischen Königshäusern Mode war. Unter Gustav III. (1746–1792) erhielt die Allgemeinheit erstmals Zutritt zu dem Areal. Gewächshäuser entstanden, eine Mauer wurde um den Park gezogen.

Anfang des 19. Jahrhunderts wurde das Gelände bis hinunter zum Wasser vergrößert und mutierte von einem Park zum Exerzierplatz: Eine große ge-

Mitte: Einst königlicher Garten, heute Park und Treffpunkt im Zentrum
Unten: Im Sommer Brunnen und Planschbecken für die Kleinen, im Winter Schlittschuhbahn
Rechte Seite: Welch ein Genuss: Kirschblüte in Stockholm

schotterte Fläche entstand. Karl XIV. Johan (1763–1844) befahl 1822, den Platz nach seinem Adoptivvater umzubenennen – in Karl-XIII.-Platz. Der bekam natürlich seine Statue, die bis heute im südlichen Teil des Platzes steht: Karl XIII. mit vier Löwen zu seinen Füßen.

Zur Kirschblüte

Den letzten großen Umbau erlebte Kungsträdgården in den Jahren 1997/1998, als Stockholm europäische Kulturhauptstadt war. Einige der Linden waren von Käfern befallen, sie mussten gefällt werden. An ihrer statt wurden Alleen mit japanischen Zierkirschen gepflanzt. Die Folge: Zur Kirschblüte ist Stockholms schönster Ort der Kungsträdgården! Seit 1875 ist die Stadt für die Pflege zuständig, in ihren Besitz kam der Park aber erst 1971 – bis dahin war der offizielle Besitzer stets das schwedische Königshaus gewesen.

Bereits 1953 hatte man die Freiluftbühne gebaut, das kleine Café-Restaurant nahe der Hamngatan, einen Pavillon und mehrere Kioske. Durch sie wurde der nördliche Teil des Kungsträdgården belebt und beliebt für Veranstaltungen jeglicher Art. Im

Geheimtipp

WEIHNACHTLICHES NK-SCHAUFENSTER

Das Kaufhaus NK ist in Schweden vor allem für eines berühmt: seine schönen, fantasievoll dekorierten Schaufenster in der Vorweihnachtszeit – eine Art Kür für die Dekorateure. Von traditionellen Themen mit Trollen und Weihnachtswichteln bis hin zu modernen Interpretationen von Weihnachten sind die Schaufenster eigentlich jedes Jahr sehenswert. Das gesamte Gebäude wird außerdem von außen mit Tannenzweigen und Lichterketten geschmückt, was angesichts seiner Ausmaße kein leichtes Unterfangen ist und einen enormen Aufwand bedeutet. Dazu kommt der opulente Weihnachtsschmuck drinnen im Atrium, der aussieht, als sei ein Weihnachtsbaum von der Decke abgehängt. Bei allem vorweihnachtlichen Einkaufstrubel: NK macht das seit Jahrzehnten einfach nett.

NK. Hamngatan 18–20, 11147 Stockholm, www.nk.se

KUNST IN DER UNTERWELT

Tunnelbana oder kurz T-Bana heißt U-Bahn auf Schwedisch. 105 Kilometer U-Bahn kommen in Stockholm insgesamt zusammen. 1944 wurde mit den Arbeiten begonnen, 1965 das Netz noch einmal erweitert. Kungsträdgården ist mit 29,3 Metern unter dem Meeresspiegel die tiefste Station der Stadt. Sie liegt in etwa unter der Jakobskirche. Viele der neueren U-Bahn-Stationen in Stockholm wurden von Künstlern gestaltet, so auch Kungsträdgården. Ulrik Samuelson wählte schwarze und weiße Steine, die an die Paläste und Palais erinnern sollen, die einst rund um den Platz standen. Manche der Figuren, die sich in die Nischen drängen, stammen noch von Häusern aus der Oberwelt, die im Zuge der Umgestaltung von Norrmalm weichen mussten. Nun leben sie hier in der Unterwelt weiter.

U-Bahn-Station Kungsträdgården

Winter lockt eine Schlittschuhbahn Einheimische und Besucher aufs Eis, während im Sommer regelmäßig kleine Konzerte stattfinden. Kinder spielen rund um die große Wasserfläche in der Mitte, während die Mütter auf den umliegenden Stufen sitzen und die Kleinen beobachten. Das ist Sommer-Stockholm für Einheimische. Der südliche Teil rund um die Statue von Karl XIII. hingegen ist ruhiger mit ihren Blumenrabatten, Grünflächen und Bänken. Hier machen Angestellte im Sommer ihre Mittagspause, und erschöpfte Touristen sinken in die Bänke.

Am Abend wechselt der Kungsträdgården sein Gesicht: An der westlichen Seite liegen mehrere bei jungen Schweden populäre Etablissements. Erst sind sie Restaurant, dann Bar, und nach 22 Uhr werden sie zur Diskothek. Das »Victoria« ist ein Beispiel für diese Art von Gastronomie. Das hat mit der Vergabe von Schanklizenzen zu tun, die allerdings längst nicht mehr so restriktiv ist wie früher.

Lustschloss

Nur nach Süden ist der Blick frei in Richtung Schloss, die anderen drei Seiten des Kungsträdgården sind bebaut. Historisch bedeutend ist das Lustschloss, das für Königin Kristina (1626–1689) 1642 an der westlichen Seite des Platzes gebaut wurde. Nach ihrer Abdankung 1654 drohte das Gebäude zu verfallen, deshalb durfte das Palais ab 1689 von der staatlichen Landvermessungsbehörde benutzt werden. Fast 300 Jahre, nämlich bis 1975, hatte diese hier ihren Sitz. Im westlichen Portal wurde die alte Inschrift nur um die Jahreszahlen ergänzt. Eines der größten Palais der Hauptstadt stand von 1623 bis 1825 an der Ostseite des Kungsträdgården. Der Palast der Familie

de la Gardie trug den Beinamen »Slott Makalös«, das makellose Schloss. Nach einem Brand musste das Palais 1825 abgerissen werden. Repliken von Skulpturen an der Fassade stehen in der U-Bahn-Station Kungsträdgården.

Jakobskirche

Daneben glänzt die rote Jakobskirche mit ihrem grünen Kupferdach. Die heutige Kirche wurde zwischen 1580 und 1643 erbaut, an gleicher Stelle gab es aber bereits mehrere Kapellen. Mit der großen Renovierung 1968/69 erhielt die Jakobskirche ihren roten Putz zurück, der sie von allen anderen Stockholmer Gotteshäusern abhebt. Das dreischiffige Gebäude hat seinen Turm in der Mitte des Hauptschiffes. Besonders sehenswert ist das prachtvolle südliche Portal im Renaissancestil.

Sverigehuset

Am nördlichen Ende des Platzes zur Hamngatan liegt Sverigehuset, das siebengeschossige Schwedenhaus. 1966 wurde es aus öffentlicher Hand erbaut und war für Ausstellungen konzipiert, auch ein Restaurant sollte eröffnen. Bis 2010 wurde Sverigehuset zumindest teilweise auch für Kultur aller Art genutzt: Es war der Sitz von Svenska Institutet, dem schwedischen Pendant zum Goethe-Institut, und der Stockholmer Touristeninformation. Es gab dort eine große Bibliothek mit Literatur über Schweden in verschiedenen Sprachen. Inzwischen ist das Gebäude zwar als kulturhistorisch bedeutend geschützt, in den öffentlichen Räumen residiert aber ein finnisches Design-Label.

Nordiska Kompaniet

Auf der gegenüberliegenden Straßenseite der Hamngatan, die den Kungsträdgården nach Nor-

Oben: Am Rande des Kungsträdgården liegt die Jakobskirche mit ihrem roten Putz.
Unten: Mittagspause im beliebten Café »K25«

den begrenzt, befindet sich mit NK das wohl berühmteste Kaufhaus Schwedens. NK steht für Nordiska Kompaniet, ein 1902 gegründetes Handelsunternehmen. Zwischen 1912 und 1915 baute NK sein neues Kaufhaus an der Hamngatan. Dabei orientierte man sich an einem der modernsten Kaufhäuser Berlins: dem Wertheim am Leipziger Platz. Während das Wertheim im Zweiten Weltkrieg zerstört wurde, gibt es NK immer noch – zumindest das Gebäude. Die große Zeit der Kaufhausketten ist auch in Schweden vorbei. So wie Wertheim in Hertie und später im Karstadt-Konzern aufging, musste NK mit der zweiten großen schwedischen Kette Åhléns fusionieren. Immerhin: Der traditionsreiche Name blieb erhalten. Das NK-Gebäude in Stockholm ist bis heute eine ausgezeichnete Adresse zum Einkaufen. Durch ein Shop-in-Shop-Konzept sind in dem traditionsreichen Gebäude inzwischen viele verschiedene Marken vertreten. Geblieben ist die stilvolle Atmosphäre des über hundert Jahre alten Einkaufspalastes mit seinem großartigen Atrium.

So ist Norrmalm rund um die einstigen Kohlköpfe von König Erik im Kungsträdgården gewachsen. Aus dem Garten wurde ein Park, wurde ein Exerzierplatz und wieder ein Park. Wie man es auch dreht und wendet: Kungsträdgården ist ein angenehmer Kontrapunkt inmitten der Betonarchitektur von Norrmalm, selbst wenn es vielleicht kein »richtiger« Park ist.

Oben: Das »Victoria« ist tags und am frühen Abend ein Restaurant, ab 22 Uhr wird es zu Bar und Nachtclub.
Unten: Im Atrium von NK kann man die Etagen mit den verschiedenen Fachgeschäften betrachten.

Infos und Adressen

ESSEN UND TRINKEN

Berns Salonger. Namensgeber für August Strindbergs berühmten Roman »Das rote Zimmer« und eine der bekanntesten Adressen der Stadt. Hinter »Berns Salonger« verbergen sich zwei Restaurants und ein Hotel:

Berns Asiatiska. Asiatische Küche im roten Salon. Fr–Sa 11.30–2 Uhr

Berns Bistro & Bar. Französische Küche im Pavillon. Mo 11.30–21, Mi–Fr 11.30-24, Sa 12–24, So 12–21 Uhr, Berzelii Park, 11147 Stockholm, Tel. Tel 08/56 63 25 10, www.berns.se

Operakällaren. Eines der exklusivsten Restaurants Schwedens. Neben dem klassischen Speisesaal mit Haute Cuisine gibt es noch »Operabaren« mit Hausmannskost sowie das Bistro »Bakfickan« und die Bar »Café Operan«:

Operakällaren. Di–Sa 18–1 Uhr, Tel. 08/676 58 01

Kaffee, stilvoll serviert im »K25«

Operabaren. Reservierung notwendig. Mo–Mi 11.30–23 Uhr, Do, Fr 11.30–1 Uhr, Sa 12.30–1 Uhr, Tel. 08/6 76 58 08

Bakfickan. Keine Reservierung möglich. Mo–Fr 11.30–23 Uhr, Sa 12–22 Uhr

Café Operan. Achtung Dresscode! Für ihn Anzug, für sie Cocktailkleid. Mi–So 22–3 Uhr, Operahuset, Karl XII:s Torg, 11186 Stockholm, Tel. 08/676 58 07, www.operakallaren.se

EINKAUFEN

NK. Die Nordiska Kompaniet beherbergt zahlreiche Läden internationaler Ketten. Im Design House Stockholm, Untergeschoss, wird modernes schwedisches Design verkauft. Mo–Fr 10–20 Uhr, Sa 10–18 Uhr, So 11–17 Uhr, Hamngatan 18–20, 11147 Stockholm, www.nk.se

AKTIVITÄTEN

Schlittschuhlaufen im Kungsträdgården. Die Eisbahn ist auch beliebt, weil sie bequem per U-Bahn zu erreichen ist und Schlittschuhe verliehen werden. Nur in den Wintermonaten. Mo–Fr 9–21, Sa, So 10–21 Uhr www.kungstradgarden.se

Abends steht man Schlange am Operakällaren.

7 Rund um Blasieholmen
Per Schiff durch Stockholm

Der Wasserweg ist der natürliche Zugang zum Zentrum der schwedischen Hauptstadt – und hinaus. Die Anleger Strömkajen und Nybroviken auf der Halbinsel Blasieholmen liegen nur wenige Hundert Meter auseinander und sind für Fußgänger der Nabel des maritimen Stockholm: Von hier sind die Vororte Nacka Strand und Vaxholm, aber auch Södermalm per Fähre schnell zu erreichen.

Es ist ein Boulevard geworden, der vom »Grand Hotel« zum Nationalmuseum am Wasser entlangführt. Mittendrin ein Straßencafé, das vom »Grand Hotel« betrieben wird. Anzeigetafeln säumen die neu gestaltete Uferlinie, für jeden Fähranleger eine. Wenn wenig los ist, kann man am Strömkajen flanieren, doch werktags ist dies das Revier der Pendler, die den Wasserweg bevorzugen.

Strömkajen

Am Strömkajen legen die Schiffe nach Vaxholm ab – mit Stopps auf der Insel Lidingö und in Nacka Strand. Sie sind fest in der Hand der Reederei Waxholmsbolaget, die in ihrem Namen noch die altehrwürdige Schreibweise mit W am Leben erhält. Der Ort Vaxholm schreibt sich längst mit V, denn der Buchstabe W wurde im Schwedischen kurzerhand abgeschafft. Auch zu allerlei Fahrten in die Schären bricht man am Strömkajen auf, von der beliebten Dinner Cruise auf einem der historischen Schiffe bis zum normalen Linienverkehr auf die weit vorgelagerten Inseln des Schärengartens. Alles Reiseziele in Richtung Ostsee!

Mitte: Die modernen Fußgängerfähren klappen den Bug hoch für den Zustieg.
Unten: Kleines Sightseeingschiff am Kai.

Nybroviken

Die Konkurrenz macht eine Bucht weiter östlich fest. Die Bucht Nybroviken liegt auf der anderen Seite der Halbinsel Blasieholmen und gehört schon zum Stadtteil Östermalm. In Nybroviken legen einige der schönen Dampfschiffe an, die der Reederei Strömma gehören. Die »Stockholm« und die »Östanå« stammen aus den Jahren 1931 und 1906. Selbst wenn solch eine Zeitreise nicht in den Kalender passen sollte, lohnt doch ein Spaziergang zum Anleger, um die historischen Schönheiten auf dem Wasser zu bewundern.

Hop-on, Hop-off

Ein paar Meter weiter fahren aber auch die modernen Panoramafähren mit den Glasdächern ab, die für die Stadtrundfahrten benutzt werden können. »Hop-on, Hop-off« heißen solche Fahrten im internationalen Tourismus: also Ein- und Aussteigen, wo man möchte. Was in Städten wie Lissabon oder Hamburg per Bus angeboten wird, gibt es in Stockholm auf dem Wasser.

»Venedig des Nordens« wird Stockholm gern genannt – ganz stimmig ist dieses Attribut nicht: Die schwedische Hauptstadt hat doch ihre ganz eigene Prägung. Die Mischung aus roten Granitfelsen, grünen Birken und Fichten am blauen Wasser kann in dieser Form keine andere europäische Metropole bieten. Deshalb ist klar: Stockholm muss man vom Wasser aus gesehen haben. Der Vollständigkeit halber sei deshalb auch die Fußgängerfähre erwähnt, die zwischen der Insel Skeppsholmen – also der »Verlängerung« der Halbinsel Blasieholmen – und Djurgården sowie Slussen in der Altstadt pendelt. Sie erspart Einheimischen und Touristen so manchen Weg und bietet zugleich einen kleinen Ausblick auf Stockholms vielleicht schönste Seite, die Wasserseite.

ESSEN UND TRINKEN

Wedholms Fisk. Gediegenes Fischrestaurant mit Blick auf Nybroviken. Abends nur mit Tischreservierung, tagsüber mit etwas moderateren Preisen. Mo 11.30–14 und 18–23 Uhr, Di–Fr 11.30–23 Uhr, Sa 17–23 Uhr, Nybrokajen 17, 11147 Stockholm Tel. 08/611 78 74, info@wedholmsfisk.se, www.wedholmsfisk.se

Grand Café. Das Sommercafé des »Grand Hotel« liegt direkt auf dem Kai. Die Tische und Stühle stehen im Freien, serviert werden kleine, aber feine Gerichte. Mai–Sept. tägl. 9–19 Uhr, Södra Blasieholmshamnen 8, 11148 Stockholm, www.grandhotel.se

AKTIVITÄTEN

Waxholmsbolaget. Zwei große Reedereien fahren hinaus in die Schären: Strömma bietet vornehmlich Ausflugsfahrten, Waxholmsbolaget den ganzjährigen Linienverkehr, teils mit modernen, teils mit historischen Schiffen. Terminal Strömkajen, gegenüber dem »Grand Hotel«, Tel. 08/686 24 68, www.waxholmsbolaget.se

Direkt auf dem Kai liegt das Café des »Grand Hotel«.

8 Vasastaden
Wo Astrid Lindgren wohnte

Vasastaden ist der Stadtteil, der im Norden an Norrmalm anschließt. In diesem Teil Stockholms wuchs Astrid Lindgren auf, und einige ihrer Kinderbücher fanden ihre Kulisse in den Straßen zwischen den Plätzen Odenplan und Vanadisplan. Vasastaden ist ein Wohnviertel ohne große Sehenswürdigkeiten, dafür aber mit vielen netten Restaurants und kleinen Läden. Wer gern einmal die typischen Touristenpfade verlassen möchte, wird sich hier wohlfühlen.

Dalagatan 46 lautete die Anschrift von Astrid Lindgren von 1941 bis zu ihrem Tode 2002 in Stockholm. Eine schlichte Etagenwohnung mit Blick über den Vasapark war über 60 Jahre lang das Zuhause der weltbekannten Kinderbuchautorin. 1907 wurde sie in Vimmerby in Småland geboren, 1926 zog sie als junge Frau nach Stockholm. Und so, wie sie sich in Småland für »Michel aus Lönneberga« inspirieren ließ, so fand sie auch in Vasastaden Schauplätze für ihre Bücher. Karlsson vom Dach, der kleine Dicke mit dem Propeller auf dem Rücken, flog über die Dächer von Vasastaden.

Astrid Lindgren in Stockholm

Astrid Lindgren wird in Schweden bis heute verehrt. Ihre Beerdigung 2002 kam einem Staatsbegräbnis gleich, das schwedische Staatsfernsehen sendete live. König Carl XVI. Gustaf und Königin Silvia waren ebenso anwesend wie große Teile der Regierung. Ihr Sarg wurde von einer schwarzen Kutsche zur Storkyrkan in Gamla Stan gebracht,

Mitte: Blick über die Dächer von Vasastaden. Flog hier Karlsson vom Dach herum?
Unten: Eine Gedenktafel erinnert an Astrid Lindgrens letzte Wohnung.

es folgte ein weißer ungesattelter Hengst, der von einem Mädchen am Zaumzeug geführt wurde – ein Symbol, das sonst nur bei königlichen Beerdigungen üblich ist.

Ihre Karriere als Kinderbuchautorin begann im Jahre 1944, als sie eine erste Version von »Pippi Langstrumpf« bei dem namhaften Verlag Bonniers einreichte, der ebenfalls in Vasastaden seinen Sitz hat, und zwar im Sveavägen. Aber Albert Bonnier traute sich nicht, das Buch über ein so rebellisches Kind wie Pippi zu veröffentlichen, obwohl er schon den äußerst streitbaren August Strindberg (1849–1912) verlegt hatte. So schlug die Stunde von Rabén & Sjögren, einem 1942 neu gegründeten Stockholmer Verlag, zu dessen Erfolg Astrid Lindgren maßgeblich beitrug.

Zuvor hatte Lindgren sich als Lektorin bei der Tageszeitung in Vimmerby und als Sekretärin des Königlichen Automobilclubs in Stockholm über Wasser gehalten. Für den Kriminologen Harry Söderman arbeitete sie zeitweise als Sekretärin und ließ sich für ihren »Meisterdetektiv Kalle Blomquist« inspirieren. Während des Zweiten Weltkriegs war sie Mitarbeiterin des schwedischen Geheimdienstes und las Briefe Zensur, vornehmlich die von Wehrpflichtigen.

Im Stockholmer Stadtbild findet man viele Anknüpfungspunkte an Astrid – sie wird in Schweden wirklich nur beim Vornamen genannt. Eines der schönsten Denkmäler steht in dem kleinen Park Tegnérlunden: Die Bronzeskulptur von Maja-lisa Anderson zeigt die Autorin, als hätte sie Flügel, die sie schützend um ein Kind legt. Im Vasapark, auf den Astrid Lindgren von ihrer Wohnung aus schaute, hat man eine Terrasse nach ihr benannt.

Geheimtipp

MIT PETTICOAT UND SCHMALZTOLLE

Als Raggarbilar, was man mehr schlecht als recht mit Rocker-Autos übersetzen kann, werden in Schweden amerikanische Schlitten der 50er- bis 70er-Jahre bezeichnet, am besten mit dicken V8-Motoren. Es gibt eine sehr aktive Szene, und freitagabends trifft man sich auf der Hauptverkehrsstraße Sveavägen. Wenn also plötzlich ein Hot Rod im Flammendesign vorbeiröhrt und Breitreifen quietschen, ist das völlig normal. Viele Besitzer sind mit ihren Autos ergraut, die eine oder andere museale Vokuhila-Frisur wird auch spazieren gefahren. Manche stylen sich im Stil der Fünfziger. Die beste Aussicht auf die historischen Amischlitten hat man auf der Sveavägen in Höhe des Observatorielunden-Parks.

Sveavägen.
Höhe Observatorielunden-Park

WO »MIO MEIN MIO« BEGINNT

Nicht nur Karlsson vom Dach erlebte seine Abenteuer in Vasastaden, auch das Märchen von »Mio mein Mio« spielt teilweise in jenem Viertel Stockholms, in dem Astrid Lindgren über 60 Jahre lang lebte. Die Hauptfigur Bosse saß im Park Tegnérlunden allein im Dunkeln auf einer Bank und hatte eine Flasche gefunden, in der ein Flaschengeist gefangen gehalten wurde. Als Bosse den Geist frei ließ, eröffnete dieser ihm, dass er der Sohn eines Königs aus einem fernen Land sei. So nimmt das Märchen von Mio seinen Anfang im Park Tegnérlunden. Da in Stockholm einige literarische Schauplätze gekennzeichnet sind, hat auch die Parkbank aus »Mio mein Mio« ihr eigenes Schild bekommen. Nehmen Sie das Buch mit und lesen Sie sich abends gegenseitig daraus vor, am besten auf genau dieser Parkbank!

Tegnérlunden

Edles Porzellan von Rörstrands

Der zweite berühmte Name aus Vasastaden ist Rörstrands. Im Mittelalter gab es hier ein gleichnamiges Dorf, das als Lehen zum Klara-Kloster kam. Mit der Säkularisierung fiel Rörstrands um 1630 an den vermögenden Adeligen Mårten Rosenstierna, der ein Palais bauen ließ. Gleichzeitig errichtete die Familie de la Gardie am Ufer des Karlbergssjön ein Schloss. Um das Jahr 1720 entstand auf dem Gelände die Porzellanfabrik Rörstrands. Wer auf sich hielt, kaufte hier den Kachelofen, und auf einem gepflegten Tisch durfte das Geschirr von Rörstrands nicht fehlen. Kachelöfen hat die Firma seit etwa 1760 hergestellt, mit Geschirr fing man nur wenig später an. Zu den großartigen Entwürfen zählt ein Service von 1991, das bei den Nobelbanketten im Stadshuset zum Einsatz kommt. Die Stockholmer Fabrik wurde aufgegeben, und schon seit den 1930er-Jahren residiert Rörstrands in Lidköping am Vänern, ist aber durch die Jahrhunderte eine der bedeutendsten Porzellanfabriken des Nordens geblieben. Die beinahe 280 Jahre während Geschichte der Firma endete 2005, als die Produktion in Schweden eingestellt wurde. Als Marke blieb der Name erhalten, aber das Porzellan kommt heute aus Ungarn und Sri Lanka.

Wohnungsnot und Citybahn

Vasastaden ist ein beliebter Stadtteil, der Zuzug ist weiterhin so hoch, dass es kaum freie Wohnungen gibt. Die Miethäuser stammen aus den Zwanzigern und Dreißigern des letzten Jahrhunderts, als das ganze Viertel planmäßig erbaut wurde. Hohe Altbauten mit fünf bis sechs Stockwerken säumen die Straßen, viele davon mit den für Schweden typisch verblechten Dächern. Wäh-

rend Spengler in Deutschland ein aussterbender Beruf ist, ist es in Stockholm ein gefragtes Handwerk.

Die Wohnungsnot in Stockholm führt dazu, dass immer mehr Menschen in die Vororte ziehen – aber im Zentrum arbeiten. Ja, Stockholm hat ein Verkehrsproblem, aber wie immer in der Geschichte der Stadt werden solche Fragen offensiv angegangen. Nun wird eine neue unterirdische Citybahn gebaut, die die Vororte besser anbinden soll. Der rund sechs Kilometer lange Tunnel soll zwei Bahngleise bekommen und die Vorortzüge unter die Erde verbannen – zusätzlich zur U-Bahn. Unter dem Platz Odensplan liegt bereits eine der großen U-Bahn-Stationen Stockholms. Dort baut man außerdem seit 2009 einen unterirdischen Bahnhof für die Citybahn, der nach seiner Fertigstellung im Jahre 2017 der zweitgrößte Bahnhof Schwedens sein soll – nach dem Stockholmer Hauptbahnhof.

Oben: Die Stadsbibliotek ist öffentlich zugänglich.
Unten: Denkmal für Astrid Lindgren im Park Tegnérlunden

Infos und Adressen

SEHENSWÜRDIGKEITEN

Stadsbibliotek. An der Kreuzung Odengatan/Sveavägen liegt die Zentralbibliothek Stockholms, deren Bau eines der schönsten Beispiele für die schwedische Moderne der späten 1920er- und 1930er-Jahre ist. Auch wenn in Vasastan der Klassizismus aus den Jahren 1890–1920 überwiegt, gehört die Stadsbibliotek zu den architektonischen Schmuckstücken des Stadtteils. Odengatan 63, 11350 Stockholm, Tel. 08/50 81 10 60, https://biblioteket.stockholm.se/

Zimtschnecken heißen auf Schwedisch Kanelbullar – mit Betonung auf dem E.

Observatorielunden. Zwischen 1747 und 1753 wurde das Observatorium auf einem 42 Meter hohen Hügel erbaut. Seine schöne Kupferkuppel erhielt es 1877. 1756 begannen die meteorologischen und astronomischen Aufzeichnungen, 1931 wurden die wissenschaftlichen Aktivitäten aber in das neue Observatorium nach Saltsjöbaden verlegt. Rund um das alte Observatorium entstand ein Park, das Gebäude wurde zu einem Museum, das leider seit Anfang 2014 geschlossen ist. Als Aussichtspunkt ist der Hügel am Sveavägen nahe der Stadsbibliotek aber weiterhin einen Besuch wert.

ESSEN UND TRINKEN

Sirap. In einer Querstraße zum Sveavägen gelegen, bietet das Café sowohl im Souterrain als auch im Sommer draußen Sitzplätze. Das Angebot umfasst Kleinigkeiten wie Sandwiches und typisch schwedische Mackor, Salate und Ähnliches, jedoch weder Kuchen noch Torten. Mo–Fr 8.30–16 Uhr, Sa, So 11–17 Uhr, Surbrunnsgatan 31A, 11348 Stockholm, Tel. 08/612 94 19, info@cafesirap.se, www.cafesirap.se

Restaurang Tradition. Klassiker der schwedischen Küche in guter Qualität und jungem Ambiente. Die Rückbesinnung auf einheimische Spezialitäten zu moderaten Preisen ist ausgesprochen gelungen, die Mischung aus Eckkneipe und dezentem skandinavischem Design ebenfalls. Mo–Fr 11–23 Uhr, Sa–So 16–23 Uhr, Tulegata 10, 11353 Stockholm, Tel. 08/68 42 95 25, tulegatan@restaurangtradition.se, www.restaurangtradition.se

Browallshof. 1731 eröffnet, war »Clas på Hörnet« eine der ältesten Lokalitäten Stockholms und wurde bereits vom schwedischen Nationalbarden Bellmann besungen. Die Räumlichkeiten sind im gustavianischen Stil gehalten. Seit 2014 trägt das Lokal den Namen »Browallshof«. Mo–Fr 11.30–23, Sa 17–23, Surbrunnsgata 20, 11348 Stockholm, Tel. 08/16 51 36, info@browallshof.se, www.browallshof.se

Café Nero. Café und italienisches Restaurant zum Frühstücken oder für die Mittagspause. Das Café bietet eine besonders schöne Mischung aus schwedischem Backwerk, Pasta und Kaffee. Mo–Fr Mo–Fr 7–16, Sa 9–17, So 9–16, Roslagsgatan 4, 11355 Stockholm, 08/22 19 35, info@caffenero.se, www.nerostockholm.se

ÜBERNACHTEN

Clarion Sign. 2008 eröffnetes Hotel in der Nähe des Bahnhofs. Groß, modern und gut zu erreichen.

Östra Järnvägsgata 35, 11120 Stockholm,
Tel. 08/676 98 00, cl.sign@choice.se,
www.clarionsign.se

Scandic Norra Bantorget. Gutes Standardhotel in
einer ruhigen Seitenstraße. Von hier sind es nur
wenige Meter bis zur Fußgängerzone Drottninggatan. Wallingatan 15, 11124 Stockholm, Tel. 08/
51 76 70 00, norrabantorget@scandichotels.com,
www.scandichotels.se

Hellsten. Kleines Vier-Sterne-Haus in einer ruhigen Seitenstraße. Die Zimmer liegen in einem Alt-
bau, teilweise mit Blick in den Innenhof. Das öffentliche Parkhaus ist fünf Minuten entfernt.
Luntmakargata 68, 11351 Stockholm, Tel. 08/
661 86 00, hotel@hellsten.se, www.hellsten.se

Rex. Gegenüber vom »Hellsten« gibt es die etwas
günstigere Alternative. »Rex« und »Hellsten« gehören zusammen, werden aber getrennt bewirtschaftet. Luntmakargata 73, 11351 Stockholm,
Tel. 08/16 00 40, reception@rexhotel.se,
www.rexhotel.se

Birger Jarl. Vier-Sterne-Designerhotel in zentraler
Lage auf der Grenze von Vasastan zu Östermalm,
nur zwei Querstraßen vom »Rex« und »Hellsten«

Der Innenhof des Hotels »Hellsten«

Nettes für die Kleinen gibt es bei Unibarn.

entfernt. Eigenes Parkhaus. Tulegata 8, 11353
Stockholm, Tel. 08/674 18 00, info@birgerjarl.se,
www.birgerjarl.se

EINKAUFEN

Fabrique. Das schwedische Brot ist für den deutschen Geschmack gewöhnungsbedürftig, da es
fast immer gesüßt ist. Fabrique gehört zu den wenigen Bäckereien, die Sauerteig verwenden und
dazu im Steinofen backen. Ideal, um sich für ein
Picknick zu verproviantieren. Mo–Fr 7.30–18 Uhr,
Sa, So 8–16 Uhr Odengatan 42,
11351 Stockholm, www.fabrique.se

Unibarn. Spielzeug- und Kinderbekleidungsladen
abseits von Stereotypen, der schöne Mitbringsel
für die jüngsten Daheimgebliebenen bietet.
Mo–Fr 11–18 Uhr, Sa 11–16 Uhr, Odengatan 102,
11322 Stockholm, Tel. 08/33 21 43,
info@unibarn.se, www.unibarn.se

9 Hagapark
Der Nationalstadtpark

Als erste Stadt weltweit hat Stockholm 1994 beschlossen, einen Nationalstadtpark zu schaffen. Die Initiative dazu ging unter anderem von König Carl XVI. Gustaf aus. Das 27 Quadratkilometer große Grün verbindet die Stadt Stockholm mit der Vorortgemeinde Solna. Die Keimzelle des Nationalstadtparks ist der Hagapark aus der Zeit Gustavs III. (1746–1792).

Wenn man den Autobahnring der E20 überquert hat, gelangt man nördlich der Stadtteile Vasastaden und Norrmalm an die Bucht Brunsviken. Die Ufer von Brunsviken gefielen König Gustav III. so gut, dass er hier einen kleinen Park anlegen ließ, der bis heute nach seinem Gründer als gustavianischer Park bezeichnet wird. Gustav III. war ein Kind der Aufklärung. 1771 traf er – noch als Kronprinz – in Paris den Philosophen Jean-Jacques Rousseau (1712–1798). Inspiriert von der Begegnung mietete er den Hof Haga mit seinen Ländereien, um ihn nach seiner Krönung zu kaufen und ein Park-Projekt in Angriff zu nehmen.

Der königliche Park

1785 erwarb Gustav III. den benachbarten Hof Brahelund und konnte so die Grünfläche verdoppeln. In den Jahren 1780 bis 1797 wurde sie zu einem großzügigen Landschaftspark umgestaltet. Damit im Herbst, wenn die Bäume ihr Laub verlieren, dem Auge des Betrachters auch etwas geboten wird, entstanden im Hagapark mehrere Aussichtspunkte und kleine Lustschlösser. Als Erstes errichtete man 1786 den Türkischen Kiosk, ein Jahr später folgte der Chinesische Pavillon. König

Stockholm war die erste Stadt der Welt, die einen Nationalstadtpark unter Schutz stellte.

Spaziergang durch den Nationalstadtpark

Ⓐ Bahnhof Solna. Zu erreichen mit dem Lokalzug von SL

Ⓑ Fußgängerbrücke über die E4. Anders kommt man nicht in den Park.

Ⓒ Kupferzelte aus dem Jahr 1797. In einem der Zelte befindet sich ein Restaurant.

Ⓓ Fjärilshuset. In dem Schmetterlingshaus tummeln sich Tausende der bunten Insekten.

Ⓔ Haga Slott. Das Schloss wird von Prinzessin Victoria und ihrem Mann Daniel als Wohnhaus genutzt und ist deshalb nicht zugänglich.

Ⓕ Pavillon von Gustav III.

Ⓖ Chinesischer Pavillon (1787). »Lusthäuser« nennt man diese Sorte kleiner Unterstände im Schwedischen.

Ⓗ Ateliermuseum. Hier arbeitete der Bildhauer Carl Eldh (1873–1954).

Die Kupferzelte im Hagapark beherbergen heute ein Restaurant.

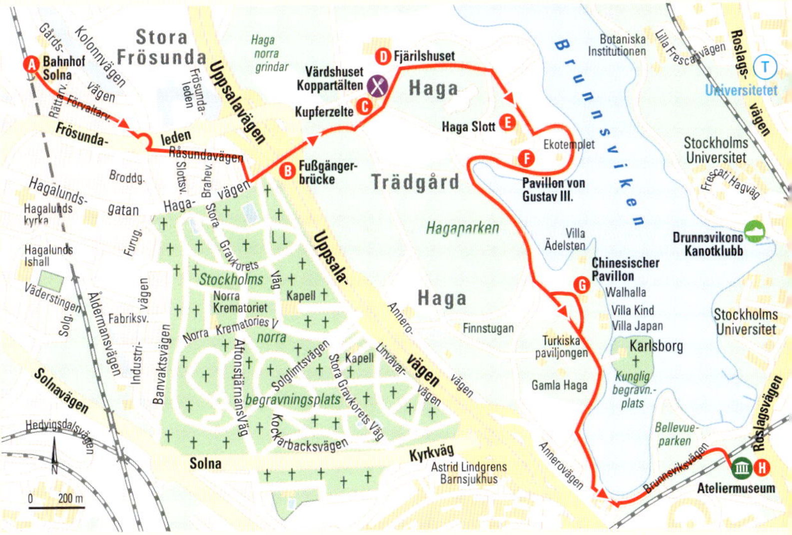

Das Schmetterlingshaus Fjärilshuset

Nicht verpassen

DIE KLEINE KÖNIGS-RESIDENZ

In den Jahren 1802 bis 1805 wurde im Hagapark Schloss Haga für König Gustav IV. Adolf (1778–1837) gebaut, weil der Pavillon Gustavs III. für die wachsende Königsfamilie zu klein geworden war. Haga Slott war als ihr Wohnhaus gedacht, zumal das Schloss in der Altstadt längst nur noch Verwaltungszwecken diente. Man nannte die neue Residenz auch »das Haus der Kinder« – die königlichen Eltern sollten weiter im Pavillon wohnen. Und in dieser Tradition ist das kleine Schloss geblieben: Für Kronprinz Gustav Adolf wurde es zwischen 1932 und 1944 gründlich renoviert und umgebaut. 1966 übergab es Gustav IV. Adolf, nunmehr als König, der Regierung. 2009 folgte die Kehrtwende, das Königshaus erhielt Haga Slott zurück, und seit 2010 bewohnt es Kronprinzessin Victoria mit ihrer Familie.

Haga Slott. Hagaparken, 16970 Solna, Tel. 08/402 60 00

Gustav III. wohnte zunächst in Gamla Haga, dem ehemaligen Bauernhof, später ließ er sich ein kleines Schloss bauen, dessen offizieller Name »Pavillon Gustavs III.« jedoch irreführend ist. Ein größeres Schloss wurde zwar projektiert, der Bau jedoch nie zu Ende geführt. Nur die Grundmauern sind erhalten. Von 1787 an baute man Kanäle aus und ließ insgesamt 26 000 Bäume pflanzen. Doch mit der Ermordung des Königs 1792 kamen viele Arbeiten zum Erliegen. Alle Gebäude sind erhalten, auch das sehenswerte Kupferzelt aus dem Jahre 1787. Nur die Kanäle sind leider verlandet, weil der Wasserspiegel der Bucht Brunsviken stark gesunken ist, man kann sie aber noch erkennen.

Der Königliche Nationalstadtpark

Hagapark ist nicht die einzige große Grünfläche in Stockholm, wohl aber der größte königliche Park, der erhalten geblieben ist. Auch weite Teile der Insel Djurgården – was auf Deutsch übrigens Tiergarten heißt – sind nicht oder wenig bebaut. Und auch nördlich des Hagaparks bis weit in die Kommune Solna hinein gibt es viel Grün. So entstand in den 1990er-Jahren die Idee, diese Grün-

Hagapark

Die grüne Lunge der schwedischen Hauptstadt

flächen als Nationalpark zu schützen. König Carl XVI. Gustaf und der World Wide Fund for Nature (WWF) waren die ersten Förderer. 1994 fasste der schwedische Reichstag dann den Beschluss, die 27 Quadratkilometer Grün zwischen Djurgården, Hagapark und Ulriksdal im Norden als National-stadtpark auszuweisen. Seit 2009 lautet der offi-zielle Name Königlicher Nationalstadtpark. Ein Nationalpark inmitten der Großstadt mit ihren Baubeschränkungen ist ein Novum, das es bislang in keinem anderen Land der Welt gibt. Bestehende Gebäude haben in Stockholm zwar Bestands-schutz, aber die Realisierung von Neubauten ist viel schwieriger geworden. Zum Areal gehören Wasserflächen, Inseln und weitläufige Uferberei-che wie der Hagapark. Ziel ist es, eine historische Kulturlandschaft zu erhalten. Dazu zählt auch der größte Bestand an Eichen in Nordeuropa, die ur-sprünglich für den Schiffbau gepflanzt wurden. Konfliktfrei war und ist die Einführung des Natio-nalstadtparks nicht. Immer wieder gibt es Streit über die Zulässigkeit von Baumaßnahmen an sei-nen Grenzen. Und das Informationsangebot über den Park ist nicht eben üppig, selbst Schweden wissen oft nicht, was zum ihm zählt und wie man ihn erreicht. Immerhin gibt es seit 2010 einen of-fiziellen Radweg, der mitten hindurchführt.

Infos und Adressen

SEHENSWÜRDIGKEITEN

Fjärilshuset. Im Norden des Haga-parks liegt das 1983 eröffnete Schmetterlingshaus – ein zoolo-gisches Museum, das auch ein 1,2 Millionen Liter fassendes Aqua-rium mit Haien beherbergt. Mo–Fr 10–16 Uhr, Sa, So 10–17 Uhr, Bus 515 von der U-Bahn-Station Odenplan bis Haltestelle Haga Norra, Hagaparken, Haga Norra, 16970 Solna, Tel. 08/730 39 81, www.fjarilshuset.se

ESSEN UND TRINKEN

Värdshuset Koppartälten. Das Café ist eine der wenigen gastronomischen Einrichtungen im Hagapark. Es ist in einem der Kupferzelte untergebracht, die Gustav III. als Wach- und Versor-gungsgebäude der berittenen Leib-garde errichten ließ. Tgl. 10–16 Uhr, Hagaparken, 16970 Solna, Tel. 08/27 70 02, www.koppartalten.se

ÜBERNACHTEN

Hotel Radisson Blu Park. Vier-Ster-ne-Hotel im Norden des Hagaparks, das günstig zum Flughafen Arlanda liegt, aber relativ weit von der Innen-stadt entfernt ist. Fröcundavike Allé 15, 16970 Solna, Tel. 08/624 55 00, info.royalpark@radissonblu.com, www.radissonblu.com

AKTIVITÄTEN

Brunnsvikens Kanotklubb. Per Boot den Nationalstadtpark erkunden: Ge-genüber vom Hagapark auf der an-deren Seite der Bucht Brunnsviken verleiht der lokale Kanuverein Kanus und Kajaks an jedermann. Juni–Aug. Mo–Fr 10–21 Uhr, Sa, So 10–19 Uhr, Mai, Sept. Mi 17–20 Uhr, Sa, So 10–18 Uhr, Frescati Hagväg 5, 11419 Stockholm, www.bkk.se

GAMLA STAN – DIE ALTSTADT

Vattugatan

Karduansmakargatan

Rödbodgatan

Rödbodgatan

Drottning-

gatan

Fredsgatan

Gustav
Adolfs Torg

Kungliga
Operan

Arvfurstens-
palats

Vasa-

gatan

Jakobs-

Akademigränd

Tegelbacken

Rödbod-
torget

Freds-

gatan

Rosenbad

Strömgatan

Norrbro

Tegelbacken

Strömgatan

gatan

Riksbron

Strömgatan

Riksplan

Riksplan

S

N. Järnvägsbron

Centralbron

Norrström

Norra Helgeandsgr.

Riksgatan

Medelt

Riksplan

Riksplan

Strömsborg

Vasabron

Riksdags-
huset

12

Medeltids-
museet

Södra Helgeandsstr.

Slottskajen

Lejo

Sveriges riksdag

Kanslikajen

Riksdagsbiblioteket

Stallbron

Mynt-
torget

Myntgatan

Högva
terrass

N. Riddar-
holmshamnen

Riddarhuskajen

Riddarhusgr.

Rådhusgränd

Bodenska
Palatset

Salvii-
gränd

Västerlånggatan

Präst

Birger Jarls
Torn

Scherin
Rosenhanes
Gr.

Arkiv

Riddarhusgr.

Riddarhus
torget

Riddar-
huset

Bratning-
torget

Storkyrkobrinken

Storkyrkobri

Kammar-
kollegiet

Birger Jarls Torg

Tryckerigatan

Regerings-
rätten

Munkbron

Grämunkegränd

Stora

Helga Lekamens
Gränd

Lady
Hamilton

Lord Nelson

Tränc

Evert Taubes
Terr.

Birger Jarls
Torg

Riddarholmsbron

Hebbes Trappa

Ignatiigränd

Stora

Gåsgränd

Gåstorget
Överskärar-
gränd

Snektens
Gr.
Så
gra

Svea
Hovrätt

Rooftop
Tour

Lilla

Nygatan

Didrik Ficks
Gränd

Kåk-

**Riddar-
holmen**

14

Wrangelska Backen

Riddarholmskyrkan

19 Glas

Nygatan

Bedoirsgr.

Skrad-
dargr.

Södra Riddarholms-hamnen

Gymna-
siegr.

Yxsmedsgränd

Kökbrinken

Science Fictio
Bokhand

Södra

Riddar-
holmshamnen

Postmuseum

Gamla Stans
Polkagris Kokeri

Schönfelts
Gränd

Lilla

Munkbrogat

Tyska Brinken

Lejon

Hebbes Bro

Mälardrottningen Yacht
Hotel und Restaurant

Riddarfjärden

Centralbron

Gamla Stan

T

Munkbroleden

Södra Järnvägsbron

Söder

Mälarstrand

Guldfjärds-
plan

orrström

Strömbron

rren

Slottskajen

Museum
Tre Kronor

Schlosscafé/
Sommarkafé

Lo-
gården

Skeppsbron

Kungliga
Slottet

11

Rüstkammer

kammaren

Slottskyrkan

Myntkabinettet

Slottbacken

Finska Kyrkogränd

Österlång-
gatan

Telegrafgränd

Skeppar Karls
Gränd

Änedin Hostel

Finska
kyrkan

Bollhusgränd

Bredgränd

Trädgårdsg.

Kråkgränd

First Hotel Reisen

Skeppar
Olofs Gr.

trädgårds-
tvärgränd

Fem Små Hus

Nygränd

Börshuset/
Nobelmuseet

Köpman-
torget

Köpman-
torget

Brunnsgränd

Kallargränd

Skeppsbron

Stor-
rget

Skottgränd

Gamla Stan

Kindstugatan

Svartmangatan

Själagårdsgatan

Baggensgatan

St. Hoparegr.

Drakens Gränd

Ferkens Gränd

Lilla
Hoparegränd

Tyska Kyrkan

Tyska Skolgränd

Pelikan-
gränd

Gaffel-
gränd

Prästgatan

13

Johannesgränd

Västerlånggatan

Baggensgatan

Mister French

Liten Amanda

ällaren

Packhusgränd

Tyska
Stallpl.

**Ardbeg
Embassy**

Tomtar und Troll

Tullhuset

Österläng-

**Sundbergs
Conditori**

Tullgränd

Torsgr.

Tordråcar

Nygatan

Funkens
Gränd

Järn-
torget

N. Bankogr.

Skeppsbron

Triewalds-
gränd

Järntorgsgatan

S. Bankogr.

N. Dryckesgr.

15

S. Dryckesgr.

Skeppsbar

Slussplan

Munkbroleden

Karl-
Johans
Torg

**Sjöbergs-
plan**

Strömmen

Hovslagarg.

Vågs-
husgr.

Blasieholmsgatan

Nybrokajen

**Musei-
parken**

**Blasie-
holmen**

S. Blasieholmshamnen

Strömkajen

**National-
museum**

Museikajen

Skeppsholmsbron

Skeppsholmen

**Skeppsholms-
kyrkan**

V. Brobänken

Strömmen

	Sehenswürdigkeit, Museum
	Aktivitäten, Ausgehen
	Information
	Kirche, Synagoge, Moschee
	Theater
	Shopping
	Restaurant, Bar, Café
	Übernachtungsmöglichkeit

0   100 m

N

10 Spuren des Mittelalters
Durch die Gassen von Gamla Stan

Über viele Jahrhunderte wollte Stockholm modern sein. Überall wurden Felsen gesprengt und Hügel geschliffen, um Platz zu schaffen, nur nicht auf Stadsholmen. Das eine oder andere Haus mag neu erbaut worden sein, doch Gamla Stan – die alte Stadt – weist bis heute weitgehend das mittelalterliche Straßenbild auf. Und so wird ein Gang durch die Gassen von Gamla Stan zu einer kleinen Zeitreise.

»Staden mellan broarna«, sagt man auf Schwedisch: die Stadt zwischen den Brücken. Die Insel trägt den Namen Stadsholmen: die Stadtinsel. Beides meint den historischen Kern Stockholms, heute meist als Gamla Stan bekannt. Der eine oder andere Brand hat Gamla Stan im Laufe der Jahrhunderte heimgesucht, das alte Schloss Tre Kronor fiel dem Feuer zum Opfer, aber die Grundanlage blieb seit dem Mittelalter unangetastet. Egal welches Adelsgeschlecht herrschte, egal welcher König an der Macht war, rund um das Schloss wurde nicht allzu viel verändert.

Stadtbrände

Bereits Anfang des 15. Jahrhunderts wurden Holzhäuser auf Stadsholmen verboten, um die Feuergefahr einzudämmen, aber erst im 17. Jahrhundert war das Verbot weitgehend durchgesetzt. Als es 1625 wieder zu einem Brand im westlichen Teil des Zentrums kam, ergriff König Gustav II. Adolf (1594–1632) die Initiative. Zwei neue Paradestra-

Seite 82/83: Historische Häuser am Stortorget im Herzen der Altstadt
Mitte: Nicht alle Gassen von Gamla Stan sind voller Touristen.

Am Stortorg liegt das Nobel Museum.

ßen wurden gebaut, die beide noch existieren: Skeppsbron und Stora Konungsgatan, die heutige Stora Nygatan. Aber während in Norrmalm und Södermalm ganze Viertel geschliffen wurden, beschränkten sich die Maßnahmen auf Stadsholmen auf diese Straßen und das Verbot von Holzhäusern.

Heute erweist sich diese Beharrlichkeit als Glücksgriff, zudem hat Stockholm seit Jahrhunderten keinen kriegerischen Angriff mehr gesehen. So blieb enorm viel historische Bausubstanz erhalten. Die alte Stadt zwischen den Brücken erweist sich als eine der großen Attraktionen der schwedischen Metropole.

Die Brücken zur Altstadt

Es gibt drei wichtige Fußgängerzugänge zur Altstadt: von Norden über die Brücke Riksbron durch den Reichstag, ebenfalls von Norden über die Brücke Stömbron direkt zum königlichen Schloss und von Süden über die Brücke an den Slussen, den Schleusen, die den See Mälaren und die Ostsee verbinden. Natürlich ist da noch die Brücke

Nicht verpassen

NOBEL IN DER BÖRSE

In der ehemaligen Börse, einem prächtigen Gebäude aus dem 19. Jahrhundert am Platz Stortorget, befindet sich ein Museum, das dem Stifter des Nobelpreises gewidmet ist. Spannende Informationen gibt es nicht nur über den Erfinder Alfred Nobel (1833–1896) und seine Stiftung, sondern auch über all die Preisträger und ihre Werke, Forschungen und Erfindungen, die seit 1901 ausgezeichnet wurden. Der Physiker Wilhelm Conrad Röntgen (1845–1923) war der erste Nobelpreisträger. Das Museum wurde 2001 anlässlich des hundertsten Jahrestages der Nobelpreisverleihung eröffnet. Natürlich dürfen ein Bistro und ein Shop nicht fehlen, obwohl die Räumlichkeiten in der ehemaligen Börse längst zu klein geworden sind.

Nobel Museum. Juni–Aug. tägl. 9–20, Sept.–Mai Di 11–20, Mi–So 11–17 Uhr, Stortorget 2, 11129 Stockholm, www.nobelmuseum.se

DAS CAFÉ IM HINTERHOF

Die Füße platt gelaufen, der Rücken lahm, der Gaumen lechzt nach Kaffee, und der Magen würde sich über eine Kleinigkeit auch nicht beschweren. Und dann sind alle Restaurants und Cafés belegt. »Mäster Olof« ist sicher kein Geheimtipp, aber man muss vom Platz Stortorget aus in eine Seitengasse gehen, die Svartmangatan, und dort auf den lauschigen Hinterhof abbiegen. Wer hierher findet, weiß von der Existenz des Cafés, weil es nicht an den gängigen Besichtigungswegen liegt. Frühstück, Backwaren und mittags die typisch schwedischen kleinen Aufläufe oder Salate – die Auswahl ist nicht groß, aber das Ambiente stilvoll und schlicht, die Preise sind moderat. Schon seit 1931 residiert »Mäster Olof« in diesem Hinterhof.

Café Mäster Olof. Mo–Fr 9–18 Uhr, Sa–So 9–20 Uhr, Svartmangatan 6, 11129 Stockholm, Tel. 08/20 04 30

Norrbron, die auch zum Schloss führt, oder man könnte mit der U-Bahn fahren und wäre sofort mittendrin. Aber vor allem der Weg durch den Reichstag über Riksbron ist populär. Auf dem Platz Mynttorget teilt sich dann der Fußgängerstrom: Die einen nehmen den Weg nach links hinauf zum Schloss, die anderen nach halb rechts in die Västerlånggatan. Schließlich steigen die Gassen nach links zur Storkyrkan an und führen nach rechts zum Riddarholmskanal hinab.

Västerlånggatan

Die Västerlånggatan ist so etwas wie die Hauptstraße von Gamla Stan, allerdings autofrei – wie die meisten Gassen. Bis vor wenigen Jahren gab es in der Vesterlånggatan noch ganz »normale« Geschäfte, darunter ein wunderbar verstaubtes Antiquariat. Doch die Vielzahl an Urlaubern hat das Angebot verändert: Es gibt zahlreiche Souvenir- und Bekleidungsläden, während die alteingesessenen Geschäfte auf dem Rückzug sind. Aber da die meisten Ladengeschäfte sehr klein sind, bleibt das Angebot doch recht abwechslungsreich. Die Västerlånggatan mündet in den südlichen Platz Järntorget. Hier treffen die Besucherströme aus Norden und die aus Süden von den Fähr- und Kreuzfahrtschiffen zusammen. Wer im Café auf dem Platz einen Tisch ergattern will, muss entweder früh dort sein oder viel Glück haben.

Österlånggatan

Deutlich ruhiger ist die östliche Tangente Österlånggatan. Auf ihr findet man weniger Geschäfte, ihr Schwerpunkt liegt auf Kunst, Kunsthandwerk und Antiquitäten. Viele Straßennamen signalisieren, dass in diesem Viertel einst deutsche Kaufleute lebten: Tyska Skolgränd (Deutsche Schulgasse)

Rundgang durch Gamla Stan

Ⓐ Königliches Schloss. Der Wachwechsel kann an der Westfassade beobachtet werden. An der Südseite geht es zum Ufer mit Blick auf Skeppsholmen.

Ⓑ Storkyrkan. Die Stockholmer Hauptkirche liegt direkt am Schloss. Nicht zu verpassen: die Skulptur »Göran und der Drache«.

Ⓒ Skulptur Järnpojken. Vom Schlosshügel aus neben der finnischen Kirche in den Hinterhof gehen, dort steht Schwedens kleinste Skulptur.

Ⓓ Nobel Museum. Das Museum liegt an der ehemaligen Börse am Platz Stortorget.

Ⓔ Västerlånggatan. Die Lebensader der Altstadt. Schlendern und gucken, weniger zum Einkaufen

Ⓕ Järntorget. Der Platz mit den meisten Touristen Stockholms. Mit dem Denkmal von Evert Taube

Ⓖ Djurgårdsfärjan. Anleger der Fußgängerfähre, die Gamla Stan mit der Insel Djurgården und ihren Museen (u.a. Vasamuseum und Skansen) verbindet

Ⓗ Österlånggatan. Ruhigere Straße mit Antiquitäten- und Kunsthandwerkgeschäften

Ⓘ Tyska Kyrkan. Die deutsche Kirche im Stil der Renaissance mit dem Sommer-Café im Garten

Ⓙ Gåstorget mit der Skulptur Tungviktare. Besonders nett sind die zu den beiden Boxern aufblickenden Köpfe der Zuschauer.

Ⓚ Postmuseum. Neben seltenen Briefmarken widmet sich das Museum auch dem Thema Kommunikation im Wandel der Zeit.

Ⓛ Riddarhuset. Das Haus des Ritters dient immer noch als Treffpunkt des schwedischen Adels.

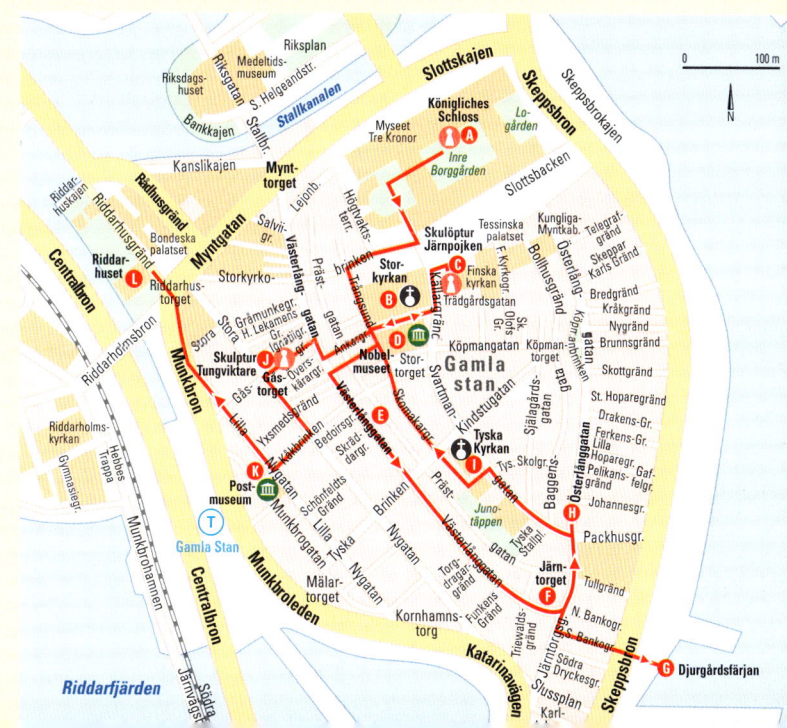

**SPEISEN MIT
TRADITION**

Einfach gut !

**SPEISEN MIT
TRADITION**

Tradition ist zwar kein
Garant für Qualität, im 1722
gegründeten »Gyldene Freden«
gehen sie jedoch einher. Benannt
wurde das Restaurant nach dem
Frieden von Nystad (1721). Im gustavianischen Zeitalter muss es hier
hoch hergegangen sein: Der schwedische Sänger Carl Michael Bellmann
(1740–1795) verewigte das Lokal
schon in seinen Trinkliedern. Und die
sind bis heute Allgemeingut, Bellmann ist so etwas wie der schwedische »Nationalskalde«. Nach einer
Schwächeperiode wurde das Restaurant renoviert, um die historische
Atmosphäre zu erhalten. Die Küche
versucht sich erfolgreich an schwedischer Hausmannskost in modernen
Variationen. Mittags sind die Preise
moderat, abends eher gehoben.

Den Gyldene Freden. Mo–Fr
11.30–22, Sa 13–22 Uhr, Österlånggatan 51, 11131 Stockholm, Tel.
08/24 97 60,
kontakt@gyldenefreden.se
www.gyldenefreden.se

und Tyska brunnsplan (Deutscher Brun-
nenplatz) sind nur zwei Beispiele. Es sind
diese Gassen, in denen das lebhafte Treiben plötzlich abebbt, wo es ruhiger wird und
die Altstadt ihren Charme spielen lässt.

Die Häuser von Gamla Stan haben alle vier bis
fünf Stockwerke, sodass die Sonne es schwer hat,
den Boden zu erreichen. Aber es ist nicht dunkel:
Wer genau hinschaut, erkennt Fenster, die noch
alte Glasscheiben haben, in denen sich das Licht
auf andere Art bricht. Stockholms schmalste (und
wohl meistfotografierte) Straße mit einer Breite
von gerade mal 90 Zentimetern führt übrigens
von der Prästgatan hinab zur Västerlånggatan.

Denkmäler müssen nicht immer groß sein. In der
Altstadt gibt es einige versteckte Skulpturen, die
nicht auf einem großen Sockel stehen, sondern
wie beiläufig am Rande des Geschehens den Trubel beobachten. Seit 1985 wartet Evert Taube
(1890–1976) am Järntorget auf ein Taxi. Das
Denkmal des populären schwedischen Musikers
und Dichters steht am Platz nahe einer Hauswand
und sieht offenbar so echt aus, dass Google in
Street View sein Gesicht verpixelt. Schwedens
kleinste Skulptur im öffentlichen Raum ist Järnpojken, der Eisenjunge. Der nur 15 Zentimeter
große Junge schaut verträumt in den Mond. Man
findet ihn nahe dem Schloss in dem Hinterhof
Bollhustäppan hinter der Finnischen Kirche.

Postmuseum

In der Lilla Nygatan gibt es ein Museum, das
vielen Urlaubern nicht bekannt sein dürfte: das
Postmuseum. Natürlich werden seltene Briefmarken und historische Briefe gezeigt, aber es
geht vor allem um das Thema Kommunikation im
Wandel der Zeit. Ein ungemein spannendes Pro-

Järnpojken – der »Eisenjunge« –
ist Stockholms kleinstes Denkmal.

Spuren des Mittelalters

jekt der schwedischen Post fand von 1994 bis 2014 statt: 1994 wurden die Stockholmer aufgefordert, einen Brief an sich selbst zu schicken – einen Brief über ihre Lebenssituation, über ihre Freuden und Sorgen. 20 000 Schweden nahmen an diesem einzigartigen Projekt teil. Auch war vereinbart worden, dass die Briefe 20 Jahre lang aufbewahrt und dann den Schreibern zurückgeschickt werden sollten, soweit sie auffindbar waren. Rund 700 Menschen hatten 1994 zugestimmt, dass ihre Briefe nach dieser Zeit geöffnet und gelesen werden dürfen. Und so widmet das Postmuseum eine kleine Ausstellung den Briefen und Reaktionen, die sie bei den Empfängern später ausgelöst haben.

Riddarhuset

Zu den Gebäuden, die man bei einem Rundgang durch die Altstadt nicht verpassen sollte, zählt Riddarhuset, mit dessen Bau 1641 begonnen wurde. Es liegt direkt an der Brücke, die von Stadsholmen nach Riddarholmen hinüberführt. Das Gebäude gehört der Standesorganisation der schwedischen Ritter und des Adels, die 1866 als Interessensvertretung gegründet wurde, nachdem das Ständeparlament abgeschafft wurde.

GUT ZU WISSEN

VOLLE TISCHE, HOHE PREISE

Zum Essen in die Altstadt? Mittags ist es schwierig, überhaupt einen Tisch zu bekommen. Und abends ist das zwar einfacher – aber in vielen Restaurants stimmt das Preis-Leistungs-Verhältnis nicht, man zahlt eben die Lage und Atmosphäre mit. Ob es dann auch schmeckt, steht auf einem ganz anderen Blatt. Insbesondere in der Västerlånggatan und ihren Nebengassen sollte man nicht zu viel erwarten von der Qualität der Speisen.

Oben: Antiquitäten oder Ramsch? Das mag jeder selbst entscheiden. **Unten:** Straßenmusik auf den Stufen zur deutschen Kirche in Gamla Stan

Infos und Adressen

SEHENSWÜRDIGKEITEN

Postmuseum. Mo–Di 11–16 Uhr, Mi 11–19 Uhr, Do–So 11–16 Uhr, Lilla Nygatan 6, 11128 Stockholm, Tel. 010/436 44 39, postmuseum@postnord.se, www.postmuseum.se

Riddarhuset. Mo–Fr 11–12 Uhr, Riddarhustorget 10, 11128 Stockholm, Tel. 08/723 39 99, kansli@riddarhuset.se, www.riddarhuset.se

Normalerweise erstarren Trolle zu Stein im Sonnenlicht.

Myntkabinettet. Das Münzmuseum direkt gegenüber dem Schloss zeigt vom ersten Geldschein der Welt über die größte jemals geprägte Münze alle möglichen Zeugnisse wirtschaftlicher Entwicklung – nicht nur in Schweden. Hier wird abstrakte Wirtschaft konkret und im wahrsten Sinne des Wortes greifbar. Tgl. 11–17 Uhr, Slottsbacken 6, 11130 Stockholm, Tel. 08/51 95 53 00, www.myntkabinettet.se

ESSEN UND TRINKEN

Sundbergs Konditori. Bereits 1785 gegründetes Café, das ein Dreh-und Angelpunkt der Banker und Schiffsmakler war und deswegen im Volksmund »die kleine Börse« genannt wurde. Es ist recht altmodisch eingerichtet und der touristischen Lage entsprechend hochpreisig. Wenn es in der Hochsaison sehr voll ist, gibt es ruhigere Alternativen: zum Beispiel im Supermarkt Coop gegenüber etwas einkaufen und am Wasser picknicken. Mo–Fr 9–20 Uhr, Sa–So 10–20 Uhr, Järntorget 83, 11129 Stockholm, Tel. 08/10 67 35

Movitz Källaren. Das Mittelklasserestaurant ist in einem historischen Kellergewölbe gelegen und rustikal eingerichtet. Die Karte ist nicht sehr umfangreich, dafür sind die Speisen exzellent zubereitet. Di–Fr 17–23 Uhr, Sa 13–23 Uhr, So 16–21 Uhr, Tyska Brinken 34, 11127 Stockholm, Tel. 08/20 99 79, hovmastaren@movitz.com, www.movitz.com

Fem Små Hus. Der Fokus liegt auf gehobener schwedischer Küche mit Anklängen an die französische Küche. Das Restaurant erstreckt sich in einem Kellergewölbe unter fünf Häusern entlang – daher der Name »Fünf kleine Häuser« – und verfügt über einen eigenen Weinkeller mit großer Auswahl. So–Di 17–23 Uhr, Mi–Sa 17–24 Uhr, Nygränd 10, 11130 Stockholm, Tel. 08/10 87 75, info@femsmahus.se, www.femsmahus.se

Ardbeg Embassy. Zugegeben: In wenigen Ländern der Welt ist Alkohol so teuer wie in Schweden. Andererseits bietet die »Ardbeg Embassy« nicht nur eine riesige Auswahl an Whiskey, sondern auch Bier verschiedener schwedischer Kleinbrauereien, das sonst schwer zu bekommen ist. Besonders zu empfehlen: das Bier von Gotlands Bryggeri. Dazu wird reich aufgetischt. Mo–Di 16–22 Uhr, Mi–Do 16–23 Uhr, Fr 11–24 Uhr, Sa 12–24 Uhr, So 16–22 Uhr, Västerlånggatan 68, 11129 Stockholm, Tel. 08/791 90 90, info@ardbegembassy.se, www.ardbegembassy.se

19 Glas. Gut sortierter Weinkeller und Bar mit an-

Infos und Adressen

geschlossenem Restaurant, das jeweils ein Menü des Tages anbietet. Abendessen mit vier oder sieben Gängen, alternativ gibt es auch Mittagsmenüs. Mo–Sa 12–24 Uhr, Stora Nygatan 19, 11127 Stockholm, Tel. 08/723 19 19, info@19glas.com, www.19glas.se

EINKAUFEN

Tomtar und Troll. Stockholm als Großstadt ist nicht gerade die Heimat der Trolle. Wer trotzdem unbedingt welche sehen (und kaufen) will, ohne aus der Stadt herauszufahren und durch die Wälder zu stromern, sollte Tomtar und Troll einen Besuch abstatten. Die Trolle sind handgefertigt und in allen denkbaren Größen erhältlich. Södra Benicke-brinken 4, 11131 Stockholm, Tel. 08/10 56 29, www.tomtar.se

Gamla Stans Polkagris Kokeri. Polkagrisar sind jene rot-weißen Zuckerstangen mit Pfefferminzgeschmack, wie man sie beispielsweise aus »Pippi Langstrumpf« kennt. Ursprünglich stammen sie aus der kleinen Stadt Gränna am See Vättern in Småland. Wer diese Leckerei immer schon mal probieren wollte, bekommt hier die Chance, ohne nach Småland fahren zu müssen (oder zu dürfen). Mo–Sa 11–18 Uhr Lilly Nygatan 10, 11128 Stockholm, Tel. 08/10 71 82, www.gamlastanspolkagriskokeri.se

In »Sundbergs Konditori« ist es schwer, einen Platz zu bekommen.

11 Das Königliche Schloss
Amtssitz des Königs

Der Arbeitsplatz von König Carl XVI. Gustaf liegt in der Altstadt Gamla Stan mit
Blick über das Wasser zur Nationalgalerie.
Das Königliche Schloss, mit dessen Bau
1697 begonnen wurde, dient heute nicht
mehr als königlicher Wohnsitz, sondern
nur mehr administrativen und repräsentativen Zwecken. Besucher aus aller Welt
schätzen es wegen seiner Museen und wegen der täglichen Wachablösung.

Wie ein Stöpsel liegt die Insel Stadsholmen im
Abfluss des Sees Mälaren zur Ostsee hin. Stadsholmen bedeutet »die Stadtinsel« und darf mit
Fug und Recht als die Keimzelle des alten Stockholm bezeichnet werden. Die wunderbare Lage,
umgeben von Wasser, und die vielfach erhaltenen
mittelalterlichen Straßenzüge sichern Stockholm
den Ruf, eine der schönsten Hauptstädte Europas
zu sein.

Stadsholmen

Natürlich hatten die Stadtgründer die Lage nicht
aufgrund ihrer Schönheit gewählt – vielmehr
standen strategische Überlegungen im Mittelpunkt. Der Wasserweg diente nicht nur dem Handel, er bildete auch das Einfallstor für Angriffe
von außen. Da lag es nahe, das Binnenland rund
um den See Mälaren an genau dieser Stelle zu
schützen: im Übergang von der Ostsee zum Bin-
nensee. Bereits Mitte des 13. Jahrhunderts soll auf
der Insel eine Burg errichtet worden sein, die über
die Jahrhunderte zum Schloss Tre Kronor um- und
ausgebaut wurde.

Mitte: Die goldene Krone verziert
das Geländer der Brücke Skeppsholmsbron.
Unten: Das Königliche Schloss ist
ein eher schlichter Bau.

Parade der Wachablösung

Tre Kronor

1521, als Gustav I. Wasa (1496–1560) die Kalmarer Union mit Dänemark und Norwegen verließ – die sich für Schweden zu einer dänischen Fremdherrschaft entwickelt hatte –, ließ er die Burganlage zu einem herrschaftlichen Schloss umgestalten. Die Steine für den Umbau kamen teilweise von den Kirchen und Klöstern auf Norrmalm, die der König konfisziert hatte. Die typischen Rundtürme der Wasazeit, wie sie sich bei Schloss Gripsholm sowie bei den Schlössern in Kalmar, Örebro und Vadstena finden, hatte Tre Kronor nicht. Wahrscheinlich, weil es auf die mittelalterlichen Befestigungsanlagen zurückgeht.

Doch am 7. Mai 1697 nahm die lange Geschichte des Schlosses Tre Kronor ein jähes Ende: Ein Brand im Dachstuhl des Reichssaales, ausgelöst vermutlich durch einen undichten Schornstein, zerstörte es in weiten Teilen. Auch die Bibliothek und das Reichsarchiv fielen den Flammen zum Opfer. Nur die Nordseite, die 1692 im Stil des Barock neu erbaut worden war, kam wie durch ein Wunder kaum zu Schaden.

Nicht verpassen

WACHABLÖSUNG

Jeden Mittag marschieren die Wachsoldaten in ihren leuchtend blauen Uniformen entweder von der Kavalleriekaserne im Lidingövägen 28 über Sturegatan und die Brücke Strömsbron oder vom Armeemuseum in der Riddargatan 13 zum Königlichen Schloss. Von April bis August können an ausgewählten Tagen Berittene und ein Musikkorps die Soldaten begleiten. Auf der Westseite des Schlosses findet dann die Wachablösung statt. Während der rund 40-minütigen Zeremonie tun Touristen gut daran, die Grenzlinien auf dem Boden nicht zu überschreiten, sonst müssen sie mit Tadel rechnen. Erst wenn die Zeremonie vorbei ist, darf der Platz wieder frei betreten werden. Die Schlosswachen gibt es seit 1523.

Kungliga Slottet. Mo–Sa 12.15 Uhr, So und Feiertage 13.15 Uhr, Slottsbacken 1, Gamla Stan, 11130 Stockholm, Tel. 08/402 60 00, www.kungahuset.se

Der Neubau

Das Schloss, das seine Besucher heute sehen, entstand auf den Brandruinen. Alles wurde abgerissen, nur die kurz zuvor erbaute Barockfassade des Nordflügels blieb erhalten. Der Stockholmer Stadtarchitekt Nicodemus Tessin (1654–1728) wurde als königlicher Schlossarchitekt beauftragt, das neue Gebäude zu entwerfen. Geplant war ein nahezu quadratischer Grundriss mit zwei Verlängerungen in den nördlichen und südlichen Seitenflügeln. Doch der Südflügel konnte nicht realisiert werden, weil die Kirche Storkyrkan im Weg stand. Um die Asymmetrie auszugleichen, entwarf Tessin die beiden halbrunden Gebäude, die den äußeren Hof begrenzen. Das ist auch der Ort, auf dem die Wachablösung stattfindet.

Aber der Bau zog sich hin. Nach dem Brand wurde im Herbst 1697 mit den Arbeiten begonnen; den alten Turm von Tre Kronor trug man im Jahr 1700 ab. Der Große Nordische Krieg von 1700 bis 1721 verschlang immense Summen des Staatsbudgets und verzögerte alle anstehenden Bauvorhaben um Jahre. Die verlorene Schlacht von Poltava 1718 gegen das Heer des russischen Zaren Peters des Großen (1672–1725) besiegelte das Ende der schwedischen Großmachtzeit. 16 500 schwedische Soldaten standen einem Heer von rund 42 000 Mann gegenüber. Die verlustreiche Schlacht hatte zur Folge, dass König Karl XII. (1682–1718) in das Osmanische Reich flüchten musste, wo er sich sechs Jahre lang aufhielt.

Als er 1715 nach Schweden zurückkehrte, weil Sultan Ahmed III. (1673–1736) die Schulden nicht länger übernehmen wollte, die der König mitsamt Gefolge verursachte, waren viele Besitztümer verloren gegangen. Finnland, das rund 600 Jahre zu Schweden gehört hatte, war an den Zaren gefal-

Die Leibrüstkammer (Livrustkammaren) im südlichen Schlosstrakt ist seit 1548 als Lager für Kleidung nachweisbar. Seit König Gustav II. Adolf 1628 befahl, dass seine Rüstung vom Polenfeldzug zur Erinnerung aufbewahrt werden sollte, hat sie aber eher die Funktion eines Museums. Den Brand von 1697 überstand die Sammlung unbeschadet, weil sie zu diesem Zeitpunkt nicht im Schloss verwahrt wurde. Das blutige Hemd von König Gustav II. Adolf aus der Schlacht bei Lützen (1632) ist ebenso zu sehen wie die Perücke, mit der sich Karl XII. auf seinem Ritt vom Osmanischen Reich nach Schweden (1715) tarnte. Beeindruckend ist auch die Sammlung königlicher Kutschen aus mehreren Jahrhunderten.

Livrustkammaren. Di, Mi, Fr–So 11–17 Uhr, Do 11–20 Uhr, Kungliga Slottet, Slottsbacken 1, Gamla Stan, 11130 Stockholm, Tel. 08/402 30 30, www.livrustkammaren.se

LIVRUSTKAMMAREN

Das Königliche Schloss

len. Und Bremen-Verden, das seit dem Dreißigjährigen Krieg zu Schweden gehörte, hatten sich
die Dänen einverleibt. Über hundert Jahre war
Schweden eine europäische Großmacht gewesen,
doch nun begann eine Epoche des wirtschaftlichen Niedergangs.

Für den Bau des Schlosses hatten die Kriege
Karls XII. gravierende Auswirkungen. 1709 wurden die Arbeiten vorübergehend eingestellt und
ruhten bis 1727. Zwei weitere Könige hat Stockholm noch gesehen, bis das heutige Schloss endlich so weit fertiggestellt war, dass es bezogen
werden konnte: Königin Ulrika Eleonora (1688–
1741), die nur ein Jahr von 1719 bis 1720
herrschte, und König Fredrik I., der 1751 starb.
Erst 1771 war der neue Schlossbau offiziell beendet, allerdings war die damalige Königsfamilie von
Adolf Fredrik »schon« 1754 eingezogen.

Palazzi-Architektur

230 Meter lang und 125 Meter breit ist das Königliche Schloss in seinen größten Abmessungen.
Insgesamt finden sich in dem Gebäude 1430
Zimmer und Räume. Türme sucht man an dem
schlichten Bauwerk vergeblich, unverkennbar haben sich Nicodemus Tessin und seine Nachfolger
an italienischen Vorbildern orientiert. Das Schloss
ist nicht das einzige historische Bauwerk im Zentrum, bei dem schwedische Architekten Anleihen
bei italienischen Palazzi nahmen. Auch das mag
einer der Gründe sein, warum die »Stadt auf den
Inseln«, wie Stockholm auch genannt wird, ein
wenig an Venedig erinnert. Die drei Kronen, nach
denen das alte Schloss benannt wurde, leuchten
heute in Gold vom Turm des Stadshuset herab.

Die erhabene Lage des Schlosses wird deutlich,
wenn man von Norden kommend die Treppenstu-

Oben: Der Löwe ziert die nördliche
Auffahrt zum Schloss.
Mitte: Ohne Thron kommt auch
kein schwedischer König aus.
Unten: Blick vom Bug des Seglers
»af Chapman« hinüber zum
Schloss

fen hinaufsteigt oder am südlichen Flügel den Hügel Slottsbacken erklimmt. Ohne protzig zu wirken fügt sich das Schloss harmonisch in die Altstadt ein, die nie von einem Stadtplaner umgestaltet wurde wie so manch anderes Viertel der schwedischen Hauptstadt. Dass ein königliches Schloss sehr entspannt sein kann, beweist das unprätentiöse Café im Innenhof, wo man im Sommer frisch gepressten Orangensaft und köstliche kleine Kuchen bekommt. Nur wenn Carl XVI. Gustaf Staatsbesuch empfängt, müssen sich die Touristen eine andere Einkehr suchen. Doch davon gibt es in den Gassen der Altstadt genügend.

Museen im Schloss

Auch wenn beim Brand des Schlosses Tre Kronor einiges verloren ging, bieten die Museen in der wiederaufgebauten Residenz doch interessante Einblicke in das Leben und Wirken der schwedischen Könige. In der Leibrüstkammer sind prächtige Kutschen zu sehen, im Schlossmuseum Pläne des ursprünglichen Schlosses und Funde aus jener Zeit, und in der Schatzkammer wird die schwedische Königskrone aufbewahrt.

Oben: Im Sommer, wenn der König Urlaub macht, wird im Innenhof des Schlosses ein Café eröffnet.
Unten: Kein einfacher Job im Hochsommer: Strammstehen vor dem Schloss

Infos und Adressen

SEHENSWÜRDIGKEITEN

Kungliga Slottet. Die repräsentativen Räumlichkeiten des Schlosses können besichtigt werden und geben einen Überblick über die verschiedenen Stile vom Barock des 17. Jahrhunderts bis in die Gegenwart. Mai–Juni, Sept. tägl. 10–17 Uhr, Juli–Aug. tägl. 9–17 Uhr, Okt.–Apr. Di–So 10–16 Uhr, im Eintritt ist eine 45-minütige Führung (auch auf Deutsch) inbegriffen sowie ein Besuch der Schatzkammer und des Museums Tre Kronor, Slottsbacken 1, Gamla Stan, 11130 Stockholm, Tel. 08/402 60 00, www.kungahuset.se

Kutsche in der dunklen Leibrüstkammer

Skattkammaren. In der Schatzkammer werden die Reichsregalien ausgestellt: u.a. die Krone und das Reichsschwert. Sie gehört zum Schloss und hat dieselben Öffnungszeiten. Slottsbacken 1, Gamla Stan, 11130 Stockholm, Tel. 08/402 60 00, www.kungahuset.se

Museum Tre Kronor. 1697 brannte das königliche Vorgängerschloss ab, von dem nur noch die bis zu fünf Meter dicken Grundmauern erhalten sind. Die Entwicklung von der mittelalterlichen Festung zum Schloss wird in dem Museum nachgezeichnet. Slottskajen, Gamla Stan, 11130 Stockholm, Tel. 08/402 60 00, www.kungahuset.se

Slottskyrkan. Die Schlosskirche beinhaltet eine Rekonstruktion der ursprünglichen Orgel von 1754. Jeden Sonntag finden um 11 Uhr Gottesdienste statt. Mai–Sept. tägl 10–17 Uhr Slottsbacken 1, Gamla Stan, 11130 Stockholm, Tel. 08/402 60 00, www.kungahuset.se

ESSEN UND TRINKEN

Schlosscafé/Sommarkafé. Nur im Sommer geöffnetes Café im inneren Hof des Schlosses. 6. Juni – drittes Augustwochenende, variable Öffnungszeiten, Slottsbacken/Storkyrkobrinken, Gamla Stan, 11130 Stockholm

Die Schlosskirche ist nur im Rahmen von Führungen zu besuchen.

12 Der Reichstag
Wo Schweden regiert wird

Das Zentrum der Macht in Schweden liegt mitten in Stockholm zwischen lauter Sehenswürdigkeiten. Die Abgeordneten gehen ihrer Arbeit im Riksdaghuset nach – direkt zwischen dem Königlichen Schloss und den Regierungsgebäuden am südlichen Ende der Drottninggatan. Es entspricht dem schwedischen Demokratieverständnis, dass die Politiker in das bunte Treiben Stockholms integriert sind.

Helgeandsholmen, die Insel des Heiligen Geistes, heißt das kleine Eiland, das zwischen Norrmalm und Stadsholmen mit seiner Altstadt im Strom Norrström klemmt. Helgeandsholmen verengt den nördlichen Wasserdurchfluss vom See Mälaren zur Ostsee, hier strudelt das Wasser hindurch, wo sonst kaum ein gemächliches Fließen zu erkennen ist.

Helgeandsholmen

Drei Hektar misst diese kleine Insel, rund ein Drittel der Fläche nimmt das Reichstagsgebäude ein. Obwohl Helgeandsholmen so klein ist, wird es gleich von zwei Brücken gekreuzt: Riksgatan, die Reichsstraße, ist die Verlängerung der Dronninggatan von Norrmalm nach Gamla Stan. Sie ist als Fußgängerzone ausgewiesen, und kaum ein Tourist wird nicht über die Brücken mitten durch das Reichstagsgebäude gehen. Am östlichen Ende der Insel führt die Brücke Norrbro über Helgeandsholmen auf die Nordseite des königlichen Schlosses zu, sodass man direkt auf die repräsentative Auffahrt schaut – ein Klassiker für jede Sightseeingtour per Bus. Das eigene Auto sollte man besser

Die Verbindung zwischen Norrmalm und Gamla Stan führt für Fußgänger mitten durch das Reichstagsgelände.

Café auf Strömparterren mit Blick auf die Oper

bei seiner Unterkunft stehen lassen, weil es vor dem Reichstag keine Möglichkeit zum Anhalten gibt.

Bebauung der Insel

Helgeandsholmen ist nur zum Teil eine natürliche Insel. Im Mittelalter waren es noch drei kleine Schären, die teils durch das Sinken des Wasserspiegels und teils durch Auffüllungen zu einem Eiland zusammenwuchsen. Seinen Namen erhielt Helgeandsholmen etwa im 13. Jahrhundert, als hier ein Spital für Arme, Alte und Kranke eingerichtet wurde – ähnlich dem Heiligen-Geist-Hospital von 1286 in Lübeck. Später folgten mehr und mehr Wirtschaftsgebäude für das Schloss: Auf der Insel wurden Bier gebraut und Tiere geschlachtet. Die Fischer bauten sich hier kleine Hütten für ihre Ausrüstung.

Mitte des 17. Jahrhunderts riss man die meisten Gebäude ab, weil ein großer Pferdestall geplant war: Rund 200 königliche Rösser waren nach dessen Bau auf Helgeandsholmen untergebracht. Ende des 19. Jahrhunderts wurde die Insel erhöht, erneut musste die alte Bebauung weichen, um Platz für das heutige Reichstagsgebäude und die

Nicht verpassen

DIE FISCHER AM NORRSTRÖM

Am Norrström findet sich eine kleine Reminiszenz an vergangene Tage: Hier werfen Fischer immer noch ihre Netze aus, während nebenan Parlamentarier ihre politischen Fragen erörtern. Ein weiterer Beleg dafür, dass die Entfernung zwischen Bürgern und Politikern in Schweden kleiner ist als in vielen anderen europäischen Ländern. Die Netze sind von dem Park Strömparterren aus zu erreichen: Es sind große viereckige Konstruktionen. Und bitte: Der Fisch ist genießbar, denn die Wasserqualität in der Stockholmer Innenstadt ist immer noch erstklassig!

Wer die Fischer tatsächlich bei der Arbeit beobachten möchte, muss sich allerdings zeitig aus dem Bett schwingen. Ihre Schicht beginnt je nach Saison frühmorgens – dann sind sie am häufigsten zu sehen.

Strömparterren. Helgeandsholmen, 11130 Stockholm

Geheimtipp

DAS MUSEUM UNTER DER ERDE

Mit Beginn der Umbauarbeiten am Reichstag in den 1970er-Jahren sollte eine Tiefgarage unter dem Parlament entstehen. Bei den ersten Grabungen wurden aber archäologische Funde gemacht, die schnell zu einem Umdenken führten. Im Volksmund hieß die Baugrube fortan das »Reichsloch«. Und statt der Garage baute man unter der Brücke Norrbro ein Museum, das in die Geschichte des mittelalterlichen Stockholms einführt. 1986 wurde es schließlich eröffnet. Zu sehen sind u.a. Teile der Stadtmauer sowie die Überreste eines spätmittelalterlichen Schiffes, das auf Riddarholmen gefunden wurde.

Medeltidsmuseet. Di, Do–So 12–17 Uhr, Mi 12–20 Uhr, Strömparterren 3, Helgeandsholmen, 11130 Stockholm, Tel. 08/50 83 16 20, www.medeltidsmuseet.stockholm.se

Schwedische Reichsbank zu schaffen. Ein nettes Detail blieb erhalten: Die Futtertröge der Pferde werden in dem kleinen Park vor dem Parlament als Blumenkübel weiterverwendet.

Bis zur Einweihung des Reichstagsgebäudes 1905 tagte das schwedische Parlament, damals noch in zwei Kammern aufgeteilt, auf Riddarholmen in dem Gebäude, das heute das Kammergericht beheimatet. Der neue Reichstag entstand in einer Phase starker öffentlicher Bautätigkeit: das Nationalmuseum gegenüber war bereits 1866 fertiggestellt, nebenan der Regierungssitz Rosenbadet, und auch das Stadshuset stand 1902 schon auf der Agenda. Gleichzeitig hatte Schweden zu diesem Zeitpunkt große wirtschaftliche Probleme, die Auswanderung steuerte auf ihren Höhepunkt zu. Hier die schnell wachsende Großstadt, dort die verarmte Landbevölkerung – die Kontraste konnten zu Beginn des 20. Jahrhunderts nicht größer sein.

Strömparterren

Vor dem Parlament befindet sich ein Park, der jenseits der Brücke tiefer als der Reichstag und nahe am Strom liegt. Daher der Name Strömparterren. Die kleine Parkanlage wurde bereits 1830 angelegt und überstand diverse urbane Umgestaltungsphasen einschließlich des Baus des Reichstages. Heute ist Strömparterren eine Oase inmitten der City. Seit 2010 ist die Fläche für Veranstaltungen freigegeben, unter anderem fanden hier Teile der Hochzeitsfeierlichkeiten von Kronprinzessin Victoria statt. Wenn nicht gerade geheiratet wird, ist die kleine grüne Lunge einen Besuch wert: Es ist viel ruhiger als in der Altstadt, und man hat gute Chancen, eine freie Parkbank zu finden, um dort ein wenig zu verschnaufen.

Spaziergang durchs Regierungsviertel

A Der Rundgang beginnt am Gustav Adolfs Torg. In der Mitte des Platzes steht das Reiterstandbild des Königs, die östliche Seite des Platzes wird von der Oper eingenommen.

B Gegenüber der Oper befindet sich Arvfurstens Palast, die ehemalige Residenz des Erbfürsten, in der heute das Außenministerium untergebracht ist.

C Am Norrström entlang geht es auf der autofreien Strömgatan in Richtung Rosenbad, dem Regierungssitz am Ende der Straße. In diesem Abschnitt sind alle Straßenteile videoüberwacht, man bewegt sich im Zentrum der Macht Schwedens. Aber mehr als ein paar kleine Kameras sind nicht zu sehen, schwer bewaffnete Sicherheitsleute wie in vielen anderen Ländern gibt es nur in seltenen Ausnahmefällen.

D Vor Rosenbad kreuzt die Fußgängerzone, rechts als Drottninggatan, links als Riksgatan. Über die Brücke geht es durch den Torbogen zum Reichstag und auf der anderen Seite unter dem zweiten Torbogen wieder heraus. Bevor Helgeandsholmen verlassen wird, führt der Weg nun links am Parlament entlang.

Ritterfigur im Mittelaltermuseum

E An der nördlichen Brücke Norrbro die Straße überqueren und auf der anderen Seite die Treppen hinunter, schon ist der kleine Park Strömparterren erreicht. Vorne auf der Spitze steht eine Statue von Schwedens berühmtestem Bildhauer Carl Milles (1875–1955). Der »Sonnensänger« soll an den Dichter Esaias Tegnér (1782–1846) erinnern, die Statue wurde 1926 von König Gustav V. höchstpersönlich eingeweiht.

F Wenn das kleine Halbrund der Inselspitze umrundet ist, steigt man hinauf zur Brücke, überquert sie und geht auf das Schloss zu. Rechts halten, um zu den Treppen zu gelangen, die hinauf zum Königlichen Schloss führen.

G Und schon steht man im äußeren Hof, wo mittags die Wachablösung stattfindet. Natürlich lässt sich dieser kleine Spaziergang, der etwa 20 Minuten dauert, auch in umgekehrter Richtung machen.

Der moderne Reichstag

Der Reichstag musste mehrfach umgebaut werden, um den jeweiligen Anforderungen der Zeit
gerecht zu werden. Geplant war das Gebäude als
Zwei-Kammern-Parlament, doch 1971 wurde die
zweite Kammer endgültig abgeschafft. Das Parlament wich für einige Jahre in das neu erbaute
Kulturhuset am Sergels Torg aus, bis der moderne
Plenarsaal 1983 eingeweiht werden konnte. Er befindet sich westlich der Fußgängerzone in den
ehemaligen Räumlichkeiten der Reichsbank.
Schon von Weitem gut zu erkennen sind die
braunen Kupferplatten, die zur Aufstockung des
historischen Bankgebäudes benutzt wurden.

Probleme bereitet das Absinken des Grundwasser-
spiegels unter Helgeandsholmen. Der Boden unter
dem Reichstag ist mit hölzernen Pfählen gesichert. Solange diese sich unter Wasser befinden,
bleiben sie gut erhalten und verrotten nicht, aber
der Kontakt mit Luft könnte starke Schäden her-
vorrufen. Zwischen 2004 und 2007 musste daher
eine umfassende Sanierung durchgeführt werden
mit dem Ziel, den Grundwasserspiegel wieder zu
heben. Nun ist das Reichstagsgebäude fit für die
nächsten 50 Jahre.

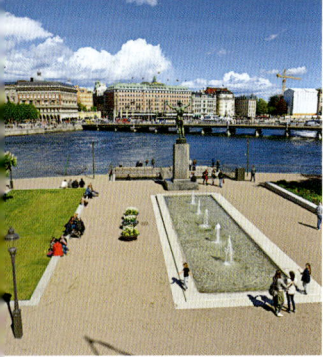

Oben: Die Arbeitsplätze der Abgeordneten im Plenarsaal des Reich-
tags
Mitte: Strömparterren ist ein kleiner Park auf der Insel, auf der auch
der Reichstag liegt.
Unten: Fischfang mitten in der
Großstadt

GUT ZU WISSEN

HÜTCHENSPIELER

Fast alle Touristen gehen wenigstens einmal über
Riksgatan in Richtung Altstadt. Und wo alle Touristen sind, finden sich auch diejenigen ein, die ein
schnelles Geschäft machen wollen. Straßenmusiker
und Künstler sind da harmlos. Die Hütchenspieler,
die zocken um IHR Geld! Man kann sich sicher sein,
dass man als Tourist immer verliert. Geben Sie lieber einem guten Straßenmusiker eine Spende –
und achten Sie in der Altstadt auf Ihr Portemonnaie!

Infos und Adressen

SEHENSWÜRDIGKEITEN

Sveriges riksdag. Das schwedische Parlament kann im Rahmen von kostenlosen Führungen besichtigt werden, die auf Schwedisch oder Englisch angeboten werden. Während der einstündigen Führung bekommen die Besucher einen Einblick in das politische System Schwedens und dessen Geschichte. Während der Arbeitszeit des Parlaments von Oktober bis Juni finden die Führungen immer samstags statt. In den sommerlichen Kalenderwochen 26 bis 33 finden die Führungen werktags statt. Vorbuchungen sind leider nicht möglich, pro Gruppe gibt es 28 Plätze. Neben den normalen Führungen gibt es noch Sonderführungen, die sich den im Gebäude vorhandenen Kunstwerken widmen. Genaue Uhrzeiten für alle Führungen sind auf der Webseite veröffentlicht: www.riksdagen.se. Riksgatan 1, 10012 Stockholm, Tel. 08/786 48 62

Riksdagsbiblioteken. Die Bibliothek des Parlamentes ist auch für die Öffentlichkeit zugänglich und bietet eine Ausleihe an. Der Schwerpunkt liegt auf Sozialwissenschaften und Recht, da sie in erster Linie den Abgeordneten dienen soll. Mo–Do 10–18 Uhr, Fr 10–15 Uhr, Storkyrkobrinken 7,

Schwedisches Staatswappen im Reichstag

11128 Stockholm, Tel. 020/55 50 00, www.riksdagen.se/riksdagsbiblioteket

ESSEN UND TRINKEN

Strömparterren. Im Innenstadtbereich gibt es nur wenige gute Restaurants und Cafés, die nicht zu großen Franchise-Unternehmen gehören: »Strömparterren« ist eine Dependance des schönen Landcafés »Koloni« im Osten Stockholms. Bei hervorragendem Essen aus ökologischen Zutaten blickt man auf den Übergang vom See Mälaren zur Ostsee. Juni–Aug. tägl. 11 Uhr–open end, Mai, Sept. Sa und So 11–18 Uhr., Strömparterren 5, Helgeandsholmen, 11130 Stockholm, Tel. 08/644 42 42, www.koloni.se

Es ist nicht alltäglich, dass eine Sportwagen-Parade direkt vor dem Reichstag stehen darf.

13 Ehret den Herrn
Die drei Hauptkirchen

Im Zentrum des alten Stockholm prägen drei Kirchen das Gesicht der Stadt: Storkyrkan, die »große Kirche« direkt neben dem Schloss, Tyska Kyrkan die »deutsche Kirche« sowie auf der benachbarten Insel Riddarholmen die Riddarholmskyrkan. Sie stehen für drei historische Mächte, die im Laufe der Jahrhunderte Einfluss auf Stockholms Geschicke nahmen: das Königshaus, die deutschen Kaufleute und der Franziskanerorden.

Schaut man auf den Stadtteil Norrmalm, sind aus der Entfernung fast keine Kirchen zu erkennen. Moderne Hochhäuser verdecken ihre Türme. Ganz anders in Gamla Stan, der Altstadt. Der mittelalterliche Verlauf der Gassen ist ebenso erhalten geblieben wie zahlreiche historische Gebäude – der Bau von Hochhäusern ist auf der Stadtinsel untersagt. Und so dominieren die drei Hauptkirchen das Erscheinungsbild wie seit Jahrhunderten.

Storkyrkan

Stockholms Hauptkirche Storkyrkan liegt direkt neben dem Königlichen Schloss. Schaut man von der gegenüberliegenden Insel Skeppsholmen auf die Altstadt, ist das Ensemble schön zu erkennen: Die Kirche ist etwas zurückgesetzt und erhöht, der breite Platz Slottsbacken gibt den Blick vom Ufer aus frei. Neben dem Schloss wirkt die Kirche zurückgenommen, fast als gehöre sie zum Schloss dazu. Nein, Storkyrkan ist nicht die Schlosskirche, das Schloss hat seine eigene kleine Kapelle. Aber natürlich gibt es enge Verbindungen: 1336 fand im Vorläufer der heutigen Kirche die erste Krö-

Storkyrkan heißt so viel wie »große Kirche«. Sie ist die wichtigste und älteste Kirche Stockholms.

Die deutsche Kirche liegt im Herzen Gamla Stans.

nung eines schwedischen Königs statt, seitdem wurden zahlreiche andere schwedische Oberhäupter in der Storkyrkan gekrönt. Der letzte war König Oscar II. (1829–1907) am 12. Mai 1873, sein Nachfolger Gustav V. (1858–1950) beschloss 1907, auf die Krönung zu verzichten.

Geweiht ist Storkyrkan dem heiligen Nikolaus, ihr offizieller Name St. Nikolai wird in Schweden aber so gut wie nicht verwendet. Auf den Namenspatron verweist ein Votivschiff, das im Kircheninneren von der Decke hängt. Während die Fassade Anfang des 18. Jahrhunderts dem herrschenden Geschmack angepasst wurde und viele barocke Elemente aufweist, sind im Innenraum noch die Einflüsse des ausgehenden Mittelalters zu finden. In einem Seitenschiff steht die Skulptur »St. Göran und der Drache« – St. Göran ist der schwedische Name für den heiligen Georg. Sie wurde 1489 geweiht und vom Reichsverweser Sten Sture dem Älteren gestiftet. Sehenswert ist auch der Silberaltar aus den Jahren 1650 bis 1706.

Besonders interessant ist ein Gemälde aus dem Jahr 1535, das das damalige Stockholm aus der Vogelperspektive zeigt. Schön zu erkennen sind

Nicht verpassen

SOMMERCAFÉ DER DEUTSCHEN KIRCHE

Wenn man durch die Gasse Tyska brinken in Gamla Stan geht, fällt ein schwarzes, schmiedeeisernes Tor auf. Oben ziert es eine goldene Inschrift: »Fürchtet Gott! Ehret den König!« Es ist der Eingang zum kleinen Garten vor der Deutschen Kirche, in dem im Sommer ein Café eingerichtet ist. Zumeist sind es Freiwillige, die hier arbeiten, oft Schülerinnen und Schüler der deutschen Schule in Stockholm. Es gibt Kaffee und selbst gebackene Kekse, einige wenige Tische und Stühle, die Preise sind günstig. Das Sommercafé an Tyska Kyrkan ist kein professionelles Café, manches wirkt ein wenig improvisiert. Aber der kleine Garten ist eine Oase inmitten der Gassen voller Touristen und lohnt allein deshalb schon einen kurzen Stopp zwischen all den Besichtigungen.

Tyska Kyrkan. Svartmangatan 16, 11129 Stockholm, www.svenskakyrkan.se/ deutschegemeinde

DER SERAFIMER-ORDEN

Geheimtipp

Auch in Schweden kann man zum Ritter geschlagen werden. Gestiftet wurde der Serafimerorden 1748 von König Fredrik I. (1676–1751), er ist die höchste Auszeichnung Schwedens. Seit einer Ordensreform 1975 wird er nur noch an ausländische Staatsmänner und -frauen vergeben sowie an Mitglieder des schwedischen Königshauses. Zusätzlich sind in eine Kupferplatte das Wappen, die Ordensinsignien und der Name des Trägers gegossen. Diese Wappenschilder werden teils im Königlichen Schloss ausgestellt und teils in der Riddarholmskyrkan, wo es eine ganze Wand mit den Wappen verstorbener Ordensträger gibt, darunter Kaiser Wilhelm II. und der finnische Präsident Urho Kekkonen. Durch die unkommentierte Reihenfolge ergeben sich ungewollte politische Zusammenhänge.

Riddarholmskyrkan. Riddarholmen, Stockholm, www.kungahuset.se

die Stadttore und Brücken, die den Ursprung der schwedischen Hauptstadt vor äußeren Feinden schützten. Die strategisch günstige Lage auf einer Insel zwischen dem See Mälaren und der Ostsee ist deutlich zu erkennen.

Tyska Kyrkan

Die Deutsche Kirche liegt vielleicht zweihundert Meter entfernt inmitten der Gassen von Gamla Stan. Auch sie hat eigentlich einen anderen Namen, ist sie doch der heiligen Gertrud als Schutzpatronin der Reisenden und Seefahrer gewidmet. In der Blütezeit der Hanse gab es viele deutsche Kaufleute, die sich in Stockholm niedergelassen hatten. Eine Hansestadt war Stockholm jedoch nie, man hat sich stets gegen einen zu starken Einfluss der Hanse zu wehren gewusst. 1571 erhielten die deutschen Kaufleute in Stockholm neue Privilegien, dazu gehörte das Recht, eine eigene Kirche zu errichten. Zunächst wurde das Haus der St. Gertrudsgilde umgebaut, 1613 bis 1618 entstand der Kirchturm, in den Jahren 1638 bis 1642 erhielt Tyska Kyrkan dann durch den Straßburger Architekten Jacob Kristler (1592–1645) ihr heutiges Aussehen. Weil ein Großbrand in der Altstadt 1878 den Kirchturm zum Einsturz gebracht hatte, entstand 1886 der heutige Turm. Er wurde auf 96 Meter aufgestockt und ist damit höher als der Turm von Storkyrkan. Die Kirchengemeinde wurde 1571 gegründet und ist eine von insgesamt fünf innerhalb der schwedischen Kirche, die keine territoriale Grenze hat. Bis heute werden die meisten Gottesdienste auf Deutsch abgehalten.

Schon 1666 erhielt die Deutsche Kirche ein Glockenspiel, das nach dem Brand von 1878 erneuert werden musste. 24 Glocken spielen viermal täglich unterschiedliche Melodien, darunter »Nun danket alle Gott« und »Lobet den Herren«. Heutzutage wird das Glockenwerk mechanisch in Bewegung gesetzt, aber es gibt immer noch die Möglichkeit, es manuell zu bedienen. Die große Glocke von Tyska Kyrkan ist übrigens mit 5,5 Tonnen Gewicht und einem Durchmesser von über zwei Metern die zweitgrößte Schwedens.

Riddarholmskyrkan

Die Kirche auf Riddarholmen hat stets eine besondere Rolle in der Geschichte Stockholms gespielt. 1270 kamen die Franziskaner in die Stadt und gründeten auf einer kleinen Insel neben der heutigen Altstadt – damals außerhalb der Stadtmauern gelegen – ein Kloster. König Magnus Ladulås (1240–1290) soll den Orden gefördert haben, er bestimmte 1280, in der Klosterkirche beerdigt zu werden. 1310 war die Kirche fertig. Im Zuge der Reformation fielen Kloster und Kirche 1527 an den Staat. Auch die Insel bekam im Laufe der Jahrhunderte einen neuen Namen: Zuvor wurde sie Gråmunkeholmen genannt, die Insel der grauen Mönche, ab dem 17. Jahrhundert sprach man von Riddarholmen, der Insel der Adeligen. Denn immer mehr Könige entschieden, dass sie in dieser Kirche ihre letzte Ruhe finden wollten.

Grabkirche der Könige

Die Gebeine der Könige Magnus Ladulås und Karl VIII. (1408–1470) erhielten 1574 ein Grabmonument, mit dem Tod von Gustav II. Adolf 1632 wurde Riddarholmskyrkan die Grabkirche der schwedischen Könige. Sie lief damit dem Dom von Uppsala, in dem Gustav Vasa und Johan III. bestattet wurden, klar den Rang ab. Alle schwedischen Regenten – insgesamt 19 – fanden seit 1632 in Riddarholmskyrkan ihre letzte Ruhe. Sie

Oben: Mit 96 Metern ist der Turm von Tyska Kyrkan das höchste Gebäude der Altstadt.
Unten: Zahlreiche schwedische Könige haben in Riddarholmskyrkan ihre letzte Ruhe gefunden.

Gamla Stan – die Altstadt

sind nach ihrem jeweiligen Adelsgeschlecht in mehreren Grabkammern und Kapellen begraben: Gustavianer, Karoliner, das Geschlecht Bernadotte und all die anderen Adelsgeschlechter haben ihre eigenen Bereiche. Teilweise baute man Grabkapellen von außen an die Kirche an, um die Särge angemessen unterzubringen. Bei einer wissenschaftlichen Graböffnung 2011 kam allerdings heraus, dass es sich bei den Gebeinen im ältesten Grab nicht um den Stifter und Förderer Magnus Ladulås handeln kann.

1807 wurde die Kirchengemeinde Riddarholmen aufgelöst, seitdem steht die Kirche unter staatlicher Verwaltung. Gottesdienste werden nicht mehr abgehalten, die Kirche öffnet im Sommer eher wie eine Art Museum. Auch finden Konzerte statt – aber alles in einem würdigen Rahmen, der historischen Bedeutung von Riddarholmskyrkan entsprechend. Außerdem zählen ihre Backsteinmauern zu den ältesten über der Erde erhaltenen Mauern Stockholms. So prägten und prägen diese drei Kirchen Gamla Stan jede auf ihre Weise: Storkyrkan als Bindeglied zwischen Königspalast und Bevölkerung, Tyska Kyrkan als Kirche der deutschen Kaufleute in Stockholm und Riddarholmskyrkan als Grablege des schwedischen Adels.

Oben: Schöne Fenstermalerei in Tyska Kyrkan
Mitte: Proben für das abendliche Konzert in der Riddarholmskyrkan
Unten: Blick von Söder auf Gamla Stan mit dem Platz Korntorget und dem Turm der deutschen Kirche

GUT ZU WISSEN

ABSEITS DES TOURISTENSTROMS

Im Sommer liegen täglich mehrere Kreuzfahrtschiffe in Stockholm. Zusammen bringen sie Tausende Besucher, die natürlich die Altstadt besichtigen wollen. Und mittags wollen alle gleichzeitig Kaffee trinken oder eine Kleinigkeit essen. Kein Wunder, wenn man dann keinen Platz in einem der wenigen Cafés und Restaurants bekommt. Tipp: Mittags lieber nach Södermalm ausweichen, dorthin verirren sich weniger Kreuzfahrtgäste.

Infos und Adressen

SEHENSWÜRDIGKEITEN

Storkyrkan. Tgl. 9–16 Uhr, Slottsbacken 2, 11130 Stockholm, www.svenskakyrkan.se/ stockholmsdomkyrkoforsamling

Tyska Kyrkan. 16. Sept. – 30. Apr. Mi, Fr, Sa 11–15 Uhr, So 12.30–15 Uhr, 1. Mai–13. Juni tgl. 11–15 Uhr, 14. Juni–17. Aug. 10.30–16.30 Uhr, 18. Aug.–15. Sept. tgl. 11–15 Uhr, Svartmangatan 16, 11129 Stockholm, www.svenskakyrkan.se/deutschegemeinde

Riddarholmskyrkan. 15. Mai.–13. Sept. 10–17 Uhr, Riddarholmen, Stockholm, www.kungahuset.se

ÜBERNACHTEN

First Hotel Reisen. Hotel in einem historischen Gebäude mit Blick auf die Ostsee. Skeppsbron 12, 11130 Stockholm, Tel. 08/22 32 60, www.firsthotels.se

Lord Nelson. Das charmante Hotel in einem Haus aus dem 17. Jahrhundert ist komplett maritim ein-gerichtet. Västralånggatan 22, 11129 Stockholm, Tel. 08/50 64 01 20, info@lordnelsonhotel.se, www.thecollectorshotels.se

Lady Hamilton. Das kleine Hotel bietet für längere Aufenthalte auch Apartments an. Storkyrko-brinken 5, 11128 Stockholm, Tel. 08/50 64 01 00, info@ladyhamiltonhotel.se, www.thecollectorshotels.se

EINKAUFEN

Liten Amanda. Mit seinem bunten Sammelsurium an Kinderspielzeug, Deko- und Einrichtungsgegen-ständen hebt sich das Liten Amanda deutlich von den üblichen Touristenshops ab. Juni–Aug. Mo–Fr 10–19 Uhr, Sa 10–18 Uhr, So 11–18 Uhr, Sept.–Juni Mo–Fr 10–18 Uhr, Sa 10–17 Uhr, So 11–17 Uhr, Västerlånggatan 69, 11129 Stockholm, Tel. 08/10 53 43, www.litenamanda.se

Science Fiction Bokhandel. Eine Fundgrube für Comicfans, Mo–Fr 10–19 Uhr, Sa 10–18 Uhr, So 12–17 Uhr, Västerlånggatan 48, 11129 Stockholm, Tel. 08/21 50 52, www.sfbok.se

Wenn die Neuzeit in der Altstadt Einzug hält: Schild des Science-Fiction-Buchladens.

STOCKHOLM

neu entdecken

Stockholmer sind für ihre Stilsicherheit und Höflichkeit bekannte Stadtmenschen. Zu ihrem Leben gehört neben dem urbanen Alltag aber auch der Ausflug in die Natur. Bei einer Kajaktour durch Stockholms grüne Oase, in den Schären oder beim Wandern durch Roslagen lernen Besucher das geliebte »Friluftsliv« der Schweden kennen.

Brücken, Schiffe, Inselwelt – seine Nähe zum Wasser hebt Stockholm von den anderen Hauptstädten dieser Welt ab. Die Stockholmer Stadtteile, die auf Inseln verteilt sind, haben alle ihren eigenen Charakter. Eine Stadtbesichtigung mit dem Kajak gibt Besuchern eine spannende Perspektive auf die Stadt.

Jeder kann paddeln

Von in Ufernähe plätschernden Genießern bis zu wellentrotzenden Vorwärtsstrebern – Paddler sind in Stockholm allgegenwärtig. Man muss sie einfach ein wenig beneiden. Sie bringen ein Stück Abenteuer und Freiheit mitten in die Metropole. Mit ihren gleichmäßigen Bewegungen erwecken sie den Eindruck, jeden Stress abgelegt zu haben. Und im Sommer kann sich sogar die nordische Hauptstadt aufheizen, sodass der Mälar-See eine echte Verlockung darstellt.

Man muss keine einheimische Sportskanone mit Volvo, Dachträger und eige-

Mal etwas anderes: Stadtbesichtigung mit dem Kajak.

nem Kajak sein, um die Paddelfreude zu teilen. Man muss nicht einmal Erfahrung haben. Organisatoren wie Stockholm Adventures bieten von wendigen Guides geführte Kajaktouren an, die beim ersten Versuch Erfolgserlebnisse quasi garantieren. Unter der Brücke nach Djurgården geht es los – entweder durch die Innenstadt, den friedlichen Djurgården-Kanal oder beides. Wer sein Schicksal gern selbst in die Hand nimmt, kann im eigenen Tempo die Insel Kungsholmen umrunden. Mehrere Kajakverleiher bieten Ein- und Zweisitzer tages- oder stundenweise an. Mit einer Karte ausgerüstet, findet man schnell seinen Rhythmus. Die Runde um Kungsholmen dauert zwischen zwei und drei Stunden, eignet sich also für eine entspannte Nachmittagsaktivität nach Besichtigungen.

Kajaktour in den Schären

Naturliebhaber kommen auf Rindö bei Vaxholm auf ihre Kosten. Im Schärengarten ist keine Spur mehr vom urbanen Leben, dafür genießt man die Stille und sieht diverse Vogelarten aus nächster Nähe. Zwischen den Inseln ist das Wasser bei gutem Wetter spiegelglatt – ein magischer Anblick. So richtig »verpaddeln« kann man sich dort eigentlich nicht, aber Karte und Handy können helfen, wenn man sich einmal nicht sicher ist.

Das Umrunden der grünen Insel Björnö gilt als Paradetour für Anfänger. Wenige Minuten von der Busstation entfernt eröffnet sich der von einem passionierten Paddler geführte Kajakverleih. Die Runde führt durch einen idyllischen, von Schilf und roten Sommerhäusern gesäumten Kanal. Ab und zu kommt ein Segelboot vorbei. Dann gebietet es die maritime Etikette, freundlich zu winken, egal wie klein das eigene Boot ist. In den Holzhütten am Ufer kann man Pausen einlegen. Restaurants oder Imbisse fehlen an der Route leider, weshalb man unbedingt Proviant einpacken sollte.

Urbane Badestellen

Wer nur wenig Zeit in der Stadt zur Verfügung hat oder seine Begleitung trotz der großen Auswahl an Routen und Schwierigkeitsgraden nicht ins Kajak bekommt, findet an Stockholms Badeplätzen eine erfrischende Alternative. An vielen Stellen verführen Leitern und seicht abfallende Steinstrände zu einem spontanen Bad.

Der Rålambshovsparken auf Kungsholmen, etwa 20 Geminuten vom Wahrzeichen Stadshuset entfernt, ist im Sommer einer der beliebtesten Treffpunkte unter freiem Himmel. Dort kann man den ganzen Abend verbringen: Es wird geskatet, Boule gespielt und eben auch gebadet. An der Uferpromenade laden mehrere Restaurants, von entspannt bis elegant, zum Essen ein. Im westlichen Teil der hippen Insel Södermalm tummeln sich

Badespaß vor Riddarholmen

Der Roslagsleden führt auf 190 Kilometern an der Küste entlang.

die Städter im Sommer im Park Tantolunden. Dort hat man nicht nur die Aussicht auf Schrebergärten, sondern auch
Stände mit Snacks und Getränken sowie
ein Strandbad – wohlgemerkt gratis –
mit im Wasser treibender Badeinsel. In
direktem Anschluss liegt der Ausgehbe-
zirk Hornstull, wo man auch mit feuch-
ten Haaren herrlich essen gehen kann.

Wanderung in Stockholms Umland

Wer einen Tag für Stockholms Umgebung
hergeben kann, sollte dies auch
tun. In einer halben Stunde erreicht man
Roslagen, die Küstenregion nördlich von
Stockholm. Sie ist mit einem 190 Kilometer langen Wanderweg, dem »Roslagsleden«, erschlossen. Elf Etappen mit
neun bis 25 Kilometer Länge führen an

der Küste entlang, bis nach Grisslehamn,
wo die Fähre Richtung Finnland ablegt.
Mal uriger Wald, mal pittoreskes Küsten-
städtchen, mal versteckt liegendes Feri-
endorf – der Charakter der Route ist
äußerst vielseitig.

Ein bequemer Ausgangspunkt für die Er-
kundung von Stockholms Umgebung ist
die Stadt Norrtälje, die Hauptstadt der
Region Roslagen. Mit bunten Fischer-
häusern und einem belebten Hafen gibt
sie einen Einblick, wie Schweden außerhalb der Hauptstadt funktioniert. Von
dort aus führt der Wanderweg zum ältesten Herrenhaus der Region und einer
Kirche aus dem Mittelalter. Ein paar
Etappen weiter wartet mit Domarudden
eine Oase der Erholung. Man badet in
einem einsamen See mitten im Wald
und übernachtet in roten Häuschen.

14 Riddarholmen
Die Insel des Adels

Riddarholmen ist eine Insel direkt neben Gamla Stan, die heute wie ein Teil der Altstadt wirkt und von ihr lediglich durch eine Verkehrsader abgetrennt ist. Doch Riddarholmen hat eine ganz eigene Geschichte – und sich auch sein eigenes Flair bewahrt. Wer im Sommer kurz mal aus dem Trubel von Gamla Stan entfliehen möchte, findet auf Riddarholmen einen Rückzugsraum mit Aussicht.

Es war einmal eine Schäre namens Kidaskär – Schären nennt man die kleinen Inseln mit ihren spärlich bewachsenen Granitkuppen. Stockholm war Mitte des 13. Jahrhunderts kaum gegründet, als Franziskanermönche auf Kidaskär und damit außerhalb der Stadtmauern ein Kloster errichteten. Nach den grauen Kutten der Mönche wurde die Insel nun Gråmunkholmen genannt. Mit Unterstützung von König Magnus Ladulås (1240–1290) entstand eine Kirche.

Wrangelscher Palast

Mitte: Auf Riddarholmen befinden sich vornehmlich Ministerien und Gerichtsgebäude.
Unten: Kein Palast, sondern das Gebäude des Verlags Norsteds & Söner

Im Zuge der Reformation waren Kloster und Kirche an die Krone gefallen, und es entstanden – bedingt durch die Nähe zum Königlichen Schloss – Verwaltungsgebäude und Adelspaläste. 1638 kam die Bezeichnung Riddarholmen, Insel der Ritter, auf, die sich in den folgenden Jahrzehnten langsam durchsetzte. Als das Königliche Schloss Tre Kronor 1697 einem Brand zum Opfer fiel, zog die Herrscherfamilie bis 1754 in den Wrangelschen Palast gegenüber der Riddarholmskyrkan. Seit 1756 ist er Sitz des höchsten schwedischen Gerichts, Svea Hovrätt, und kann deshalb leider nicht besichtigt werden.

Auf Riddarholmen sind zwei Wachtürme der einstigen Stadtbefestigung aus der Zeit um 1530 erhalten. Der Birger-Jarls-Turm an der nordwestlichen Spitze gehört ebenso dazu wie einer der gedrungenen Rundtürme, die in den Wrangelschen Palast integriert sind.

Verlag Norstedts & Söner

Eines der jüngsten Häuser auf Riddarholmen ist das stattliche Gebäude des Verlags Norstedts & Söner, das zwischen 1882 und 1889 entstand – allerdings unter Einbeziehung älterer Bausubstanz. Der Sitz des renommierten Verlags – er veröffentlichte Werke der beiden berühmtesten schwedischen Autoren August Strindberg (1849–1912) und Astrid Lindgren (1907–2002) – ist der einzige Bau auf Riddarholmen, der nicht dem schwedischen Staat gehört.

Verkehrsplanung über Riddarholmen

Wo früher nur das Wasser die Inseln Stadsholmen und Riddarholmen trennte, müssen heute auf einer Brücke auch Schnellstraße und Bahnlinie überquert werden. So wurde leider ein Keil zwischen die beiden Inseln geschoben, die historisch und architektonisch eigentlich zusammengehören.

Immer wieder hat es in Stockholm politische und juristische Auseinandersetzungen gegeben, wie die weitere Verkehrsplanung über Riddarholmen aussehen soll. Deshalb wird der südlichste Teil der Insel noch für einige Jahre eine Baustelle sein: Es entsteht ein Tunnel, durch den ab 2017 der Bahnverkehr zwischen Nord und Süd fließen soll, insbesondere die Pendlerzüge der Citybahn sollen ihn nutzen. Dem Verkehrsproblem auf Riddarholmen kann er jedoch keine Abhilfe verschaffen, bleibt doch die oberirdische Bahnstrecke erhalten.

Infos und Adressen

ÜBERNACHTEN

Mälardrottningen. Jacht-Hotel und Restaurant. Die »Mälardrottningen« ist ein 1924 gebautes Schiff, das dauerhaft verankert als Hotel genutzt wird. Der Standard ist niedriger als in normalen Hotels, zumal die Kabinen relativ klein sind. Doppelstockbetten sparen Platz, und die Preise sind moderat. Riddarholmen, 11128 Stockholm, Tel. 08/12 09 00 00, malardrottningen@uniquehotels.se, www.malardrottningen.se

AKTIVITÄTEN

Rooftop Tour. Um Stockholm von oben zu sehen, schließt man sich einer Wanderung über die Dächer auf Riddarholmen an. In Begleitung eines Guides und im Klettergeschirr geht es auf das Dach des ehemaligen Parlaments. Voraussetzungen sind flache Schuhe und keine extreme Höhenangst. Treffpunkt ist kurz vor Beginn der Tour an der Statue Birger Jarls auf dem Birger Jarls Torg. Online buchbar. Stora Gråmunkegränd 12–14, 11128 Stockholm, Tel. 08/22 30 05, info@upplevmer.se, www.upplevmer.se

Wer tagsüber keinen freien Tisch in Gamla Stan findet, kann es am Riddarholmskajen versuchen.

15 Skeppsbron
Stockholms Gesicht

Skeppsbron war einst der Hafen Stockholms, hier machten Lastensegler aus dem ganzen Norden fest. Doch im Laufe der Jahrhunderte hat sich die Uferlinie stark verändert. Die Frachtkähne wurden durch Kreuzfahrtschiffe abgelöst, die Autos zugunsten einer Promenade zurückgedrängt. Geblieben sind die prachtvollen Gebäude der Kaufleute, von denen viele aus dem 17. Jahrhundert stammen.

Nicht jede Stadtentwicklung kann langfristig geplant werden, manchmal sorgt der Lauf der Geschichte für vollendete Tatsachen: Am Abend des 1. Septembers 1625 brach im südwestlichen Teil von Gamla Stan ein Brand aus, der verheerende Folgen haben sollte. Ein ganzes Viertel wurde in Schutt und Asche gelegt. Daraufhin erließ König Gustav II. Adolf (1594–1632) ein Holzhausverbot und ordnete an, zwei neue Paradestraßen zu bauen. Eine davon war Skeppsbron.

Die Häuser an der Skeppsbron stehen auf den Resten der einstigen Stadtmauer. Aber zu Beginn des 17. Jahrhunderts war Schweden eine europäische Großmacht, die keine äußeren Feinde fürchten musste, die Stadtmauer zum Meer hin war überflüssig geworden. Es gab Anleger, Kais und Landungsbrücken für die Schiffe – daher der Name Skeppsbron: die Schiffsbrücke. Die Müllentsorgung erfolgte einfach über die Mauern ins Wasser.

Uferbebauung

Wann genau der Entschluss gefasst wurde, hier Häuser und eine Straße zu bauen, ist nicht über-

Mitte: Bis heute machen an der »Schiffsbrücke« – so die Übersetzung von Skeppsbron – historische Ausflugsdampfer und kleine Kreuzfahrtschiffe fest.
Unten: Die meisten Kaufmannshäuser entstanden im 18. Jahrhundert.

Gegenüber dem Schloss legen die
Sightseeing-Boote ab.

Nicht verpassen

liefert. Aber das erste Grundstück wurde
1630 verkauft, das letzte 1699. Im hinte-
ren Teil fußten die Häuser auf festem Land,
im vorderen wurde der Untergrund aufgefüllt und
durch in den Boden gerammte Pfähle befestigt,
ein Bauprinzip, wie man es zum Beispiel auch aus
Venedig kennt. Entsprechend dem politischen Gewicht der Großmacht Schweden wollte König
Gustav II. Adolf eine repräsentative Hauptstadt
schaffen.

Küselska Huset

Und so entstanden prächtige Kaufmannshäuser,
darunter Wohnsitze der einflussreichen Kauf-
mannsfamilien Hebbe aus Greifswald und Küsel
aus Lübeck. Aus der ersten Bauphase im 17. Jahrhundert sind 13 Häuser an der Skeppsbron erhalten, darunter Küselska Huset (Hausnummer 40),
das Domizil der Kaufleute Küsel. Architekt war
kein Geringerer als Nicodemus Tessin der Jüngere
(1754–1728), der auch für das Königliche Schloss
verantwortlich zeichnet. Von seinem Vater hingegen stammt das Södra Bankohuset für die schwedische Reichsbank. Der Komplex erstreckt sich
vom Platz Järntorget bis zur Uferstraße Skeppsbron (Hausnummer 42B).

INSELHÜPFEN IN DER STADT

Djurgårdsfärjan ist eine
innerstädtische Fährverbindung nur für Fußgänger, die zwischen Skeppsbron und der Insel
Djurgården verkehrt. Die Fahrtzeit
auf modernen kleinen Schiffen beträgt nur wenige Minuten. Auf Djurgården warten dann der Freizeitpark
Gröna Lund, das ABBA-Museum und
natürlich die »Vasa«, nicht zu vergessen das Freilichtmuseum Skansen.
Über zwei Millionen Fußgänger nutzen jedes Jahr diese Fähren, die den
Namen »Djurgården« und jeweils
eine Nummer tragen. Nummer 3 ist
übrigens nicht mehr im Liniendienst:
Das 1897 erbaute Dampfschiff wird
nur noch für Ausflugsfahrten eingesetzt. Nummer 5 (1901) heißt jetzt
»Flyt« und dient als Restaurantschiff
an Norra Mälarstrand.

Waxholmsbolaget. Skeppsbrokajen,
Tel. 08/600 10 00
www.waxholmsbolaget.se

Natürlich sind auch einige der Bauwerke später entstanden, darunter Stockholms Telegraphenstation (1886, Hausnummer 2) und die Hausnummern 8, 18 und 20 aus den Jahren 1900 bis 1910. Hinter den Hausnummern 12–14 verbirgt sich ein Hotel. Ursprünglich waren es zwei Häuser, die ab 1760 als Packhäuser für die Schiffslasten gedient hatten. Bereits seit 1819 werden die Gebäude als Hotel genutzt, im spätmittelalterlichen Gewölbekeller befindet sich die Spa-Abteilung.

Sanierungsbedarf

In den 1970er-Jahren waren viele Häuser in der Altstadt gefährdet. Die Pfähle unter den Mauern waren verrottet, sich verändernde Grundwasserspiegel hatten zu Absenkungen geführt. Gerade an der Skeppsbron, wo einige der Häuser teils auf

Oben: Während die einen auf Einlass warten, herrscht bei anderen schon Partystimmung auf dem Kai.
Unten: Großsegler kommen gern an Stockholms berühmtesten Kai.

Skeppsbron

festem, teils auf weichem Grund gebaut waren, hatte das katastrophale Auswirkungen wie Risse im Mauerwerk und schiefe Mauern und Fenster. Am Norra Bankohuset (Hausnummer 42A) kann man in der seitlichen Gasse noch ein völlig schiefes Fenster entdecken. 1978 benötigten 112 Häuser in Gamla Stan neue Fundamente, und es sollte über 20 Jahre dauern, bis die Probleme behoben wurden.

Die Skeppsbron heute

Der Straßenverkehr tat das seine, um die Fassaden in Mitleidenschaft zu ziehen. Seit 2010 wurde grundlegend saniert. Man änderte die Verkehrsführung, sodass weniger Fahrzeuge die Skeppsbron hinunterdonnern. Auch die Nutzungsbedingungen für die Schiffsliegeplätze wurden geändert: Jetzt machen die Göta-Kanal-Dampfer fest sowie kleine Kreuzfahrt- und Segelschiffe. Und so entstand eine wunderbare Promenade im Herzen Stockholms mit Restaurants und Bars direkt am Wasser.

Reiche Kaufleute ließen auf Skeppsbron ihr Palais nahe dem Schloss erbauen.

Infos und Adressen

ESSEN UND TRINKEN

Mister French. Sehen und gesehen werden: Dieses Motto gilt eigentlich eher für Stureplan auf Östermalm – aber eben auch für die Bar und das Restaurant von Mr. French auf dem Kai von Skeppsbron. Allerdings ist hier die Aussicht deutlich schöner als am Stureplan, schließlich blickt man direkt auf die Ostsee und die vorbeifahrenden Schiffe von Waxholmsbolaget.
Di 17–00 Uhr, Mi–Fr 17–1 Uhr, Sa 12–01 Uhr, So 12–17 Uhr, Tullhus 2, 11130 Stockholm,
Tel. 08/20 20 95,
bokning@mrfrench.se,
www.mrfrench.se

Skeppsbar. Etwas weiter in Richtung Slussen liegt die »Skeppsbar« mit klassischem Barsortiment und einfachen Speisen. Im Sommer stehen Außentische für die Gäste bereit, von denen man auf den historischen Fahrstuhl Katarinahissen blickt. Die Bar ist auch hervorragend für einen Absacker auf dem Rückweg zum Hotel geeignet. Tgl. 15–3 Uhr, Skeppsbron 44, 11130 Stockholm, Tel. 08/20 90 89,
info@skeppsbar.se,
www.skeppsbar.se

121

ÖSTERMALM UND DJUR-GÅRDEN

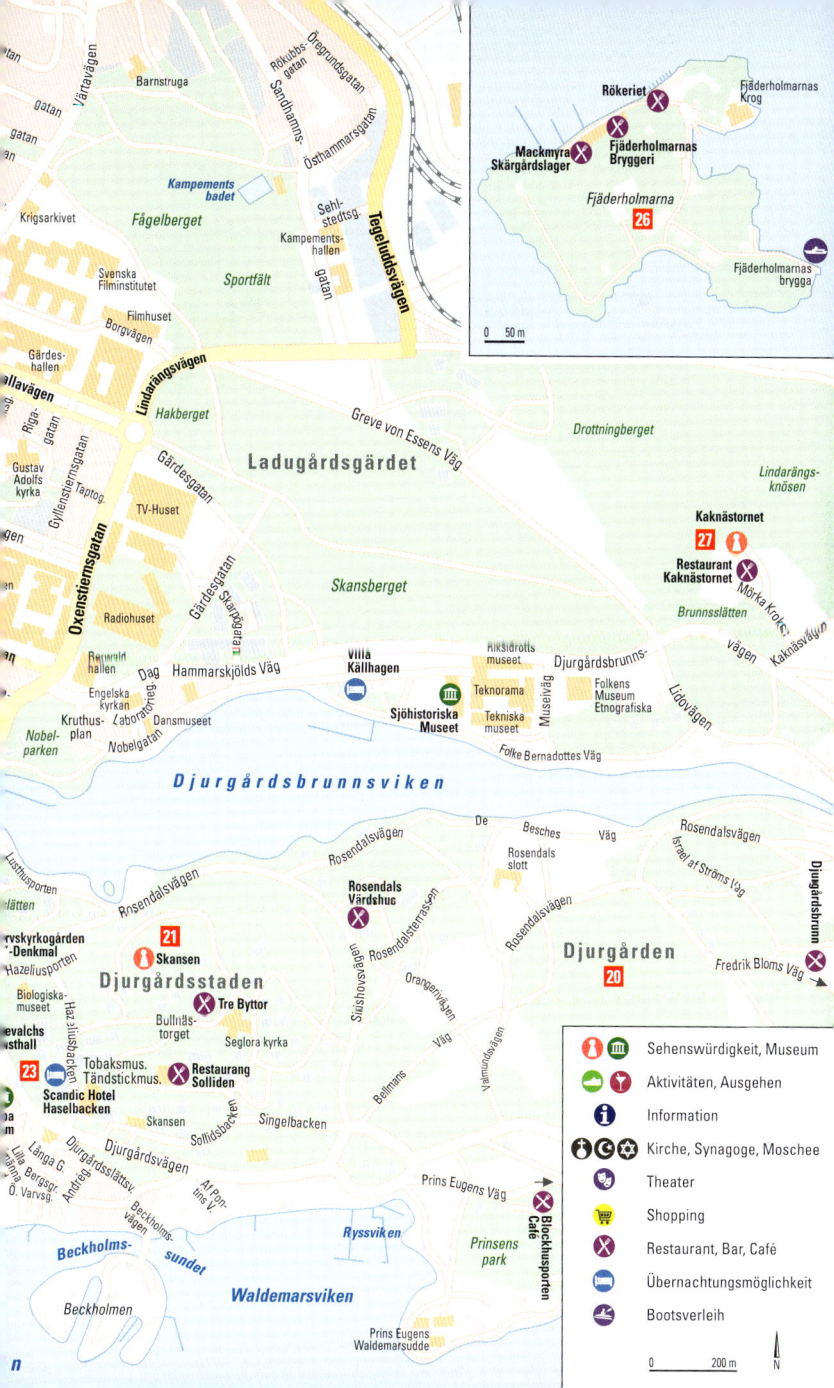

16 Rund um Stureplan
Im Reich der Schönen

Der Platz Stureplan im Stadtteil Öster-malm, fast schon auf der Grenze zu Norr-malm gelegen, ist tagsüber ein lebhafter Fußgängerbereich mit zahlreichen Nobel-geschäften. Aber das wirkliche Leben fin-det abends statt, wenn die Clubs und Bars öffnen und die Türsteher lange Schlangen auf den roten Teppichen verursachen. Hier treffen sich die Schönen der Nacht und die, die es sein wollen.

So ein kleiner dreieckiger Platz und so viele Men-schen am Abend! Rote Teppiche vor den Eingän-gen und lange Schlangen mit jungen, gestylten Leuten. Türsteher kontrollieren nicht nur Minder-jährige, sondern auch die Gesichter und das Out-fit. Sie signalisieren: Hier kommt nicht jeder rein. Der Eindruck drängt sich auf, dass die Schlangen vor den Clubs ein Markenzeichen sind. Je länger die Schlange, umso begehrter muss der Club ja wohl sein. Bis in die frühen Morgenstunden ist der Platz Stureplan das Revier der Jeunesse dorée, dann kommen die Kehrmaschinen und reinigen ihn von den schnöden Überresten der nächtlichen Partygänger.

Tagsüber zeigt der Stureplan ein ganz anderes Ge-sicht. Aus den umliegenden Büros kommen die Mitarbeiter in ihrer Mittagspause zum gemeinsa-men Lunch hierher. In der Passage Sturegallerian gibt es mehrere Bars, Bistros und Restaurants, und sie sind zur Mittagszeit mehr als gut gefüllt. Lap-top, Handy, Tablet – ein schnelles Lunch-Mee-ting – irgendwie scheinen alle den Mann hinter dem Tresen zu kennen. Bussi hier, Bussi da, man kennt und schätzt sich oder tut zumindest so. Der

Seite 122/123: Strandvägen – Stockholms nobelste (und teuerste) Adresse
Mitte: Einkaufen im lichten Innen-hof von Sturegallerian
Unten: Sturebadet ist neben Cen-tralbadet das zweite klassische Schwimmbad.

Rund um Stureplan

Unterschied zum Publikum am Abend:
Das Durchschnittsalter ist um zehn bis
15 Jahre gestiegen.

Sturegallerian und Sturebadet

Nirgendwo in Stockholm ist Sehen und Gesehen
werden so wichtig wie am Stureplan, und das er-
staunlicherweise seit vielen Jahren. Einen großen
Anteil daran hat Sturegallerian. Die Einkaufspassage wurde Ende der 1980er-Jahre in einem historischen Gebäude eingerichtet, das nach einem
Brand teilweise entkernt werden musste. Das Haus
beherbergt seit 1885 ein Schwimmbad, nein: ein
Badehaus. Der Arzt und Wissenschaftler Carl Cur-
man (1833–1913) forderte, dass sich Politiker und
Büromenschen mehr bewegen sollten. Und so
gründete er 1867 eine Aktiengesellschaft zum Be-
treiben von Badehäusern in Stockholm. Ein nicht
erhaltenes Badehaus eröffnete in Södermalm,
Sturebadet war das zweite seiner Art in der
schwedischen Hauptstadt. Die Architekten wurden
nach Venedig geschickt, um sich von den dortigen
Palazzi inspirieren zu lassen. Ende des 19. Jahrhunderts schauten viele Stockholmer Architekten
nach Italien.

Am Äußeren des Gebäudes sollte nichts darauf
hinweisen, dass es sich um eine Badeanstalt handelt – und Besucher ahnen bis heute nichts davon. Jugendstil und altnordische Stilelemente
flossen in die Gestaltung des 1902 hinzugekom-
menen Schwimmbades ebenso ein wie maurische
Ornamentik. 1985 brannte das Bad aus – neigte
sich eine Epoche ihrem Ende zu? Die Eigentümer
entschlossen sich, das Badehaus neu aufzubauen
und so viel wie möglich vom alten Stil zu erhalten. Gleichzeitig schuf der Brand die Möglichkeit,
die Einkaufspassage Sturegallerian im Untergeschoss zu bauen.

Einfach gut !

**DAS CAFÉ IM
WOHNZIMMER**
In der ruhigen Seitenstraße
Riddargatan hat sich in einem Gebäude aus dem 18. Jahrhundert ein originelles kleines Café
eingenistet. Ursprünglich befand sich
in seinen Räumlichkeiten die Wohnung eines Geschwisterpaares: 1941
war sie von Anna und Hildegard Skog
bezogen worden, ein Teil des Mobili-
ars soll noch von ihnen stammen. Im
Erdgeschoss kann man Brot und Kuchen in der Konditorei kaufen – die
übrigens kein Schaufenster hat –, im
ersten Stock gibt es dann Kaffee und
Kuchen im Wohnzimmerambiente.
Das »Café Sturekatten« wirkt ein wenig plüschig, ist dafür aber umso gemütlicher. Wenn im Sommer das
Wetter schön ist, stehen auch Tische
und Stühle im kleinen Innenhof.

Café Sturekatten. Mo-Fr 9–20 Uhr,
Sa 9–19 Uhr, So 10–18 Uhr,
Riddargatan 4, 11129 Stockholm,
Tel. 08/611 16 12,
www.sturekatten.se

Sturekatten

**KONDITORI
OCH
LUNCH**

ÖPPET
MÅNDAG - FREDAG 9–10

»Café Neu« im Komplex von Sturegallerian

Geheimtipp

Sturebadet ist ein ganz besonderes Erlebnis, auch wenn man solche Einrichtungen heute Spa nennt. Das kleine Schwimmbecken mit 14 mal 7 Metern erinnert an Marokko oder einen maurischen Palast in Andalusien. Das Türkische Dampfbad blieb ebenso erhalten wie die vielen Jugendstilelemente in den Umkleideräumen. Heute werden in Sturebadet moderne Anwendungen angeboten, es gibt die üblichen Fitnessgeräte. Aber die Atmosphäre des alten Jugendstil-Badehauses ist geblieben.

Biblioteksgatan

Und ein wenig passt das mondäne Bad auch zum Publikum von Östermalm. Was Düsseldorf die Kö und Hamburg der Neue Wall, ist Stockholm die Biblioteksgatan. Die Fußgängerzone verbindet den Platz Norrmalmstorg bei Kungsträdgården mit dem Stureplan. Lang ist sie nicht, aber in der Biblioteksgatan haben sich die trendigen Modegeschäfte breit gemacht. Man bekommt schwedische Edel-Outdoor-Bekleidung von Peak Performance, gegenüber hat Diesel einen Flaggstore, ein Stück weiter residieren Ralph Lauren und Burberry – Rolex und Hugo Boss dürfen auch nicht fehlen. Einer der angesagtesten Clubs der Stadt, das »Biblos«, war hier auch über viele Jahre zu Hause: etwas verschachtelt mit mehreren Räumen, in denen auch tagsüber DJs die Musik auflegten. Tempi passati, die Geschäfte zahlen mehr Miete, das »Biblos« gibt es nicht mehr.

Wobei ausländische Urlauber sich ohnehin gern vertun bei den Restaurants und Clubs in der schwedischen Hauptstadt. Reine Diskotheken gibt es im Zentrum nicht. Das hat mit den Schankgenehmigungen zu tun. So kann es passieren, dass ein Lokal tagsüber wie ein Café wirkt, abends zum Restaurant mit einer ordentlichen Karte wird und

Streifzug um den Stureplan

Ⓐ Berzelii Park. Kleiner Park am südlichen Ende der Birger Jarlsgatan

Ⓑ Hallwylska Museum. Bürgerlicher Prunkbau vom Ende des 19. Jahrhunderts

Ⓒ Birger Jarls Passage. Stockholms kleinste Passage bringt den Glanz des 19. Jahrhunderts zurück.

Ⓓ Nobel Museum. Das Museum ist in der ehemaligen Börse am Platz Stortorget untergebracht, der auch gut als Treffpunkt taugt.

Ⓔ Biblioteksgatan. Fußgängerzone mit angesagten Modegeschäften

Ⓕ Passage Sturegallerian. Zahlreiche Geschäfte, Bars und Cafés

Ⓖ Sturekatten. Eines der kleinsten Cafés Stockholms im ersten Stock eines historischen Gebäudes

Ⓗ Königliche Bibliothek. Prachtbau im Park

Ⓘ Linné-Denkmal. Statue in der Mitte des Parks für den großen Botaniker

Als Bar, Club und Restaurant eine der angesagtesten Adressen Stockholms: »Sturehof«

Die Birger Jarlspassagen

Sie ist Stockholms kleinste Passage, und die Geschäfte darin wechseln (allzu) oft, weil die Konkurrenz der großen Passagen eben doch spürbar ist. Aber die Birger Jarls ist auch Stockholms schönste Passage. Zwischen 1894 und 1897 erbaut, glänzt sie mit Holzpaneelen rund um die Schaufenster, mal eckig und mal rund. Art déco und Jugendstil lassen grüßen, vor allem bei der indirekten Beleuchtung durch das Glasdach. Die Birger Jarls Passage zeigt ein großbürgerliches Einkaufsmilieu, wie es in Stockholm vor über hundert Jahren herrschte, und ist doch nicht museal. Gerade im Kontrast zu den teilweise schlichten Gebäuden in Gamla Stan wird deutlich, dass Östermalm seit dem späten 19. Jahrhundert das »bessere« Viertel der Stadt ist.

Birger Jarlspassagen. Zwischen Birger Jarlsgatan 9 und Smålandsgatan 10

man zwischen 22 und 23 Uhr als Gast plötzlich das Gefühl hat, im falschen Film zu sein: Das Publikum wechselt komplett, die Musik schwillt an, das Restaurant mutiert zum Club. Für ein Restaurant ist es viel einfacher eine Schankgenehmigung zu bekommen. Natürlich gibt es auch die eine oder andere Bar, aber das ist eher die Ausnahme als die Regel.

Sturekompagniet

Womit wir bei »Sturekompagniet« wären, die im selben Gebäude wie die Passage und das Bad untergebracht ist. Vor zehn Jahren war auch »Sturekompagniet« noch ein Restaurant mit »nachgeschalteter« Bar. Heute ist sie nur noch Bar von 22 bis 5 Uhr morgens – teils im historischen Teil des Gebäudes, teils in einem überdachten Innenhof. Schräg gegenüber auf der anderen Seite der Birger Jarlsgatan liegt die Konkurrenz: die »Spy Bar«. Aber weit gefehlt: Beide Etablissements gehören nach eigenem Bekunden zu Schwedens größtem Unterhaltungskonzern, der in Stockholm und weiteren Städten des Landes zwanzig Nachtclubs betreibt. Wobei Nachtclub im Schwedischen

nur eine Bar und Diskothek meint und nichts
Zweideutiges wie im Deutschen.

Humlegården

Der nördliche Teil der Biblioteksgatan wird kaum
wahrgenommen, er ist nicht so fashionable. Es
gibt keine Läden mehr, sondern Wohn- und Ge-
schäftshäuser, nur die Einfahrt zur Tiefgarage
eines Hotels durchbricht die eintönigen Fassaden. Der Glanz ist weg, aber am Ende der schmalen Straße leuchtet es grün: Der Park Humlegården mit der königlichen Bibliothek erstreckt sich
von hier einige Straßenzüge nach Norden. In
dem Park stehen einige Statuen bedeutender
Schweden. Am bekanntesten dürfte der Botaniker Carl von Linné (1707–1778) sein, der die
Grundlagen für die moderne Systematik innerhalb
der Biologie schuf. Er stammte aus Råshult in
Småland und lehrte in Uppsala. Ein weiteres
Denkmal im Humleparken ist der Schriftstellerin
Fredrika Bremer (1801–1865) gewidmet, die als
eine der Initiatorinnen der frühen schwedischen
Frauenbewegung gilt.

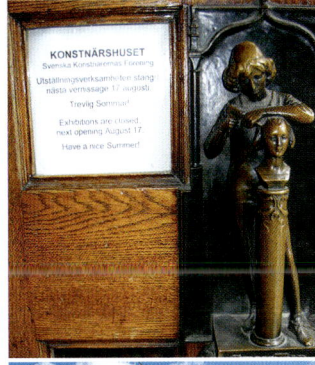

Königliche Bibliothek

Die königliche Bibliothek ist Schwedens National-
bibliothek mit einem Bestand von 20 Millionen
Exemplaren und Personenarchiven wie von Astrid
Lindgren und August Strindberg. Sie hat eine Auf-
bewahrungspflicht für alle Drucksachen, die in
Schweden seit 1661 herausgegeben wurden. Das
imposante Gebäude aus den Jahren 1877/78 ist
für jedermann offen, richtet sich aber in erster Linie an Forscher. Die meisten Bücher können nicht
ausgeliehen, sondern nur auf Bestellung in den
Lesesälen eingesehen werden. Seit 2009 archiviert
KB, wie die Schweden die Bibliothek gern abkür-
zen, auch das staatliche Ton- und Bildarchiv.

Oben: Die Stockholmer bezeichnen
den Unterstand am Stureplan despektierlich nur als den »Pilz«.
Mitte: Kunstvoll gestalteter Tür-
knauf am Konstnärshuset
Unten: Die königliche Bibliothek residiert seit 1878 in dem stattlichen
Gebäude am Park Humlegården.

Infos und Adressen

SEHENSWÜRDIGKEITEN

Kungliga biblioteket. Mo–Do 9–19 Uhr, Fr 9–18 Uhr, Sa 11–15 Uhr, Humlegårdsgatan 26, 11446 Stockholm, Tel. 010/709 30 30, info@kb.se, www.kb.se

Konstnärshuset. Im selben Haus wie das Restaurant »Konstnärsbaren« sitzt der Verein schwedischer Künstler Svenska Konstnärs Förening. Das repräsentative Gebäude, das einem venezianischen Palast ähnelt, aber erst 1899 eröffnet wurde, beherbergt regelmäßig Ausstellungen zeitgenössischer Kunst. Mi–Do 12–17 Uhr, Fr–So 12–16 Uhr, Smålands-gatan 7, 11146 Stockholm, Tel. 08/611 10 09, info@konstnarshuset.se, www.konstnarshuset.org

Die Brasserie »Tures« ist mittags ein beliebter Treffpunkt.

ESSEN UND TRINKEN

Sturehof. Elegantes Restaurant der gehobenen Preisklasse, das sich sowohl der französischen Haute Cuisine wie auch der schwedischen Hausmannskost verschrieben hat und eine besonders große Auswahl an Fischgerichten anbietet. Mo–Fr 11–2 Uhr, Sa, So 12–2 Uhr, Stureplan 2, 11446 Stockholm, Tel. 08/440 57 30, info@sturehof.com, www.sturehof.com

Tures. Brasserie und Bar in der Einkaufspassage Sturegallerian, die sich insbesondere für einen Lunch beim Einkaufsbummel eignet. Kulinarisch bewegt man sich zwischen dem Klassiker Toast Skagen (mit Krabben), Austern und Pasta. Preislich der Lage am Stureplan entsprechend etwas teurer. Mo 10–22 Uhr, Di–Do 10–23 Uhr, Fr 10–24 Uhr, Sa 10–20 Uhr, So 12–19 Uhr, Sturegallerian 10, 11146 Stockholm, Tel. 08/611 02 10, info@tures.se, www.tures.se

Konstnärsbaren. Im Konstnärshuset befindet sich seit 1931 das Restaurant »Konstnärsbaren« – zu Deutsch: die Künstlerbar. Und bis heute wird sie von bildenden Künstlern, Journalisten und Schauspielern aus dem nahen Theater frequentiert. Mo, Di 11.30–23 Uhr, Mi–Fr 11.30–1 Uhr, Sa 12–1 Uhr, Smålandsgatan 7, 11146 Stockholm, Tel. 08/679 60 32, info@konstnarsbaren.se, www.konstnarsbaren.se

ÜBERNACHTEN

Scandic Hotel Anglais. Auf der Ecke Sturegatan zum Park Humlegården liegt dieses große Scandic Hotel mit eigener Tiefgarage zentral und doch halbwegs ruhig. Humlegårdsgatan 23, 10244 Stockholm, Tel. 08/51 73 40 00, anglais@scandichotels.com, www.scandichotels.se

AUSGEHEN

Spy Bar. Einer der bekanntesten Clubs in Stockholm und sicherlich nicht zu den günstigen gehörend, kurz: eine Adresse zum Sehen und Gesehen werden. Der Dresscode orientiert sich eher an Östermalmer Gepflogenheiten: er mit Jackett, sie im Cocktailkleid. Ein entspanntes Feierabendbier trinkt man so oder so eher auf Södermalm. Do–Sa 23–5 Uhr, Birger Jarlsgatan 20, 11434 Stockholm, Tel. 08/54 50 76 00, info@spybar.se, www.stureplansgruppen.se/nattliv/spy-bar/

Sturecompagniet. Das alteingesessene und teure Etablissement in alten Jugendstilräumen vereint mehrere unterschiedliche Clubs unter einem Dach.

Do–So 22–5 Uhr, Sturegatan 4, 11435 Stockholm, Tel. 08/54 50 76 70, info@sturecompagniet.se, www.sturecompagniet.se

EINKAUFEN

Urban Outfitters. Große Kronleuchter, Umkleidekabinen auf einer Bühne und dazu schicke schwedische Klamotten jenseits von H&M: Das Geschäft ist in einem alten Kino untergebracht.
Mo–Fr 10–19 Uhr, Sa 11-18 Uhr, So 12–17 Uhr, Biblioteksgatan 5, 11146 Stockholm, Tel. 08/54 50 65 90, www.urbanoutfitters.com

Norrgavel. Möbelhersteller, für dessen Produkte das Label »skandinavisches Design« tatsächlich passt: qualitativ hochwertig, simpel und auf Haltbarkeit und Zeitlosigkeit ausgelegt. Viele der Designs gehen auf Entwürfe aus den 1920ern und 1930ern zurück, als schwedisches Kunsthandwerk und die Moderne Hand in Hand gingen.

Mo–Fr 10–18 Uhr, Sa 10–16 Uhr, So 12–16 Uhr, Birger Jarlsgatan 27, 11145 Stockholm, Tel. 08/54 52 20 50, stockholm@norrgavel.se, www.norrgavel.se

Sturegallerian. Direkt am Stureplan gegenüber dem »Svampen« (Pilz), einem aus Beton gefertigten Unterstand, liegt die Einkaufspassage Sturegallerian mit ihren diversen Boutiquen und Geschäften sowie dem berühmten Bad Sturebadet.
Mo–Fr 10–19 Uhr, Sa 10–17 Uhr, So 12–17 Uhr, Stureplan 4, 11435 Stockholm, www.sturegallerian.se

AKTIVITÄTEN

Sturebadet. Mo–Fr 6.30–22 Uhr, Sa, So 8.30–20.30 Uhr, Sturegallerian 36, 11446 Stockholm, Tel. 08/54 50 16 00, info@sturebadet.se, www.sturebadet.se

Angesagte Mode in klassischer Umgebung gibt es bei Urban Outfitters.

17 Strandvägen
Stockholms teuerste Adresse

Strandvägen zählt zu den teuersten Adressen Schwedens. Von dem Prachtboulevard aus dem 19. Jahrhundert blickt man über eine akkurat gestutzte Baumreihe auf die Bucht Nybroviken, die Halbinsel Blasieholmen und auf die Inseln Skeppsholmen und Djurgården. Die Ausrichtung nach Süden und Südwesten beschert den prächtigen Anwesen auf dem Boulevard zudem fast ganztägig Sonne – da müssen die Häuser schon glänzen.

In Norwegen hat das ungeschriebene Gesetz sogar einen Namen: »Janteloven«. Das Gleichheitsgesetz besagt, dass sich keiner über den anderen erheben solle. Eine der teuersten Wohnlagen in der norwegischen Hauptstadt Oslo befindet sich oben am Holmenkollen mit Blick über die Stadt – aber genau in dieser Höhe hängen gern einmal Wolken. Ausgleichende Gerechtigkeit? Mit dem Strandvägen im Nobelstadtteil Östermalm verhält es sich ähnlich: Die Lage mit Blick über das Wasser zählt zum Besten, was Stockholm zu bieten hat – wäre da nicht der starke Verkehr auf dem Boulevard. Man hört die Straßenbahn rumpeln und die vielen Autos. Auch die meisten Busse, die zu den Museen auf Djurgården fahren, müssen den Strandvägen benutzen. Ausgleichende Gerechtigkeit?

Kungliga Dramatiska Teatern

Der Strandvägen beginnt am Schnittpunkt von Birger Jarlsgatan und Hamngatan am Platz Nybroplan, wo sich auch der Berzelii-Park befindet. Das auffälligste Gebäude liegt noch am Nybroplan: Kungliga Dramatiska Teatern, kurz Dramaten

Mitte: Strandvägen ist Kai, Promenade, Straßenbahnroute und eine viel befahrene Straße in einem.
Unten: Auf dem Kai sind in den letzten Jahren mehrere Cafés und Bistros entstanden.

Hier inszenierte u.a. Ingmar Bergman.

genannt, die wichtigste schwedische Bühne. Ingmar Bergman (1918–2007), im deutschsprachigen Raum eher als Filmregisseur bekannt, stand Dramaten Anfang der 1960er-Jahre als künstlerischer Leiter vor. Das 1788 von König Gustav III. (1746–1792) gegründete Theater zog 1908 in den Jugendstilbau, nachdem das alte Haus wegen Brandgefahr geschlossen werden musste. Die Finanzierung des prachtvollen Baus erfolgte über eine vom König genehmigte Lotterie, deren einziger Zweck es war, Geld für das neue Theater zu erwirtschaften. Die ursprünglichen Kosten waren mit einer Million Kronen für das Grundstück und zweieinhalb Millionen Kronen für den Bau veranschlagt worden, doch durch die Lotterie kamen noch rund sieben Millionen Kronen dazu.

Inspiriert vom Wiener Jugendstil entstand so eines der teuersten Gebäude Stockholms. Der Bildhauer Carl Milles (1875–1955) erhielt den Auftrag, Skulpturen für die Fassade zu gestalten. Das Auftragsvolumen war so umfangreich, dass Milles – einer der führenden Künstler seiner Zeit – weitere Kollegen heranziehen musste. Die vergoldeten Skulpturen von John Börjeson (1835–1910) im Eingangs-

Nicht verpassen

SCHWEDENS BERÜHMTESTES THEATER

Das Theater, an dem Ingmar Bergman und Greta Garbo wirkten, darf getrost als eine Institution von internationalem Rang gelten. Die Inszenierungen im Königlichen Dramatischen Theater sind in aller Regel auf Schwedisch. Doch manchmal, wenn Klassiker laufen, die man vielleicht schon einmal in der deutschen Fassung gesehen hat, sodass die Handlung bekannt ist, lohnt sich auch der Besuch einer Vorstellung – allein schon wegen des sehenswerten Interieurs, das der Fassade in seiner Opulenz in nichts nachotcht. Wer »nur mal gucken« will, ohne gleich in die Vorstellung zu gehen, hat samstagnachmittags die Gelegenheit, an einer englischsprachigen Führung teilzunehmen.

Kungliga Dramatiska Teatern.
Nybroplan, 11147 Stockholm,
Tel. 08/667 06 80,
publikservice@dramaten.se,
www.dramaten.se

135

HISTORISCHE DAMPFSCHIFFE

Geheimtipp

Das Dampfschiffmuseum am Strandvägen besteht aus drei historischen Schiffen. »Frithiof« diente als innerstädtische Passagierfähre während der Stockholmausstellung 1897. Die »Motala Express« fuhr seit 1895 auf dem Vättern, zuletzt als Ausflugsschiff von Askersund aus. Auf dem 36 Meter langen Schiffsveteran hatten bis zu 220 Passagiere Platz. Seit 2010 befindet er sich in Stockholm und wird noch immer durch die originale Dampfmaschine angetrieben. Die »Tiffany« stammt aus der Neuzeit, sie wurde als Replik einer luxuriösen Privatjacht aus dem 19. Jahrhundert gebaut und kann von kleinen Gesellschaften gechartert werden.

Ångbåtsmuseum. Sonntags 14 bis 18 Uhr. Strandvägen, Kajplats 18, 11451 Stockholm, Tel. 08/53 48 97 04, info@angbatsbryggan.com, www.angbatsbryggan.com

bereich und die vergoldeten Laternen vor dem Eingang künden bis heute vom verschwenderischen Reichtum beim Bau des Theaters.

Entlang der Prachtstraße

In der ersten Hälfte des 19. Jahrhunderts war Strandvägen noch in so schlechtem Zustand, dass ein Kaufmann empfahl, man möge sich doch zu seinem Arbeitsplatz in der Altstadt über die Bucht rudern lassen. Zur Stockholmausstellung 1897 wurde die Prachtstraße mitsamt den Kaianlagen dann fertig. Und so entstammen auch die meisten Gebäude entlang Strandvägen der Gründerzeit. Das Viertel Bodarna (Strandvägen 1–5) besteht aus drei zusammenhängenden Gebäuden, die zunächst für Wohnungen vorgesehen waren, aber schon bald hauptsächlich als Büros genutzt wurden. Die folgende Hausnummer 7 gehört zu einem Jugendstilhaus aus den Jahren 1907 bis 1911, in dem sich das Hotel »Diplomat« befindet. Sein Name erinnert daran, dass sich in Östermalm mehrere ausländische Botschaften befinden.

Wenn man Strandvägen zu Fuß entlanggeht, sollte man bei den Haunummern 19–21 haltmachen und den Blick nach oben wenden. Das Thaveniska Huset wurde 1885 im Stil der italienischen Renaissance erbaut und ist im obersten Stock mit einem schönen Fries verziert. Der Architekt Isak Gustav Clason (1856–1930), der dieses Haus entwarf, hat eine ganze Reihe sehenswerter Gebäude in Stockholm zu verantworten: Die Markthalle Östermals Saluhall, das Palais Hallwylska Palatset und Adelswärdska Huset im Regierungsviertel entstanden an seinem Zeichenbrett. Am Strandvägen steht noch ein weiteres Gebäude von Clason: Bünsowska Huset (Hausnummern 29–31) von 1888 ist bis heute ein Wohnhaus in exquisiter Lage. Der

Strandvägen endet am Nobelpark jenseits der Brücke hinüber nach Djurgården. Hier beginnt das Viertel der Botschaften: Israel macht den Anfang, Amerikaner, Deutsche und Briten folgen ebenso wie die Finnen und Norweger. Was früher noch zum Strandvägen gehörte, wurde nach dem schwedischen UNO-Generalsekretär Dag Hammarskjöld (1906–1961) benannt, der bei einem Flugzeugabsturz in Sambia ums Leben kam.

Nobelpark

In dem kleinen Park wollte die frisch gegründete Nobelstiftung ein repräsentatives Gebäude errichten, um der Preisverleihung einen würdigen Rahmen zu geben. Die ersten Entwürfe des Architekten Ferdinand Boberg (1860–1946) von 1907 waren indes so umstritten, dass der Beschluss zunächst aufgeschoben wurde. Ein Gipsmodell des zwischenzeitlich mehrfach geänderten Entwurfs wurde 1911 in den schwedischen Medien heftig kritisiert, auch von anderen Architekten. Die »Mischung aus Moschee, italienischer Villa und amerikanischem Hochhaus« sei dem Andenken Alfred Nobels unangemessen, war der wesentliche Kritikpunkt. 1913 beschloss das Nobelkomitee, die Pläne zu den Akten zu legen.

Die Veranstaltungen rund um die Verleihung des Nobelpreises finden seitdem in Gebäuden von Bobergs Konkurrenten statt: die Preisverleihung im

Oben: In den langen nordischen Nächten glänzt auch die Uferlinie am Strandvägen.
Mitte: Das Hotel »Diplomat« ist eine der klassischen Adressen für Touristen in Stockholm.
Unten: Der Nobelpark liegt am östlichen Ende des Strandvägen.

Konzerthaus von Ivar Tengbom (1878–1968) und das Abendessen im Stadshuset von Ragnar Östberg (1866–1947), einem der stärksten Kritiker. Das Nobelkomitee residiert bis heute in einem unscheinbaren Haus in der Sturegatan 14. Nur der Name des Parks am Ende des Strandvägen erinnert noch an das ambitionierte Projekt.

Skogsinstitut

Im Nobelpark liegt auch das ehemalige Skogsinstitut (auf Deutsch Waldinstitut). Erbaut im Jahr 1773 als Wohnsitz der Hofjäger – Djurgården und Ladugårdsgärdet waren über einige Jahrhunderte königliche Jagdreviere – wurde das Haus Mitte des 19. Jahrhunderts umgestaltet und erhielt sein heutiges, burgähnliches Aussehen. Von 1828 bis 1916 diente es dem Skogsinstitut zu Forschungs- und Schulungszwecken. Erfasst und kartografiert wurde unter anderem der Baumbestand auf Djurgården. Später verwahrte die königliche Leibrüstkammer hier ihre Pretiosen, bis sie die Ausstellung im Schloss in der Altstadt Gamla Stan eröffnen konnte. Seit 2007 wird das unter Denkmalschutz stehende Gebäude als Botschaft Israels genutzt. Die dafür nötigen Umbauarbeiten wurden vom Reichsantiquar mit deutlichen Worten kritisiert.

GUT ZU WISSEN

WUNDE FÜSSE

Über Strandvägen kommt man wunderbar zu den Museen auf Djurgården. Von den Hotels in Norrmalm und Östermalm auch sehr gut zu Fuß. Aber der Weg ist weiter, als es auf den ersten Blick den Anschein hat. Eine Alternative sind die Straßenbahnlinie 7 ab Nybroplan, die vor den Toren des Nordiska Museet auf Djurgården hält, oder die Buslinie 69 (Djurgårdsbron) über die Brücke nach Djurgården.

Oben: Am Platz Nybroplan liegt Dramaten.
Mitte: Jeder Liegeplatz am Kai hat sein eigenes Schild bekommen.
Unten: Wo einst Jäger ausgebildet und die Eichenpflanzungen für den Schiffbau geplant wurden, steht heute die israelische Botschaft.

Infos und Adressen

ESSEN UND TRINKEN

Ångbåtsbryggan. Der »Dampfschiffkai« ist ein Pavillon auf den Kaianlagen am Strandvägen – mit Ausblick auf die historischen Dampfschiffe des dazugehörigen Museums. Die Atmosphäre ist leger, die Preise bewegen sich im mittleren Bereich. Tägl. 11.30 Uhr – open end, Strandvägen, Kajplats 18, 11451 Stockholm, Tel. 08/53 48 97 04, info@angbatsbryggan.com, www.angbatsbryggan.com

ÜBERNACHTEN

Hotel Diplomat. Einer der Klassiker der Stadt: Direkt am Strandvägen gelegen, gehört er zu den prestigeträchtigsten Hotels Stockholms. Strandvägen 7C, 11456 Stockholm, Tel. 08/459 68 00, info@diplomathotel.com, www.diplomathotel.com

Hotel Riddargatan. Ordentliches Mittelklassehotel in zentraler und halbwegs ruhiger Lage in zweiter Reihe hinter dem Strandvägen. Letzteres macht sich preislich deutlich bemerkbar. Riddargatan 14, 11435 Stockholm, Tel. 08/55 57 30 00, hotelriddargatan@profilhotels.se, www.profilhotels.se

EINKAUFEN

Svenskt Tenn. Hochwertige Möbel und Einrichtungsgegenstände gehobener Preisklasse, die sich stilistisch an den 1920ern orientieren. Mo–Fr 10–18.30 Uhr, Sa 10–17 Uhr, So 12–16 Uhr, Strandvägen 5, 11451 Stockholm, Tel. 08/670 16 00, info@svenskttenn.se, www.svenskttenn.se

AKTIVITÄTEN

Rent a Bike. Auf dem Kai an Strandvägen nicht weit vom Dampfschiffmuseum gibt es einen Fahrradverleih – ideal, wenn man Djurgården mit dem Rad erkunden will. Es werden auch geführte Touren angeboten. Strandvägen, Kajplats 18, 11451 Stockholm, Tel. 08/660 79 59, www.rentabike.se

Anlegestelle für Schiffsveteranen und Restaurant in einem: »Ångbåtsbryggan«

18 Östermalms Saluhall
Wo die Stockholmer einkaufen

Markthallen kennt man aus Südeuropa, doch im Norden sind sie selten geworden. Eine der schönsten steht in Stockholm: Östermalms Saluhall. Hier werden nicht nur Lebensmittel aller Art feilgeboten, es gibt auch eine Reihe von Ständen, an denen man essen und trinken kann. Aber eben nicht wie in einem Restaurant, sondern an langen, rustikalen Tischen inmitten des Treibens.

Bis weit ins 19. Jahrhundert hinein hatte Stockholm seine Märkte im Freien, jahrein, jahraus. In der Altstadt gab es den Fischmarkt, den Weg fand man im Sommer auch der Nase nach. Im ausgehenden Mittelalter war dies Stockholms größter Markt. Schon im 17. Jahrhundert wurden die Märkte dann nach Produkten aufgeteilt: Im Stadtteil Norrmalm verkaufte man auf Fiskartorget, dem heutigen Norrmalmstorg, Fisch, während es auf Hötorget Fleisch, Wild und Geflügel gab. In der zweiten Hälfte des 19. Jahrhunderts entstanden in ganz Europa Markthallen – aus hygienischen Gründen und um die Ware besser vor den Widrigkeiten des Wetters zu schützen. Der Verkäufer musste nicht mehr im Regen stehen und der Fisch nicht mehr in der Sonne stinken.

Hötorgshallen

Auch Stockholm erhielt mehrere solcher Hallen. Die erste entstand 1875 am Übergang von Gamla Stan zu Riddarholmen. Kötttorgshallen, wörtlich übersetzt »die Fleischplatzhalle«, musste 1950 dem Bau der Eisenbahn weichen. Am Hötorget in Norr-

Mitte: Die Markthalle ist seit 1888 Stockholms Bezugsquelle für Feinkost.
Unten: Von außen sind nur dezente Reklameschilder an der Markthalle erlaubt.

Der Zaun am Armeemuseum ist – passend zum Museum – dekorativ, aber martialisch.

malm baute man ebenfalls eine Markthalle, die 1884 fertig wurde – schließlich
hatte es hier schon über Jahrhunderte einen
offenen Markt gegeben. Hötorqshallen wurde
1953 abgerissen und durch einen Neubau ersetzt,
der 1958 vom damaligen König Gustaf VI. Adolf
(1882–1973) eingeweiht wurde. Es gibt sie noch,
und sie hat inzwischen zwei grundlegende Reno-
vierungen überstanden. Sie beherbergt Geschäfte,
Cafés und Restaurants – aber eine richtige Markt-
hallenatmosphäre will sich nicht so recht einstellen.

Östermalms Saluhall

Ganz anders dagegen Östermalms Saluhall. Das
aufwendig konstruierte Gebäude eröffnete am
30. November 1888 nach nur sechs Monaten Bau-
zeit. Die drei Bankiers, die hinter dem Unternehmen standen, vergaben den Auftrag an die Architekten Kasper Salin (1856–1919) und Isak Gustaf
Clason (1856–1930). Clason wurde kurze Zeit darauf zum Professor der Architektur an der Technischen Hochschule in Stockholm berufen. Die beiden Konstrukteure waren zuvor als Stipendiaten
auf einer Studienreise in Deutschland, Italien und
Frankreich gewesen. In Deutschland beschäftigten

Nicht verpassen

WAFFENGEKLIRR UND HELDENTUM

Von der Saluhall nur ein-
mal um den Block steht man
vor dem Armeemuseum, das sich
in einem ehemaligen Zeughaus befindet. Der Sprung von der Markthalle zur Geschichte der Kriege könnte
größer kaum sein. Das Museum zeigt
nicht nur Waffen und Uniformen, es
versucht sie auch in Beziehung zur
schwedischen Geschichte und zur
Weltgeschichte zu setzen. Mit den
Eroberungen im Dreißigjährigen
Krieg begann die schwedische Großmachtzeit, mit den herben Verlusten
im Norwegenfeldzug 1718 endete
sie. Ein Raum ist dem Diplomaten
Raoul Wallenberg (1912 – ca. 1947)
gewidmet, der in Ungarn bis zu
30 000 von den Nationalsozialisten
verfolgten Menschen das Leben ret-
tete.

Armémuseum. Juni–Aug. tgl.
10–17 Uhr, Sept.–Mai Di 11–10 Uhr,
Mi–So 11–17 Uhr, Riddargatan 13,
10441 Stockholm, Tel. 08/51 95 63 00,
info@armemuseum.se,
www.armemuseum.se

sie sich mit Backsteinbauten, in Frankreich interessierten sie sich für gusseiserne Konstruktionen. Diese Erfahrungen flossen in den Entwurf ein.

Architektur

Die Markthalle gilt als einer der schönsten Backsteinbauten Schwedens, und ihre gusseisernen Pfeiler waren seinerzeit eine Sensation. Sie geben der 3000 Quadratmeter großen Halle eine Leichtigkeit, die man ihr von außen angesichts der gedrungenen Form des Eingangsturmes nicht zutraut. Durch verglaste Dachpartien fällt Licht ein, darunter finden sich die festen, nummerierten Stände, die teilweise seit Generationen von denselben Familien betrieben werden.

Traditionelle Stände

Anderssons als Spezialist für Vögel und Wild, Seger mit seinen Käsesorten und Melander mit dem Fisch: Hier geht es nicht um Feldsalat und Kartoffeln, sondern um Delikatessen – schließlich befindet sich die Markthalle in Östermalm. Und diesem Stadtteil eilt der Ruf voraus, dass alles ein wenig gediegener sein muss. So legen die Stände in Östermalms Saluhall Wert auf Tradition und auf eine ansprechende Präsentation der Waren.

Die Stände sind aus Holz, mit Schnitzereien am Kopf und alle mit den gleichen Schildern. Einziges Zugeständnis an die Neuzeit sind die gläsernen Kühltheken, die in die Stände eingepasst wurden. Es gibt keine Leuchtreklame, keine blinkenden LEDs und keine Souvenirs, dafür aber fangfrischen Fisch und Hummer, Käsesorten aus ganz Schweden, Schinken, Wurst und Fleischspezialitäten. Und wenn beim Seger neben der schwedischen Flagge noch eine kleine samische Fahne weht, dann ist Rentierfleisch aus Lappland eingetroffen.

Oben: Hier wird man auf der Suche nach Elchwurst oder Schinken sicher fündig.
Mitte: Fisch und Hummer dürfen nicht fehlen in Östermalm.
Unten: An manchen Ständen kann man auch eine Kleinigkeit essen.

Infos und Adressen

ESSEN UND TRINKEN

Östermalms Saluhallen. In der Markthalle gibt es eine Reihe von Ständen, an denen man eine Kleinigkeit essen kann und die auch (zumeist wenige) Sitzplätze anbieten. Aufgrund der Öffnungszeiten ideal für die Mittagspause, in der aber auch die örtlichen Geschäftsleute gern hierherkommen. Alle »Verpflegungsstände« und Restaurants haben dieselben Öffnungszeiten wie die Markthalle. 2016 bis 2018 werden die Stände aufgrund von Renovierungsarbeiten in einen Pavillon ausgelagert. Mo–Fr 9.30–19 Uhr, Sa 9.30–17 Uhr, Östermalmstorg, 11439 Stockholm, www.ostermalmshallen.se

Kaffee und Kuchen bei »Robert's Coffee«

Lisa Elmqvist Fisk, Skaldjur, Delikatesser och Restaurang. Bei Lisa bekommt man leckeren Fisch und Schalentiere. Der Stand befindet sich ganz hinten, fast gegenüber vom Haupteingang. Tel. 08/55 34 04 40

Robert's Coffee. Das kleine Café findet man gleich rechts neben dem Haupteingang. Wer einen Platz ergattern will, braucht Glück oder Geduld oder beides. Der Stammsitz des Cafés liegt übrigens in Helsinki. Tel. 08/662 51 06

Tysta Mari. »Die schweigende Maria« gibt es bereits seit 1834, damals als Café in der Drottning-

gatan. Den Spitznamen bekam die Inhaberin aufgrund ihrer diskreten Art. Seit 1974 ist »Tysta Mari« in Östermalms Saluhall vertreten und verwöhnt die Besucher mit schwedischer Hausmannskost. Tel. 08/66 26 03 6

Nybroe Smørrebrød. Verrat! Dänisches Smørrebrød in der schönsten schwedischen Markthalle. Die kleinen Appetithäppchen mit Krabben, Käse oder Hering sind aber so verlockend, dass die Stockholmer wohlwollend darüber hinwegsehen, dass die ehemaligen dänischen Besatzer wieder in der Hauptstadt sind. Tel. 08/662 23 20

Nordschwedischer Surströmming ist in Dosen vergorener Hering.

Mitte: In der Mitte des kreisförmigen Platzes Karlaplan sorgt dieser Springbrunnen für glückliche Kindergesichter.
Unten: Die meisten Geschäfte am Karlavägen sind eher klein.

19 Karlavägen
Die Lebensader durch Östermalm

Von der Birger Jarlsgatan im Westen bis zur Oxenstiernsgatan im Osten erstreckt sich Karlavägen als Lebensader durch ganz Östermalm. Gesäumt von prachtvollen Wohnhäusern und unter Linden führt diese Esplanade durch Stockholms wohlhabendstes Viertel. Während Strandvägen die repräsentative Visitenkarte Östermalms zum Wasser hin ist, darf Karlavägen als das Gegenstück dazu mitten im Stadtteil gelten.

Der nördliche Teil Östermalms, durch den heute Karlavägen führt, war noch vor 150 Jahren ein Viertel mit zweifelhaftem Ruf. Hier wohnten Soldaten und Werftarbeiter unter kärglichen Bedingungen. Wo heute vier- bis sechsgeschossige Prachtbauten zum Himmel aufragen, erhob sich sogar ein Berg, auf dessen Kuppe die Windmühle des mecklenburgischen Einwanderers Martin Kamecker stand. Von all dem ist nichts mehr zu sehen, wofür der 1866 vorgelegte Plan des Politikers Albert Lindhagen (1823–1887) verantwortlich ist. Lindhagen projektierte unter anderem die Anlage diverser Prachtstraßen und eine schachbrettartige Anordnung der Straßen. Zwar ist längst nicht alles umgesetzt worden, aber gerade Östermalm ist bis heute stark von diesen Visionen geprägt.

Vom Westen Karlavägen hinunter

Im Westen liegt auf einem Hügel die 1914 geweihte Engelbrektskyrka, die mit ihrem Jugendstilbau von vielen Punkten der Stadt aus zu sehen

Infos und Adressen

ist. Ironischerweise deutlich weniger ansehnlich ist ein paar Häuser weiter die Hochschule für Architektur, deren in den 1960er-Jahren in Beton gegossener Bau so gar nicht in die Umgebung passen will. Dagegen ist der Abschnitt vom Park Humlegården bis zum Platz Karlaplan besonders schön. Beide Fahrtrichtungen für Autos sind in der Mitte durch eine breite Allee getrennt, unter der ein breiter Spazierweg an einem guten Dutzend Skulpturen vorbeiführt. Wer möchte, kann sich vorher noch bei »Saturnus« um die Ecke stärken und dann mit einem Schlenker durch den Humlan, wie der Humlegården auch genannt wird, an den diversen Botschaften vorbeispazieren.

Karlavägen ist keine Einkaufsstraße, sondern erstaunlich normal für ihre repräsentative Lage: Neben Blumengeschäften und dem Esplanad-Supermarkt in einem ehemaligen Kino gibt es Büros und ein paar Boutiquen. Dieser Teil von Östermalm ist wenig touristisch, obwohl er zu den schönsten Vierteln gehört, was sich auch an den Wohnungspreisen bemerkbar macht.

Am Karlaplan mündet Karlavägen in ein Rondell, in dessen Mitte ein großes Bassin mit Fontäne liegt. Umringt von Linden plantschen hier im Sommer Kinder, und die Bänke unter den Bäumen laden zum Pausieren ein. Während der Karlavägen sich weiter in Richtung Osten und Kaknästornet erstreckt, hat man an dieser Stelle drei Möglichkeiten, seinen Spaziergang fortzusetzen. Entweder endet man hier, steigt in die T-Bana und fährt wieder in Richtung T-Centralen, oder man läuft den genauso breiten Narvaväg hinunter in Richtung Strandvägen und geht dort entlang des Wassers – sozusagen auf der anderen Prachtseite Östermalms – zurück in Richtung Nybroplan. Oder man spaziert am Historischen Museum vorbei durch die Storgatan zum Östermalmstorg.

ESSEN UND TRINKEN

Café Saturnus. Die besten Kanelbullar (Zimtschnecken) der Stadt! Mo–Fr 7–20 Uhr, Sa–So 8–19 Uhr, Eriksbergsgatan 6, 11430 Stockholm, Tel. 08/611 77 00, www.cafesaturnus.se

Beirut Café. Eine der leckersten Adressen in Stockholm. Besonders empfehlenswert sind die Meze-Platten, die eine große Auswahl verschiedener Spezialitäten beinhalten. Reservierung empfohlen, gehobenes Preisniveau. Mo–Sa 17–1 Uhr, So 17–23 Uhr, Engelbrektsgatan 37, 11432 Stockholm, Tel. 08/21 20 25, info@beirutcafe.se, www.beirutcafe.se

ÜBERNACHTEN

Scandic Park. Zentrales, gutes Stadthotel am nördlichen Ende des Parks Humlegården. Karlavägen 43, 10246 Stockholm, Tel. 08/51 73 48 00, park@scandichotels.com, www.scandichotels.com

Clarion Collection Hotel Tapto. Etwas nördlich von Östermalm gelegenes Hotel, das gut per T-Bana erreichbar ist. Jungfrugatan 57, 11531 Stockholm, Tel. 08/66 45 00, cc.tapto@choice.se, www.nordicchoicehotels.com

Café und Konditorei »Tössebageriet«

20 Djurgården
Das grüne Herz Stockholms

Stockholms grünste Insel ist Djurgården. Übersetzt heißt es Tiergarten, denn König Johann III. (1537–1592) ließ hier 1579 einen Tierpark mit Rentieren, Elchen und Hirschen einrichten. Später wurde Djurgården mehr zu einem Vergnügungspark für die Stockholmer. Von alledem findet man heute noch etwas: Auf Djurgården liegen viele wichtige Museen, der Freizeitpark Gröna Lund und andere große Parks.

Djurgården ist auf zweierlei Wegen zu erreichen: über die Djurgårdsbrücke vom Stadtteil Östermalm aus oder mit der Passagierfähre von der Altstadt. Und es gibt kaum einen Touristen, der nicht nach Djurgården käme. Schließlich befindet sich auf dieser Insel eine Vielzahl an Museen und Attraktionen. Angefangen mit dem großartigen Vasamuseum und Skansen, dem Freilichtmuseum, das Schweden in Miniatur zeigt. Weiter geht es mit dem netten Spritmuseum, Junibacken für Kinder und den Museumsschiffen an der Galärwerft. Und nicht zu vergessen der Freizeitpark Gröna Lund.

Nationalstadtpark

Alle diese Attraktionen liegen am westlichen Ufer von Djurgården. Aber die Insel ist viel größer: Rund zehn Kilometer misst die Uferlinie, etwa 279 Hektar die Grundfläche. Das weitläufige Freilichtmuseum Skansen bildet den Übergang vom Museumsbereich zu den Parks im Osten, die nahezu zwei Drittel der Fläche von Djurgården ausmachen. Dieser Teil gehört zum Nationalstadtpark und ist botanisch besonders interessant. 1820 wurde ein Buchenwald angelegt, der zu den

Mitte: Die Insel Djurgården ist nur wenig bebaut, weite Flächen sind grüne Parks.
Unten: Sieht aus wie im Freilichtmuseum, ist es aber nicht: Gasse mit historischer Bebauung auf Djurgården.

Der Park von Prins Eugens Waldemarsudde

nördlichsten seiner Art in ganz Skandinavien zählt.

Eichen auf Djurgården

Der wichtigste Baum auf Djurgården ist aber die Eiche. Ihr Holz wurde für den Schiffbau verwendet, und es gab in früheren Zeiten eine sorgfältige Planung, wie viele dieser Bäume man zukünftig benötigen würde. Durch ihr langsames Wachstum musste schon Generationen im Voraus der Bedarf ausgerechnet werden. Auf Djurgården befand sich eine königliche Werft – und für den Holzbedarf der Marine wurden die Eichen angepflanzt. Eine Zählung im Jahr 1808 kam auf 8221 Bäume, von denen 888 zur Verarbeitung freigegeben wurden. Ob sie wirklich gefällt wurden, ist nicht überliefert.

Prinz-Eugen-Eiche

Jedenfalls ließ der staatliche Intendant von Djurgården, der Wissenschaftler Israel af Ström (1778–1856), 1830 noch einmal 34 000 Eichen pflanzen. Er konnte nicht ahnen, dass der Schiffbau vor einer revolutionären Umwälzung stand: Stahl verdrängte das Holz als Werkstoff, Dampfmaschinen übernahmen den Antrieb im ausgehen-

Nicht verpassen

DIE RESIDENZ PRINZ EUGENS

Prinz Eugen (1865–1947), jüngster Spross von König Oskar II., war ein renommierter Maler und Kunstsammler und prägte die schwedische Kunst über Dekaden hinweg. Dessen Residenz Waldemarsudde wurde nach seinem Tod mitsamt der umfangreichen Kunstsammlung dem schwedischen Staat vermacht. Heute beherbergt das Museum eine Sammlung der sehenswerten Malereien Prinz Eugens, die Räumlichkeiten des Schlosses können besichtigt werden sowie wechselnde Ausstellungen zu anderen Künstlern. Das gesamte Ensemble liegt in einem Garten mit diversen Skulpturen direkt am Wasser und gehört zu den drei sehenswerten Kunstmuseen auf Djurgården.

Prins Eugens Waldemarsudde. Di–So 11–17 Uhr (Do 11–20 Uhr), Park tgl. 8–21 Uhr, Prins Eugens Väg 6, 11521 Stockholm, Tel. 08/54 58 37 00, info@waldemarsudde.se, www.waldemarsudde.se

KAFFEE TRINKEN BEIM LUSTSCHLOSS

Karl XIV. Johann ließ sich auf Djurgården 1823 bis 1826 ein kleines Lustschloss erbauen, Rosendals Slott. Es diente nur als Rückzugsraum ins Grüne, nie als Wohnhaus für Mitglieder der Königsfamilie. 1913 wurde Rosendals Slott auf Initiative von Prinz Eugen zum Museum. Westlich davon befindet sich Rosendals Trädgård (»Garten von Rosendal«), in dem der schwedische Gartenverein seit 1861 Gewächshäuser und Mustergärten zur Ausbildung von Gärtnern betreibt. Seit 1982 werden die Gartenanlagen von einer Stiftung verwaltet. Sie betreibt eine ökologische Bäckerei und ein idyllisches Café.

Rosendals Trädgårdscafé. Feb.–März, Nov.–Dez. Di–So 11–16 Uhr, Apr.–Okt. Di–So 11–17 Uhr, Mai–Sept. auch Mo geöffnet, Rosendalsterrassen 12, 11521 Stockholm, Tel. 08/54 58 12 70, www.rosendalstradgard.se

den 19. Jahrhundert. Segelschiffe mit einem Holzrumpf waren nicht mehr gefragt, als die 1830 gepflanzten Eichen »reif« waren. Aber die Eichen auf Djurgården blieben und bilden heute einen der größten und nördlichsten Eichenbestände in ganz Nordeuropa. Rund 70 dieser Bäume sind über 400 Jahre alt und haben einen Umfang von mehr als fünf Metern! Zur Kategorie »weltberühmt in Schweden« gehört die Prinz-Eugen-Eiche auf der Halbinsel Waldemarsudde: Sie ist zwischen 300 und 400 Jahre alt und hatte bei der letzten Messung einen Umfang von 9,20 Meter. Sie besteht heute aus zwei Stämmen, den dritten hat sie durch einen Blitzschlag verloren – sie dürfte also noch viel umfangreicher sein.

Sjöhistoriska Museet

Vom nördlichen Festland ist Djurgården getrennt durch einen natürlichen Kanal, Djurgårdsbrunnkanalen. Betrachtet man nur die Insel, endet sie natürlich am Wasser. Aber die königliche Verwaltung von Djurgården zählt auch Gebiete nördlich des Kanals dazu. Historisch betrachtet gehören die Parkanlagen von Ladugårdsgärdet und die von Djurgården zusammen. Sie bildeten über Jahrhunderte ein königliches Jagdgebiet. Auf der nördlichen Seite des Kanals liegt das Sjöhistoriska Museet, das große Marinemuseum. Es hat zwei Dependancen auf der Insel: die Galärwerft und die Bootshallen Nummer 1 und 2.

Sankt Erik

Teile der einstigen Galärwerft beherbergen heute das Vasamuseum, doch die Außenanlagen gehören zum Sjöhistoriska Museet. Hier liegt der rund hundert Jahre alte Eisbrecher »Sankt Erik« (1915), der erste in Schweden gebaute Hochsee-Eisbre-

Rundgang über Djurgården

Ⓐ Djurgårdsbrücke. Straßenbahnhaltestelle, Bushaltestelle und kleines Café. Anfangs- oder Endpunkt des Rundgangs

Ⓑ Junibacken. Das Erlebnismuseum für Kinder mit Pippi, Michel, Pettersson und Findus

Ⓒ Vasamuseum. Stockholms größte Attraktion ist das 1628 gesunkene und 333 Jahre später gehobene Regalschiff von König Gustav II. Adolf (1594–1632).

Ⓓ Eisbrecher »Sankt Erik« und Feuerschiff »Finngrundet«. Historische Schiffe mit einem kleinen Sommercafé an Bord des Eisbrechers

Ⓔ Spritmuseum. Das Museum bietet in den alten Bootsschuppen eine Ausstellung zum Thema Alkohol. Im Restaurant auf dem Kai kann man den Museumsbesuch dann gleich in die Praxis umsetzen.

Ⓕ Bootsschuppen Nummer 1 und 2. Die beiden Bootsschuppen beherbergen heute eine Abteilung des Sjöhistoriska Museet mit Segelschiffen und historischen Ruderbooten der schwedischen Könige.

Ⓖ Liljevalchs Kunsthalle. Ausgewählte Werke nordischer Maler

Ⓗ ABBA-Museum. Und ewig singen die Könige des Pop »Mamma Mia«.

Ⓘ Freizeitpark Gröna Lund. Mit seinen Fahrgeschäften und der Konzertbühne ist Gröna Lund ein Spaß für die ganze Familie.

Ⓙ Fußgängerfähre. Die Fähre führt hinüber in die Altstadt.

Ⓚ Haupteingang Skansen. Es gibt noch einen Ausgang, der mit einer Bahn hinab zur Straße Hazeliusbacken führt.

Ⓛ Prins Eugens Waldemarsudde. Kunstsammlung in exquisiter Lage und Rückzugsraum nicht nur für Kunstsinnige

Ⓜ Thielska Galleriet. Kunstsammlung des reichen Stockholmer Geschäftsmanns Ernest Thiel

Ⓝ Sjöhistoriska Museet. Marinemuseum mit vielen sehenswerten Exponaten, darunter eine Sammlung von Galionsfiguren

DIE KUNSTSAMM-LUNG VON ERNEST THIEL

Geheimtipp

Ein häufig vergessenes Kleinod auf Djurgården ist Thielska Galleriet, die aus dem Nachlass des Unternehmers und Kunstsammlers Ernest Thiel (1859–1947) hervorging. Thiel wurde in Hamburg zum Bankier ausgebildet und eröffnete später eine Bank. Zeit seines Lebens galt er als einer der reichsten Schweden. Er übersetzte Nietzsche ins Schwedische und sammelte Bilder von Edvard Munch, Anders Zorn, August Strindberg und Carl Larsson. Die ehemalige Villa Thiels, die heutige Galerie, blieb seit ihrer Fertigstellung 1907 weitgehend unverändert. Neben den großen Ausstellungsräumen gibt es noch das Turmzimmer, in dem Nietzsches Totenmaske und Drucke von Munch zu sehen sind.

Thielska Galleriet. Di–So 12–17 Uhr, Do 12–20 Uhr, Sjötullsbacken 8, 11525 Stockholm, Tel. 08/662 58 84, info@thielska-galleriet.se, www.thielskagalleriet.se

Reich verziertes Tor zum Park auf Djurgården

cher. Als typischer Ostsee-Eisbrecher schiebt sich das Schiff mit dem vorne flachen Rumpf auf das Eis, um es auf diese Art zu brechen. An Bord gibt es verschiedene Tanks: Wasser wird aus einem in den anderen Tank gepumpt, damit sich das Gewicht verlagert. So »wackelt« sich das Schiff durch das Eis. Die »Sankt Erik« ist mitsamt ihrer Dreizylinder-Dampfmaschine noch voll funktionsfähig. An Bord gibt es ein kleines Café.

Finngrundet

Daneben liegt die »Finngrundet«, ein Feuerschiff aus dem Jahre 1903. Bis 1969 tat es im südlichen Teil des Bottnischen Meerbusens seinen Dienst – allerdings nur in der eisfreien Jahreszeit. Die acht Mann Besatzung führte ein recht eintöniges Leben. Nur einmal pro Woche kam ein Lotsenschiff, um Post, Essen und Brennstoff zu bringen. 1927 erhielt das Schiff erstmals eine Funkanlage. Zuvor konnten vorbeikommende Schiffe nur mittels Nebelhorn und Lichtsignalen gewarnt werden.

Dass in den königlichen Jagdgründen überhaupt eine Werft entstehen konnte, hängt mit den beengten Verhältnissen auf Skeppsholmen und Blasieholmen zusammen, wo die königliche Flotte im 17. Jahrhundert gebaut und gewartet wurde. Um Platz zu schaffen, wenn die Flotte im Winter in Stockholm lag, stellte der König die gegenüberliegende Uferlinie von Djurgården der Marine zur Verfügung. Fortan machten hier vor allem die zur Verteidigung der Hauptstadt wichtigen Galeeren fest. Speicher und Bootshäuser wurden gebaut, später auch die Galärvarvet – die Galeerenwerft. Wo heute der Freizeitpark Gröna Lund liegt, entstand eine zweite Werft, beide mit kurzen Wegen zum Holznachschub – den Eichen auf Djurgården.

Marinestützpunkt

Aus den kleinen Schuppen wurden Werkstätten, aus den Liegeplätzen Docks. Mehr und mehr übernahm das Militär diesen Teil der Insel, der für die Öffentlichkeit nicht zugänglich war. Anfang des 20. Jahrhunderts entstand das erste schwedische U-Boot. Um 1950 waren rund 1800 Menschen auf den Werften Djurgårdens beschäftigt. 1969 wurden dann aufgrund eines Reichstagsbeschlusses die Werftaktivitäten der schwedischen Marine auf die Insel Muskö in den Stockholmer Schären verlegt. Das Werftgelände auf Djurgården wurde umgewidmet, viele Anlagen wurden abgerissen.

Die Museen in der Marinewerft

Erhalten blieb das Gebäude der Minensucher, in dem heute das Kindermuseum Junibacken aus den berühmtesten Kinderbüchern Nordeuropas erzählt. Die Bootsschuppen Nummer 16 und 17 gaben dem jungen Spritmuseum, das dem Alkohol gewidmet ist, ein Zuhause. Die Bootsschuppen 1 und 2 hingegen dienen demselben Zweck wie einst: Sie gehören zum Sjöhistoriska Museet und können besucht werden. In einem befindet sich eine stattliche Sammlung historischer Freizeitboote und Segelschiffe, im anderen mehrere Boote, die repräsentativen Zwecken dienten, darunter drei Schiffe des Königs. Sie führen noch einmal deutlich ins Bewusstsein, dass es eine Zeit gab, in der das Wasser die Inseln Stockholms nicht trennte, sondern verband, eine Zeit, in der der Wasserweg die einfachste und beste Verbindung zwischen zwei Orten war. Die vielleicht interessanteste Umwidmung der einst militärischen Anlagen aber betrifft das ehemalige Trockendock, in dem seit 1996 das königliche Regalschiff »Vasa« seinen Platz gefunden hat. Rund um das Schiff gibt es neun Ausstellungen in dem Museum.

Oben: Klassisches Kettenkarussell im Freizeitpark Gröna Lunds Tivoli
Mitte: Auch so kann man den Bug eines königlichen Ruderbootes verzieren.
Unten: Die Haupthalle von Nordiska Museet ist für sich genommen schon imposant.

Infos und Adressen

SEHENSWÜRDIGKEITEN

Sjöhistoriska Museet. Schweden ist schon allein aufgrund seiner langen Küste eng mit dem Meer verbunden. Das Museum bietet eine permanente Ausstellung zum Thema Seefahrt und diverse Wechselausstellungen, angeschlossen ist eine nautische Buchhandlung. Di–So 10–17 Uhr, Djurgårdsbrunnsvägen 24, 11527 Stockholm, Tel. 08/51 95 49 00, registrator@maritima.se, www.sjohistoriska.se

Wikingerspiele für asiatische Touristen im Park

Nordiska Museet. Das Nordische Museum firmierte ursprünglich unter dem Namen Skandinavisch-Ethnographisches Museum. Der alte Name passt besser, denn Nordiska Museet ist ein kulturhistorisches Museum, das typisch Schwedisches seit 1520 sammelt und zeigt. Das gelingt nicht immer so, dass Ausländer die komplizierten Zusammenhänge verstehen, deshalb sollten Sie sich vorher über Sonderausstellungen informieren. Im Zweifelsfall ist Skansen die bessere Wahl. Juni–Sept. tägl. 9–18 Uhr, Okt.–Mai tägl. 10–17 Uhr (Mi bis 20 Uhr, Djurgårdsvägen 6–16, 11593 Stockholm, Tel. 08/51 95 46 00, nordiska@nordiskamuseet.se, www.nordiskamuseet.se

Liljevalchs Konsthall. Eine der wichtigsten Stockholmer Institutionen für Kunst ist die 1916 eröffnete Kunsthalle, benannt nach ihrem Stifter Carl Fredrik Liljevalch (1837–1909). Der Fokus liegt auf Gegenwartskunst mit mindestens vier verschiedenen großen Ausstellungen pro Jahr. Daraus sticht insbesondere der Vårsalong (Frühjahrsausstellung) hervor. Zu sehen sind aus der Allgemeinheit eingereichte Arbeiten, die von einer Jury ausgewählt wurden. Di, Do 11–20 Uhr, Mi, Fr–So 11–17 Uhr, Djurgården, Djurgårdvägen 60, 11521 Stockholm, Tel. 08/50 83 13 30, info.liljevalchs@stockholm.se, www.liljevalchs.se

ESSEN UND TRINKEN

Blockhusporten Café. An der östlichen Spitze Djurgårdens liegt ein kleines Sommercafé mit Blick über die Einfahrt nach Stockholm. Am besten sitzt es sich draußen im Garten, von wo man besonders gut die vorüberfahrenden Schiffe beobachten kann. Mai–Aug. tgl. 10–17 Uhr, an warmen Sommertagen eventuell auch länger, bei schlechtem Wetter wird auch schon mal früher geschlossen, Blockhusringen 27, 11525 Stockholm, Tel. 08/667 10 01, info@blockhusporten.se, www.blockhusporten.se

Rosendals Värdshus. Restaurant mitten im Grünen mit großen Terrassen und Blick aufs Wasser. Der Fokus liegt auf schwedischer Küche. Rosendalsterrassen 3, 11521 Stockholm, Tel. 08/66 13 97 0, info@rosendalswardshus.se, www.rosendalswardshus.se

Djurgårdsbrunn. Restaurant auf der nördlichen Seite des Djurårdskanals mit großer Terrasse. Djurgårdsbrunnsvägen 68, 11525 Stockholm, Tel. 08/624 22 00, info@djurgardsbrunn.com, www.djurgardsbrunn.com

AKTIVITÄTEN

Bootsverleih Sjöcaféet. Der Bootsverleih befindet sich an der Brücke von Strandvägen nach Djurgården und verfügt auch über ein Café. Besonders schön ist die Bucht Djurgårdsbrunn, die auf beiden Seiten grün umringt ist. Galärvarvsvägen 2, 11521 Stockholm, Tel. 08/660 57 57, info@sjocafeet.se, www.sjocafeet.se

Gröna Lund. Gröna Lund ist als ältester Vergnügungspark Schwedens eine Stockholmer Institution. Neben den diversen Fahrgeschäften gibt es eine Konzertbühne, auf der häufig Größen der schwedischen Musik auftreten. Aus den normalen Attraktionen wie Freefall-Tower und Co. seien das Pettersson-und-Findus-Haus in der Nähe des Eingangs und das Kettenkarussell direkt am Ufer erwähnt: Beide gehören nicht zu jenen Attraktionen, die immer höher, schneller und weiter fahren müssen, sondern einfach nett sind. Für eine Familie kann es teuer werden: Zum Eintritt kommen noch Wertmarken für die einzelnen Fahrgeschäfte dazu. Der Park ist größtenteils auf ein schwedischsprachiges Publikum eingestellt. Mai–Sept. Mo–Sa 10–23 Uhr, So 10–22 Uhr, Lilla Allmänna Gränd 9, 11521 Stockholm, Tel. 010/708 91 00, mail@gronalund.com, www.gronalund.com

Ein schmaler Kanal trennt Djurgården vom Festland im Norden.

21 Skansen
Abgehobene Fußballer und ein Raumfahrtzentrum

Stockholm ist nur ein Städtetrip, für andere Teile des Landes bleibt keine Zeit? Dann hilft ein Besuch im Freilichtmuseum Skansen: Hier finden sich rund 140 Gebäude aus dem Norden. Historische Bauernhöfe aus vielen Teilen des Landes sind ebenso vertreten wie ein Stockholmer Stadtviertel aus dem 19. Jahrhundert. In manchen Gebäuden können Besucher im Sommer Handwerkern bei der Arbeit zuschauen.

Artur Hazelius (1833–1901) hatte eine Vision. Er wollte eine Sammlung schaffen, in der sich das ländliche Volksleben widerspiegelte. Sein Vater war mit einem der bedeutenden schwedischen Schriftsteller der Romantik befreundet, Carl Jonas Love Almqvist (1793–1866). Der junge Hazelius erhielt eine für die damalige Zeit ungewöhnliche Erziehung: Er sollte das ganze Land auf Reisen kennenlernen und wurde in seiner Jugend häufig zu Verwandten und Bekannten geschickt. Die Familie kam aus Hälsingland im Norden. Nach einem Philosophiestudium in Uppsala kam Hazelius nach Stockholm, wo er um 1868 begann, Bücher zu schreiben. Seine Themen: die Rechtschreibung und Bibelübersetzungen ins Schwedische.

Sein Interesse für Volkskunde war in der Kindheit geweckt worden, Hazelius verfügte über ein umfangreiches ethnografisches Wissen. 1873 gründete er sein erstes Museum, die Skandinavisch-Ethnologische Sammlung, Vorläufer des Nordiska Museet auf Djurgården. Es wurden Zimmereinrichtungen aus Halland und Skåne im Süden ge-

Mitte: Der 31 Meter hohe Ziegelturm stammt aus dem Jahr 1876 und war ursprünglich als Wohnhaus konzipiert.
Unten: Ländliches Wohnen ist in Skansen mit vielen Gebäuden aus ganz Schweden dokumentiert.

zeigt, Wachsfiguren stellten Szenen nach. Der schwedische Salon auf den Weltausstellungen 1855 und 1867 in Paris hatte ihn dazu inspiriert. An der Weltausstellung 1878 in Paris nahm Hazelius teil, was den weltweiten Ruf seines Museums begründete. Doch die Fakten daheim sahen anders aus: Hazelius kämpfte mit finanziellen Schwierigkeiten, der staatliche Zuschuss reichte nicht aus. 1880 wandelte er das Museum in eine Stiftung um.

Die Anfänge des Freilichtmuseums

Die Interessen von Hazelius waren breit gefächert: Neben Interieur und Trachten kümmerte er sich auch um die Bewahrung von Volkstänzen und Volksmusik. Von dem Varberger Museum in Halland an der Westküste hörte er, dass dort eine Bauernkate angekauft worden sei. Diesen Gedanken nahm Hazelius auf und erwarb 1885 eine Hütte aus Mora in Dalarna, die er auf der Anhöhe Skansen wieder aufbauen ließ. 1891 wurde Skansen dann als erstes Freilichtmuseum weltweit eröffnet. Seitdem ist es aus dem Stockholmer Kulturleben nicht mehr wegzudenken.

Einfach gut!

VOLKSTANZ ZUM MITMACHEN

Wie in vielen schwedischen Dörfern gibt es auch in Skansen eine Tanzfläche aus Holz. Im Sommer ist hier zweimal am Tag eine Volkstanzgruppe in Tracht zu sehen. Sie führt traditionelle Tänze auf, das Publikum sitzt rundum auf schlichten Holzbänken und klatscht brav dazu – bis die Tänzerinnen und Tänzer, unter denen sich auch einige ältere Herrschaften befinden, nach dem letzten Stück ins Publikum ausschwärmen und die Besucher zum Mitmachen auffordern. Und dann üben alle gemeinsam einfache Schrittfolgen – erst langsam und dann immer schneller. Das kann sehr lustig und unterhaltsam sein, zumindest für die Zuschauer, aber oft auch für die Teilnehmer.

Tanzfläche in Skansen.
www.skansen.se

Der Höstmarknad begeistert gerade Familien.

Nicht verpassen

MARKTLEBEN WIE FRÜHER

Jedes Jahr im September findet an einem Wochenende im Freilichtmuseum der Höstmarknad statt, ein Herbstmarkt, wie es ihn um 1900 gegeben haben mag. Mit dabei sind natürlich ein Drehorgelspieler, Pferd und Wagen und historisch gekleidete Verkäufer. An ihren Ständen werden Wurzelbürsten oder Schmiedewaren, Honig oder traditionell hergestellte Marmelade, Ziegenkäse oder Brot, aber auch Textilien und handgedrehte Hanfseile feilgeboten. Alles, was eben zu einem richtigen Markt um 1900 gehörte. Das Wirtshaus im Park serviert Erbsensuppe und warmen Schnaps, Tauziehen und Ringkämpfe sorgen für Unterhaltung wie in alten Zeiten. Und das Museum kümmert sich darum, dass es historisch weitgehend korrekt zugeht.

Höstmarknad. Meist am letzten Septemberwochenende, www.skansen.se

Schweden war Ende des 19. Jahrhunderts ein armes Land. Seine glorreiche Zeit als Großmacht war lange vorbei, die Landbevölkerung litt unter Armut. Immer mehr Menschen wanderten aus: Zwischen 1860 und 1930 verlor Schweden ein Viertel seiner Bevölkerung durch Emigration hauptsächlich nach Amerika. Die schwedische Nationalromantik – und Hazelius gehörte zu ihren bedeutendsten Vertretern – idealisierte das Landleben und versuchte, es museal zu konservieren. Geholfen hat das der Landbevölkerung nicht, aber der Nachwelt wurde ein großer Schatz hinterlassen, der heute in Form des Skansen-Museums öffentlich zugänglich ist.

Tierpark

Auf einer Fläche von 30 Hektar können Besucher heute durch eine parkähnliche Landschaft flanieren. Zwischen den historischen Gebäuden befinden sich kleine Bauerngärten und bürgerliche Parkbeete. Ein Tierpark ist Skansen auch: Durch eine großzügige Spende konnten ab 1924 seltene Tiere erworben werden. 1932 kam der erste Elefant aus Asien, 1992 wurde der letzte verkauft. Mit Ausnahme der Affengehege kümmert man sich nun um die einheimische Tierwelt. Wisente

waren und sind das Aushängeschild von Skansen: Das Museum hat sich um die vom Aussterben bedrohte Art verdient gemacht, immer wieder werden in Skansen geborene Jungtiere in Europa ausgewildert. 1998 weihte König Carl Gustaf den neuen Bärenberg ein, es gibt auch weitläufige Gehege für Wölfe, Luchse und Vielfraße. Auch wurde eine Gen-Datenbank für jene Tiere eingerichtet, die vom Aussterben bedroht sind. Ihr Schwerpunkt liegt auf alten schwedischen Tierarten. Und so findet man in Skansen die Pferderassen Fjordinger und Gotlandruss neben Bergkühen und gotländischen Schafen, die für ihre weiche, graue Wolle berühmt sind.

Bauern- und Stadthäuser

Die historischen Bauernhäuser bilden den ältesten Teil des Freilichtmuseums. Sie sind in Gruppen nach den einzelnen Landesteilen zusammengefasst: Katen aus Nordschweden stehen im nördlichen Teil von Skansen, Häuser und Hütten aus Skåne und Småland im südlichen. Das älteste Gebäude ist ein Speicher aus dem 14. Jahrhundert, er stammt aus der Region Telemark in Norwegen. Zu den jüngsten Gebäuden zählt Folkets Hus aus der Ortschaft Gersheden in Varmland aus den 1940er-Jahren. Folkets Hus ist eine spezifisch skandinavische Einrichtung, die sich mit Gemeindehaus nur unzureichend übersetzen lässt, meint es doch ein Haus für Versammlungen, Feste und Tanz, das eng mit der Entwicklung der Arbeiterbewegung verbunden ist. Es gibt sie in ganz Schweden. Betrieben wurden und werden Folkets Hus und Folkets Park von Vereinen.

Zu den jüngeren Entwicklungen in skandinavischen Freilichtmuseen gehört es, dass städtische Viertel wieder aufgebaut werden. Ähnlich wie im Norsk Folkemuseum in Oslo gibt es auch im

Oben: Die Bauerngärten des Museums sind eine Pracht.
Mitte: Handwerkerhäuser und ganze Dorfstraßen blieben in Skansen erhalten.
Unten: Dieser Schmied betrieb auch einen Eisenhandel.

Stockholmer Freilichtmuseum einige solcher Gebäude. Man wählte typische Häuser einer mittelgroßen Stadt, darunter Post, Apotheke, Läden und Werkstätten aus dem 19. Jahrhundert. Die Bäckerei stammt aus dem Stadtteil Södermalm. Die Apotheke Kronan zeigt die Inneneinrichtung einer historischen Apotheke aus Köping in Västmanland. Gubbhyllan war eine Art Pensionat und wurde 1816 nicht weit vom Museum entfernt gebaut. Seit 1963 befinden sich in dem Gebäude das Tabak- und Streichholzmuseum sowie ein Café. Der 31 Meter hohe Turm Breidablick aus dem Jahre 1876 stammt ebenfalls aus Stockholm, während die Post aus Virserum in Småland nach Skansen gebracht wurde. Der ursprüngliche Ansatz, die bäuerliche Kultur zu bewahren, ist längst erweitert worden. So kann man in Skansen einen Herrenhof aus Skogaholm besuchen oder Tottieska Malmgården, benannt nach einem der reichsten Kaufleute Schwedens im 18. Jahrhundert.

Feste und Märkte

Skansen ist für die Schweden längst ein nationales Symbol geworden. Das Aufstellen des Maibaumes ist jedes Jahr die erste Meldung in den TV-Nachrichten. Auch zum Luciafest senden die Fernsehanstalten live aus Skansen. Zu den größten Veranstaltungen aber gehört die Walpurgisnacht, die speziell für Abiturienten ausgerichtet wird und mit einem großen Feuer endet. Für Touristen besonders interessant ist der Weihnachtsmarkt, auf Schwedisch: Julmarknad. Er ist an allen vier Adventwochenenden geöffnet und bietet neben vorweihnachtlicher Musik auch gutes Kunsthandwerk. Und zum Abschluss, wenn man Skansen wieder verlassen will, sollte man noch die alte Bergbahn hinab zum Ausgang Hazeliusporten benutzen. Sie ist zwar nur 200 Meter lang, wurde aber schon 1897 gebaut.

Oben: Die Kirche von 1730 stand ursprünglich im Dorf Seglora bei Borås.
Mitte: Nicht alle Tiere in Skansen sind so auffällig wie dieser Pfau.
Unten: Gelegentlich wird Folklore im Freilichtmuseum vorgetragen.

Infos und Adressen

SEHENSWÜRDIGKEITEN

Skansen. 21. Juni – Aug. tgl. 10–22 Uhr, Sept. tgl. 10–18 Uhr, Nov.–Febr. Mo–Fr 10–15 Uhr, Sa, So 10–16 Uhr, März, Apr., Okt. tgl. 10–16 Uhr, Mai – 20. Juni tgl. 10–19 Uhr, Djurgårdsslätten 49–51, 11521 Stockholm, Tel. 08/442 82 00, info@skansen.se, www.skansen.se

ESSEN UND TRINKEN

Tre Byttor. Schänke aus dem 18. Jahrhundert, in der heute ein schickes Restaurant residiert. Juni, Juli tgl. 11–20 Uhr, Aug. tgl. 11–18 Uhr, Mai, Sept. tgl. 11–17 Uhr, Skansen, Djurgårdsslätten 49–51, 11521 Stockholm, Tel. 08/56 63 70 00, skansen@profilrestauranger.se

Aufgang zum Hotel »Hasselbacken«

Süße Leckereien am Markttag

Restaurang Solliden. Bekannt für sein Smörgåsbord – eine Form von Büfett – mit Aussicht über Skansen und die ein- und auslaufenden Schiffe. Juni–Aug. tgl. 12–16 Uhr, Skansen, Djurgårdsslätten 49–51, 11521 Stockholm, Tel. 08/56 63 70 00, skansen@profilrestauranger.se

ÜBERNACHTEN

Scandic Hasselbacken. Mit der Straßenbahn gelangt man in zwölf Minuten zum Sergelstorg, und die Fähre benötigt nur zehn Minuten bis zum Anleger Slussen, von wo aus man Södermalm und Gamla Stan gleichermaßen ansteuern kann. Hazeliusbacken 20, 10055 Stockholm, Tel. 08/51 73 43 00, hasselbacken@scandichotels.com, www.scandichotels.com

Villa Källhagen. Das Hotel liegt idyllisch am Ufer der Bucht Djurgårdsbrunn. Dafür ist es mit öffentlichen Verkehrsmitteln nicht so gut erreichbar, direkt vor der »Villa Källhagen« hält nur eine Buslinie. Wen das nicht stört, der wird jeden Morgen mit einem Spaziergang entlang des Wassers ins Zentrum belohnt. Djurgårdsbrunnsvägen 10, 11527 Stockholm, Tel. 08/665 03 00, reservation@kallhagen.se, www.kallhagen.se

22 Das Vasamuseum
Temperamentvoll und ein wenig museal

König Gustav II. Adolf wollte im Dreißigjährigen Krieg Großes erreichen. Das imposante Flaggschiff »Vasa« sollte ihm dabei helfen. Doch es kam anders: Das Kriegsschiff sank noch vor Stockholm auf seiner Jungfernfahrt. Damals ein Drama, heute eine Sensation: Nirgendwo auf der Welt ist ein Kriegsschiff dieser Größe in einem so guten Zustand erhalten.

Das Vasamuseum auf der Insel Djurgården ist das meistbesuchte Museum Skandinaviens. Nach dem Untergang im August 1628 war das Schiff im Ostseeschlamm und aus den Köpfen der Menschen verschwunden. Der günstigen Zusammensetzung des Meerbodens haben wir es zu verdanken, dass die »Vasa« konserviert wurde und seit 1990 in einem spektakulären Gebäude ausgestellt ist, das auf einen Architektenwettbewerb im ganzen Norden zurückgeht. Das vom Architektenbüro Månsson & Dahlbäck entworfene Museum wurde über dem Dock errichtet, in dem die »Vasa« liegt. Mit einem ausladenden Kupferdach und drei stilisierten Masten, welche die ursprüngliche Rigghöhe des Schiffes andeuten, ist das Museum markanter Teil des Djurgården-Panoramas geworden. Holzpaneele kleiden das Museum in typisch schwedisches Falun-Rot.

Barocke Pracht

Mitte: Die Masten auf dem Vasamuseum sind nur eine Nachbildung aus Beton und Stahl.
Unten: Die Figuren am Heck waren ursprünglich farbig. An einer Kopie wurde die einstige Farbgebung nachempfunden.

Das Vasamuseum ist museumspädagogisch hervorragend ausgestattet. Natürlich ist das Schiff selbst in diesem riesigen, leicht abgedunkelten Raum der Hauptanziehungspunkt. Aber es gibt

Das Vasamuseum

viele kleine Ausstellungen auf den Etagen rund um das Schiff, die ebenfalls einen näheren Blick lohnen: das kleine Kino, das seine Besucher in die Zeit der großen Seeschlachten zurückversetzt, die Szenen, die das Leben der Mannschaft unter Deck zeigen, und nicht zuletzt die Rekonstruktionen der Skulpturen vom Heck des Schiffes, die einst wohl farbig bemalt waren. Neben dem Schiff aus dunklem Holz findet man an der Wand Kopien in den rekonstruierten Farben, die an die Pracht der barocken Entstehungszeit des Schiffes erinnern. Eine geführte Tour durch das Museum ist empfehlenswert, denn sie macht Zusammenhänge zwischen Politik und Kunst, Schiffbau und Physik deutlich. Engagierte Guides, darunter auch Wissenschaftler, die bis heute an der »Vasa« forschen, lassen die Geschichte lebendig werden. Zusätzliche Wechselausstellungen erklären anschaulich die Entstehungszeit des Schiffes.

Angesichts des erfolgreichen Konzepts kann man sich heute kaum mehr vorstellen, dass das Schiff nach der Bergung fast 30 Jahre in einem Behelfsmuseum vor sich hin dümpeln musste.

Museum

Auf Djurgården gab es 1961 noch ein paar alte Docks, die von der Marine nicht mehr benötigt wurden. In eines dieser Docks wurde die »Vasa« geschleppt, hier entstand ein Behelfsmuseum, in das bis 1988 elf Millionen Menschen strömten. Im Herbst 1988 wurde das Schiff dann auf die ehemalige Galärwerft auf Djurgården bugsiert, wo es sein eigenes Museum erhielt. König Carl XVI. Gustaf weihte das Vasamuseum am 15. Juni 1990 ein. Aber auch danach wurde weiter an dem Regalschiff gearbeitet: Die Kanonenpforten wurden repariert, die Takelage rekonstruiert. Auch die Forschungsarbeit geht beständig weiter.

Infos und Adressen

SEHENSWÜRDIGKEITEN

Vasamuseet. Gerade in den Sommermonaten sollte man Wartezeiten einplanen. Juni–Aug. tgl. 8.30–18 Uhr, Sept.–Mai tgl. 10–17 Uhr (Mi 10–20 Uhr), Galärvarvsvägen 14, Djurgården, 11521 Stockholm, Tel. 08/51 95 48 00, bokningen.vasa@maritima.se, www.vasamuseet.se

Museumshafen. Im Hafen vor dem Vasamuseet finden sich noch zwei weitere interessante Schiffe: der knapp hundert Jahre alte Eisbrecher »Sankt Erik« und das Leuchtfeuerschiff »Finngrundet«. Der Eintritt ist gratis. 23. Juni – Aug. tgl. 11–18 Uhr, Galärvarvet, Djurgårdsvägen, 11521 Stockholm, www.sjohistoriska.se

Galärvarvskyrkogården und »Estonia«-Denkmal. Auf dem Friedhof zwischen dem Vasamuseet und dem Spritmuseet liegen vor allem Handwerker begraben, die am Schiffbau beteiligt waren, einige Admiräle und die sterblichen Überreste jener, die man auf der »Vasa« während der Bergung fand. Hier befindet sich außerdem eine Gedenkstelle für jene, die beim Untergang der Fähre »Estonia« am 28. September 1994 ums Leben kamen. Djurgårdsvägen 28, 11521 Stockholm

ESSEN UND TRINKEN

Restaurant im Vasamuseum. Das Restaurant bietet täglich wechselnde, preiswerte Tagesgerichte (Dagens rätt) an. Juni–Aug. tgl. 9.30–17.30 Uhr, Sept.–Mai tgl. 10–16 Uhr, Tel. 08/661 16 20, restaurangen.vasa@maritima.se, www.vasamuseetsrestaurang.se

DIE VASA –
Geschichte eines Schiffes

1628 sank das königliche Flaggschiff »Vasa« auf seiner Jungfernfahrt noch in Sichtweite der Stockholmer Kais. 50 Tote. Wie konnte das passieren? Nachdem man die Schuldfrage geklärt und die Kanonen aus dem Wasser gerettet hatte, geriet das Schiff in Vergessenheit. Über 300 Jahre sollte es dauern, bis ein Historiker und ein Taucher die »Vasa« wiederentdeckten.

Sonntagnachmittag, 10. August 1628. Das Wetter ist sommerlich schön. Ein guter Tag für eine Jungfernfahrt. Die bunten und vergoldeten Figuren am Heck der »Vasa« glänzen in der Sonne. Rund hundert Besatzungsmitglieder sowie einige Frauen und Kinder befinden sich an Bord. An Land stehen sie in Scharen, um das neue Regalschiff, das Schiff des Königs, zu bewundern. Es wird Salut geschossen. Die ersten hundert Meter von Skeppsbron, der Anlegestelle nahe dem Schloss, muss das Schiff noch verholt werden, gegen den leichten Südwestwind kann es hier nicht kreuzen.

»...mit Flaggen und allem«

Dann endlich werden vier der zehn Segel gesetzt, die »Vasa« nimmt Fahrt auf. Eine Viertelstunde benötigt das Schiff für die kurze Strecke zur Insel Beckholmen mitten im Stadtgebiet. Dann erfasst es eine Windböe. Der Reichsrat rapportiert dem König zwei Tage später: »Als sie bis unter Södra Bergen gekommen waren, setzten sie sowohl die Mars- als auch die Besansegel und schossen Salut. Das Schiff lief

somit schnell bis Tranbodarna. Als es die Bucht von Tegelviken erreichte, kam mehr Wind in die Segel, sodass es sich sofort stark nach Lee zu krängen begann. Es richtete sich nochmals etwas auf, bis es auf die Höhe von Beckholmen kam, wo es sich vollständig auf die Seite legte und Wasser durch die Kanonenpforten eindrang, sodass es langsam auf Grund ging mit gesetzten Segeln, Flaggen und allem.«

Keine Seemeile war das Prachtschiff Gustav II. Adolfs (1594–1632) gekommen. Es herrschte kein Sturm, man war auf keine Schäre aufgelaufen. Nein, eine harmlose seitliche Böe hatte das nagelneue Schiff zum Kentern gebracht. Rund 50 Menschen sind bei dem Untergang ums Leben gekommen. Der schwedische König war in Preußen unterwegs, wo ihn die Hiobsbotschaft erreichte. Er forderte, die Schuldigen zu bestrafen.

Vernehmungsprotokolle

Die Protokolle der Verhöre sind erhalten geblieben. Der Kapitän beteuerte, dass die Kanonen ordnungsgemäß verzurrt waren und der Raum für Ballast ausgenutzt war. Die Mannschaft sei nüchtern gewesen, bekräftigte der Oberbootsmann. Der Kapitän gab der Schiffskonstruktion die Schuld: Noch nie zuvor war in Schweden solch ein großes Kriegsschiff mit zwei Kanonendecks gebaut worden. Der Schiffsbaumeister und der Werftpächter wiesen die Vorwürfe von Kapitän und Schiffsoffizieren zurück: Der König selbst habe die Maße gutgeheißen. 64 Kanonen auf zwei Batteriedecks habe er gewünscht, er wollte das schlagkräftigste Schiff der Flotte haben. Ein solches Schiff war nötig, hatte doch die Marine zwischen 1625 und 1628 fünfzehn Kriegsschiffe verloren. Allerdings waren nur zwei bei kriegerischen Handlungen zerstört worden, dem Rest wurde mangelnde Seetüchtigkeit zum Verhängnis. Aber die Schuld in den überzogenen Wünschen des Königs zu suchen, wäre einer Gotteslästerung gleichgekommen. So wurde niemand wegen des Untergangs verurteilt.

Bergung der Kanonen

Die Katastrophe von einst hat der Nachwelt ein maritimes Denkmal von größtem Wert hinterlassen. Natürlich versuchte man sofort nach dem Untergang, das in 30 Meter Tiefe liegende Schiff zu bergen. Die 64 Kanonen waren das wertvollste Gut an Bord. Wie es die Taucher schafften, in der Dunkelheit der Tiefe 50 davon loszuzurren, aus den Lafetten zu lösen und durch die Kanonenpforten zu hieven, ist schwer nachvollziehbar.

Die Wiederentdeckung

Das Wrack geriet in Vergessenheit. In der Ostsee kommt wegen des geringen Salzgehalts der Schiffswurm (Teredo navalis) nicht vor, und so wurde die »Vasa« vom Schlamm konserviert. Am 25. August 1956 entdeckte der Seehistoriker Anders Franzén (1918–1993) die »Vasa« wieder. Er hatte Archive geprüft, alte Karten studiert und den Meeresgrund abgesucht. Mithilfe eines Senklots hatte er Bodenproben entnommen, bis er auf alte Eichenreste stieß. Wenige Tage später bestätigte der Taucher Per Edvin Fälting (1911–1995) den Fund.

Bergung der »Vasa«

Franzén und Fälting überzeugten die schwedische Marine und Sponsoren da-

Dem Historiker Anders Franzén ist die Wiederentdeckung des Wracks zu verdanken.

Von den Emporen hat man tolle Ausblicke auf die Vasa – auch von oben!

von, dass man das Schiff bergen könne. Als die ersten Skulpturen vom Heckspiegel hochgezogen wurden, begann man zu ahnen, welch ein Schatz da am Meeresgrund lag. Man verlegte Stahltrossen unter dem Rumpf und beförderte das Schiff von zwei Schwimmpontons aus in 16 langwierigen Etappen nach oben. Bevor es auftauchen konnte, mussten noch unter Wasser die Kanonenpforten abgedichtet, das Heck notdürftig repariert und die Löcher gestopft werden, die verrostete Nägel hinterlassen hatten. Am 24. April 1961 war es so weit: Die Reling der »Vasa« kam nach 333 Jahren unter Wasser wieder zum Vorschein. Bis Wasser und Schlamm aus dem Schiff gepumpt waren, dauerte es noch einige Tage, dann schwamm die »Vasa« wieder!

Vermutlich waren die zu schweren Kanonen ein Grund für das Kentern der »Vasa«.

23 ABBA
Die Könige des Pop

»Waterloo«! »Mamma Mia«! »Dancing Queen«! Die Hits der schwedischen Popgruppe ABBA gehören zu den meistverkauften Schallplatten weltweit. Bis heute sind ABBA weltberühmt, nicht nur in Schweden. Und so entstand auf Djurgården ein Museum, das der Geschichte der Band, ihren Mitgliedern und den größten Songs gewidmet ist. Das ABBA-Museum beamt seine Besucher zurück in die Siebzigerjahre.

Schon vor dem Museum stehen sie in Lebensgröße nebeneinander: Agnetha Fältskog, Björn Ulvaeus, Benny Andersson und Anni-Frid Lyngstad. Die Initialen der Vornamen ergeben den Namen der Band: ABBA. Aber sie sind aus Pappmaché und wirken ein wenig zweidimensional – außerdem fehlen die Gesichter. Das ist die Grundidee des ABBA-Museums: Hier darf jeder mal Agnetha, Björn, Benny und Anni-Frid spielen. Dahinter stellen, Gesicht durch das Loch stecken und sich fotografieren lassen – und schon bist du selbst Teil der Popgeschichte. Die Wand mit den Figuren ist ungemein populär, alle wollen sich ablichten lassen. Gedrängel der Erwachsenen, Gequengel der Kinder, hier geht es gleich mal rund.

Eintritt mit Hindernissen

Bevor man zur Kasse kommt, muss man durch den Souvenirshop. ABBA-Devotionalien ohne Ende, tausend Dinge, von denen man bisher noch gar nicht wusste, dass man sie braucht. Für deutsche Besucher folgt beim Eintritt die Überraschung: Bargeld wird nicht akzeptiert. Das ABBA-Museum

Mitte: Das waren die 1970er mit Schlaghosen und Glitzer.
Unten: Welcher Popstar würde sich heute noch solch eine Gitarre umhängen? Aber diese ist signiert!

Infos und Adressen

ist das erste bargeldfreie Museum in Schweden, bezahlen kann man nur mit Kreditkarte. Und hinein kommt man ob des Andrangs auch nicht ohne Weiteres. Um eine Überfüllung zu vermeiden, wird nur eine bestimmte Personenzahl eingelassen, der Rest soll bitte schön erst einmal shoppen. Allerdings kann man die Eintrittskarte vorab online kaufen und genießt dann zur gebuchten Uhrzeit Vortritt vor all jenen, die nur mal so vorbeikommen. Ein Besuch im ABBA-Museum will also gründlich vorbereitet sein.

Bennys Piano

Hat man diese Hürde genommen, wartet zunächst ein Film in einem 180-Grad-Kino auf die Besucher. Anschließend kann man durch die Geschichte der Band wandern und die vielen kleinen interaktiven Gimmicks ausprobieren. Ein selbst spielendes Piano ist mit Bennys Studio verbunden, und wenn man Glück hat, fängt es an, sich zu regen, weil Benny gerade übt – heißt es zumindest. Man kann virtuell die Bühnenkostüme des Quartetts ausprobieren und sich die Küche von Björn und Agnetha anschauen.

Musical »Mamma Mia«

Bereits im ersten Jahr nach der Eröffnung 2013 konnte das Museum 350 000 Besucher begrüßen, die meisten davon übrigens nicht aus Schweden. Ein neuer Teil der Ausstellung widmet sich nun dem Musical »Mamma Mia«, das 1999 in London uraufgeführt wurde. Seitdem haben es 54 Millionen Besucher in über 40 Städten weltweit gesehen. Benny und Björn waren anfangs von der Idee nicht sonderlich begeistert, es heißt, sie wollten keine seichte Pop-Revue, doch schließlich willigten sie ein. Zuvor hatten sie bereits erfolgreich das Musical »Chess« geschrieben.

SEHENSWÜRDIGKEITEN

ABBA The Museum. Wer möchte, kann sein Ticket für eine bestimmte Uhrzeit schon vorab online kaufen. So vermeidet man lange Wartezeiten am Eingang und kann direkt zur vorgebuchten Zeit in die Ausstellung. Im Museum ist keine Bargeldzahlung möglich! Sa–Di 10–18 Uhr, Mi–Fr 10–20 Uhr, Djurgårdsvägen 68, 11521 Stockholm, Tel. 0771/75 75 75, info@abbathemuseum.com, www.abbathemuseum.com

ÜBERNACHTEN

Pop House Hotel. Das im Frühjahr 2013 eröffnete Vier-Sterne Hotel verfügt über 50 Zimmer mit bodentiefen Fenstern und liegt in demselben Gebäudekomplex wie das ABBA-Museum. Das Design ist entgegen dem Namen des Hotels dezent, nur einzelne abstrakte Schallwellen an den Wänden erinnern an das musikalische Thema. Djurgårdsvägen 68, 11521 Stockholm, Tel. 08/50 25 41 40, frontdesk@pophousehotel.se, www.pophouse.se

Vor dem Museum darf jeder mal Abba sein.

24 Spritmuseum
Schweden und der Alkohol

Schweden und der Alkohol, das ist eine ganz eigene Geschichte. Sie erzählt von Prohibition und Schwarzbrennerei, vom staatlichen Alkohol-Monopol und vom heutigen Umgang mit Alkohol. Und deshalb wurde 2011 beschlossen, ein neues Museum rund um dieses Thema zu gründen. Kunst und Musik gehören ebenso dazu wie ein eigenes Restaurant und Verkostungen von den unterschiedlichsten Arten Alkohol.

Die meisten Schweden-Urlauber haben sich wohl schon einmal über das staatliche Alkohol-Monopol gewundert. Immerhin: Seit ein paar Jahren zeigen die staatseigenen Spirituosengeschäfte von Systembolaget Weinflaschen in ihren Fenstern. Früher waren sie leer, abgedunkelt oder es gab gar keine Schaufenster. Aber noch immer sichern schwere Gitter Fenster und Türen, wenn die Systembolaget-Läden geschlossen haben.

Alkohol-Abstinenzler

Nun könnte man meinen, das sei eine Folge des wohlmeinenden Wohlfahrtsstaats, aber weit gefehlt: Seit dem 19. Jahrhundert gibt es in Schweden eine starke Volksbewegung, die sich gegen den Alkoholkonsum einsetzt. Zunächst ging es nur um Mäßigung, Ende des 19. Jahrhunderts forderten die Guttempler dann völlige Abstinenz. Besonders in Småland, aber auch in Norrland fanden die Abstinenzler-Organisationen viel Zuspruch. 1922 gab es eine Volksbefragung zum Verbot berauschender Getränke – gemeint war vor allem Branntwein –, bei der sich 49 Prozent für ein To-

Mitte: Das Spritmuseum informiert unterhaltsam über die Geschichte der schwedischen Alkoholpolitik.
Unten: Ein Restaurant und der Museumsshop runden das Angebot ab.

talverbot des Verkaufs von Alkohol aussprachen.
Der Reichstag beschloss daraufhin, den Verkauf
von Wein, Bier und Schnaps nicht zu verbieten,
wohl aber die Produktion von Starkbier.

Staatliches Alkohol-Monopol

Das erste Alkohol-Monopol Schwedens gab es
schon Mitte des 19. Jahrhunderts in Falun. 1955
wurden die lokalen Monopol-Geschäfte zum
staatlichen Systembolaget vereint. Wer dort einkaufen will, muss mindestens 20 Jahre alt sein.
Bis 2001 waren die Alkoholgeschäfte samstags
geschlossen. Doch mit dem EU-Beitritt 1995 änderte sich die schwedische Alkoholpolitik: Zuerst
erstritten sich Einzelhändler das Recht, selbst
Wein zu importieren, nach einer Übergangsfrist
von sieben Jahren durften auch Privatpersonen
Alkohol aus anderen Mitgliedsstaaten nach
Schweden einführen.

Historisches Wein- und Schnapsmuseum

1967 eröffnete in Stockholm das Historische
Wein- und Schnapsmuseum zum 50-jährigen Jubiläum der Aktiengesellschaft Vin und Sprit AB,
dem staatlichen Alkoholproduzenten, dem zum
Beispiel die Marke Absolut Vodka gehörte. Doch
wie die Zeiten sich geändert haben: Das traditi-
onsreiche staatliche Unternehmen wurde 2008 an
Pernod verkauft – doch der sozialdemokratische
Minister Leif Pagrotsky erreichte immerhin im
Reichstag, dass die Kunstsammlung von Absolut
nicht Teil des Verkaufs wurde. Denn zu den Wi-
dersprüchlichkeiten der schwedischen Alkoholpolitik gehörte, dass man im Ausland mit dem
Wodka viel Geld verdiente. Und so zählen zur
Absolut-Kunstsammlung auch Werke von Andy
Warhol.

Infos und Adressen

SEHENSWÜRDIGKEITEN

Spritmuseet. Wie hieß es so schön
in einer Broschüre des Museums:
Wo, wenn nicht zwischen einem
Wrack und einer Berg-und-Tal-Bahn
sollte das Spritmuseum liegen.
Mo 10–17 Uhr, Di–Sa 10–19 Uhr, So
12–17 Uhr, Djurgårdsvägen 38–40,
11521 Stockholm, Tel. 08/12 13 13 10,
info@spritmuseum.se,
www.spritmuseum.se

ESSEN UND TRINKEN

Restaurant Spritmuseet. Die Getränke werden hier selbstverständlich selbst gebraut, sodass Essen
und Trinken hervorragend zueinan-
derpassen. Man legt allerdings gleichermaßen Wert auf alkoholische
und nichtalkoholische Getränke. Natürlich kann man hier auch sehr gut
essen, der Fokus liegt auf schwedischen Gerichten.
Mo–Fr 12–14.30 Uhr, Sa–So 12–15
Uhr, Di–Sa 18–20–30 Uhr, Djurgårdsvägen 38–40, 11521 Stockholm,
Tel. 08/12 13 13 09,
restaurangen@spritmuseum.se,
www.spritmuseum.se/start/
restaurangen

Alkohol gibt es im Museumsshop
nicht.

25 Junibacken
Wo die Kinderbuchfiguren leben

Generationen von Kindern sind mit Astrid Lindgrens Figuren Michel aus Lönneberga, Pippi Langstrumpf und Madita groß geworden. Tove Janssons Mumins aus Finnland waren ebenso tägliche Begleiter, wie es Pettersson und Findus für die heutige Generation sind. Sie alle sind zu Hause im Museum Junibacken auf Djurgården.

Einige der schönsten Kinderbuchfiguren der letzten Jahrzehnte kommen aus Nordeuropa. Natürlich stehen an erster Stelle die Figuren, die Astrid Lindgren (1907–2002) schuf. Die aufmüpfige, abenteuerlustige Pippi Langstrumpf verschreckte anfangs Eltern und Pädagogen gleichermaßen, und Michel aus Lönneberga entsprach auch nicht gerade dem Idealbild eines braven Kinds. Karlsson vom Dach flog einfach von Haus zu Haus! Träumten (und träumen) davon nicht viele Kinder?

Vimmerby

In Vimmerby in Småland gibt es einen wunderbaren Freizeitpark, in dem jeden Sommer die Figuren aus Astrid Lindgrens Büchern durch Schauspieler zum Leben erweckt werden. In »Astrid Lindgrens Welt« wurde Michels Tischlerschuppen ebenso liebevoll nachgebaut wie die Villa Kunterbunt und die Burg von Ronja Räubertochter. Der Freizeitpark gehört den Erben von Astrid Lindgren.

Astrid Lindgren

Etwas anders ist die Konstruktion in Stockholm. Junibacken hat keinen direkten Bezug zu Astrid Lind-

Mitte: »Kleiner Onkel« ist das Pferd von Pippi Langstrumpf.
Unten: Der Kater Findus von Sven Nordqvist ist zumindest in Deutschland ähnlich bekannt wie viele Figuren von Astrid Lindgren.

Infos und Adressen

gren und ihren Erben, aber die Schriftstellerin hat am Konzept des Museums mitgearbeitet, das 1996 eröffnet wurde. Es war ihr ausdrücklicher Wunsch, dass auch andere skandinavische Kinderbuchautoren hier repräsentiert werden sollen. Und so sind die Finnin Tove Jansson (1914–2001), die die Mumins erschuf, und Sven Nordqvist (geb. 1946), der Vater von Pettersson und Findus, mit dabei.

Junibacken ist kein Museum, es ist ein Platz, an dem Kinder spielen können. Im Unterschied zu »Astrid Lindgrens Welt« in Vimmerby, wo fast alles im Freien stattfindet, ist Junibacken komplett überdacht, kann also ganzjährig besucht werden. Hinter dem Eingang gibt es den Märchen-Marktplatz, an dem Willi Wiberg, die Mumins und Pettersson mit Findus wohnen. Anschließend steigt man am »Bahnhof Vimmerby« in den Märchenzug und fährt durch die Figurenwelt von Astrid Lindgren.

Madita wird besucht; sie heißt im schwedischen Original Madicken und wohnt auf dem Hof Junibacken – daher der Name des Museums. In Katthult stoppt der Zug beim Michel, der in Schweden Emil gerufen wird. Über den Dächern von Stockholm wohnt Karlsson vom Dach, Ronja Räubertochter hat ihre Szene, und die Bruder Löwenherz kämpften gegen den Drachen. Nach dem Ende der Zugfahrt geht es direkt zu Pippi Langstrumpf zum Toben.

Kindertheater

In Junibacken gibt es jährlich bis zu 1500 Theatervorstellungen für Kinder, meist sind es um die fünf Vorstellungen täglich. Sie alle haben Bezug zu den aktuellen Ausstellungen oder zu den Figuren, die im Museum vertreten sind. Die Vorstellungen sind zwar auf Schwedisch, aber in der Märchenbahn können die kleinen und großen Besucher den Texten auch auf Deutsch lauschen.

SEHENSWÜRDIGKEITEN
Junibacken. Kinderwagen können leider nicht mit in das Museum genommen werden, lassen sich vor dem Eingang jedoch anschließen. Schlösser gibt es an der Kasse. Die Märchenbahn durch Astrid Lindgrens Welt kann auch mit Erklärungen in deutscher Sprache gebucht werden. Jan.–Apr. & Sept. – Okt. Di–So 10–17 Uhr, Mai–Juni, Nov.–Dez. tägl. 10–17 Uhr, Juli – 15. Aug. tägl. 10–18 Uhr, Galärsvarvvägen 8, 11521 Stockholm, Tel. 08/58 72 30 00, info@junibacken.se, www.junibacken.se

ESSEN UND TRINKEN
Restaurant Junibacken. Das Essen ist auf Kinder zugeschnitten, entsprechend gibt es beispielsweise Köttbullar (Fleischbällchen) oder Pfannkuchen, außerdem wöchentlich wechselnde Menüs für Erwachsene. 10–16.30 Uhr an allen Tagen, an denen auch Junibacken geöffnet hat

Vor Junibacken gibt es einen Kinderwagen-Parkplatz.

26 Fjäderholmarna
Die Schären ganz nah

Wer die Stockholmer Schären erleben möchte, aber nicht die Zeit hat, die äußeren Schären in einer ganztägigen Tour zu besuchen, sollte das Boot auf die kleine Inselgruppe Fjäderholmarna nehmen. Und wer kurz einmal aus dem Trubel der Altstadt fliehen möchte, erlebt hier Stockholm von seiner schönsten Seite – von der Wasserseite.

Einen Kilometer vom Stadtzentrum entfernt und nur 20 Minuten mit dem Schiff vom Anleger Nybroplan tummeln sich in der Fahrrinne vier Inseln im Meer: Fjäderholmarna. Im Sommer besteht eine regelmäßige Fährverbindung zu der autofreien Inselgruppe. Zwischen dem Vasamuseum und Skeppsholmen hindurch fährt das Schiff, umrundet Beckholmen und macht kurz am Anleger Nacka Strand fest, bevor es die Hauptinsel Stora Fjäderholmen anläuft. Die drei anderen Inseln Ängsholmen, Rövarns Holme und Libertas können nur mit dem eigenen Boot besucht werden.

Stora Fjäderholmen

Stora Fjäderholmen liegt mitten in der Fahrrinne und ist deshalb ein idealer Ort für Schiffsliebhaber: Auf der einen Seite fahren die Finnland-Fähren der Viking Line und die Kreuzfahrtschiffe vorbei, die an den Kais von Södermalm festmachen. Auf der anderen Seite kann man zwischen den drei anderen Inseln die Finnland- und Baltikumsfähren von Tallink sehen sowie die Kreuzfahrtschiffe, die im Freihafen anlegen. Man ist also mittendrin, wenn die großen Pötte an den kleinen Inseln vorbeiziehen.

Mitte: Die wenigen Häuser auf Fjäderholmarna verstecken sich hinter Bäumen.
Unten: Die Fischräucherei verfügt auch über eine Gartenwirtschaft.

Fjäderholmarna

Freizeitboote finden hier einen Anleger.

Die Geschichte der Inseln ist wechselhaft. Sie dienten zunächst dem Fischfang und der Jagd auf Seevögel. Um 1740 soll die erste Gaststätte auf einer der Inseln eröffnet haben. Sie gehörte zu einer Reihe von Seelokalen, die alle auf dem Weg der Segler und Fischer hinein nach Stockholm lagen. Schließlich benötigen selbst die großen Fähren auch heute noch ungefähr vier Stunden, bis sie von Stockholm aus das offene Meer erreichen. Von 1850 bis 1880 ließ die Stadt Stockholm auf den Inseln ihre Latrinenabfälle entleeren, doch Proteste wegen des Gestanks beendeten die Praxis wieder. Schließlich gab es auf Stora Fjäderholmen weiterhin ein Gasthaus. Außerdem unterhielt hier der »Branntweinkönig« Lars Olsson Smith (1836–1913) sein Alkohollager. In Stockholm durfte er nicht verkaufen, wohl aber auf den Inseln. Und so lieferte er in den 1870er-Jahren seinen Branntwein von Stora Fjäderholmen aus.

Von 1918 bis 1976 waren die Inseln in der Hand der Marine, ein Besuch war nicht möglich. 1982 übernahm die königliche Verwaltung von Djurgården Fjäderholmarna und sorgte für eine Renovierung der Gebäude und Anleger. Heute befinden sich auf Stora Fjäderholmen ein Museum, Kunsthandwerksbetriebe und Restaurants. Das Schönste an der Insel sind aber ihre Granitkuppen, die im Sommer viele Stockholmer zum Sonnenbad einladen.

Infos und Adressen

ESSEN UND TRINKEN

Mackmyra Skärgårdslager. Die schwedische Whiskey-Distillery hat ein Lager auf Fjäderholmarna. Besichtigungen und Verkostungen. Fjäderholmarna, 10005 Stockholm, Tel. 08/55 60 25 93, www.mackmyra.se

Rökeriet. Fischräucherei mit Restaurant. Mai – Anfang Sept. tgl. 12–22 Uhr, Sept. – Mitte Okt. Di–Fr 18–23 Uhr, Fjäderholmarna, 10005 Stockholm, Tel. 08/716 50 88, www.rokeriet-fjaderholmarna.se

Fjäderholmarnas Bryggeri. In den alten Bunkern wird Bier gebraut und gelagert. Mit eigenem Pub. Mai Do–Fr 14–23 Uhr, Sa 12–23 Uhr, So 12–20 Uhr, Juni–Sept. Mo–Sa 12–23 Uhr, So 12–20 Uhr, Fjäderholmarna, 10005 Stockholm, www.fjaderholmarnasbryggeri.se

ANREISE

Strömma. Tgl., Anleger 12 am Nybroplan, Tel. 08/12 00 40 00, www.stromma.se

Fjäderholmslinjen. Vom Anleger Slussen aus fahren die alten Doppelendfähren mit den rustikalen Holzbänken von Mai bis Anfang September. Tel. 08/21 55 00, www.fjaderholmslinjen.se

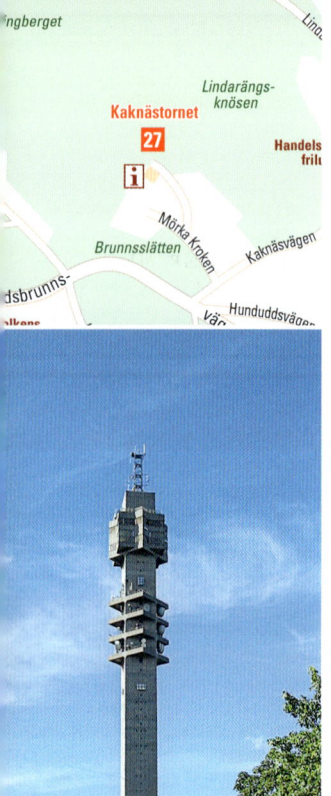

27 Kaknästornet
Stockholm von oben

Die beste Aussicht auf Stockholm hat man von oben. Dann lässt sich die wunderbare Lage auf den vielen Inseln ebenso gut erkennen wie die Mischung aus dem Grün der unzähligen Parks, dem Blau des Wassers und dem Rot der Häuser. Natürlich könnte man einen Ballonflug buchen, aber einfacher und schneller ist die Fahrt hinauf auf den Fernsehturm Kaknästornet, um aus rund 150 Meter Höhe über Stockholm zu schauen.

Nein, eine Schönheit ist der Kaknästornet nicht. Quadratisch im Grundriss wurde er von 1963 bis 1967 aus grauem Beton gegossen. In den mit Masten 170 Meter hohen Turm baute man insgesamt fünf Plattformen, die um 45 Grad zum Rest des Turmes verdreht sind. Auf den hervorstehenden Ecken von vier Plattformen finden sich Verstärker und Sendeanlagen für Radio und Fernsehen.

Schwedens Sendenetz

Nur die oberste Plattform trägt weitaus mehr als nur Sendeanlagen: Hier wurde ein Aussichtsteil gebaut, dessen Grundriss größer ist als der des eigentlichen Turms. Das sieht aus wie eine quadratische Schlange, die gerade ein Kaninchen verschluckt hat. Auf dem 32. Stockwerk thront dann der Antennenmast. Im Laufe der Jahrzehnte sind die Parabolantennen immer kleiner und effektiver geworden, die Aufgaben sind hingegen gewachsen. Vom Kaknästornet aus wird das gesamte Verbindungs- und Sendenetz Schwedens kontrolliert. Auch einen Großteil der Satelliten-Kommunikation wickelt man über den Turm ab. Für die Sender

Von außen mag der Turm keine Schönheit sein, aber von oben hat man einen grandiosen Blick über Stockholm.

Infos und Adressen

SVT, SR, TV4 und UR wird hier das Fernseh- und Radioprogramm weiter an andere Sendestationen im Land verteilt.

Blick nach Süden

Im Eingangsbereich des Turmes betreibt ein privater Anbieter einen Souvenirshop und kassiert den Eintritt, der freundlich »Aufzugsgebühr« genannt wird. Und dann geht es auf 155 Meter Höhe zur besten Aussicht auf Stockholm. Blickt man nach Süden, erspäht man die Fähren von Viking Line, die Katarina Kyrka und die kugelrunde Veranstaltungshalle Globen.

Blick nach Westen

Nach Westen ins Inland hinein schaut man über Djurgården und das Nordiska Museet hinweg auf die Altstadt Gamla Stan. Das Königliche Schloss und Storkyrkan sind gut zu erkennen, während Skeppsbron zu großen Teilen von den davorliegenden Inseln Djurgården und Skeppsholmen verdeckt ist. Sehr schön sind hingegen Stadshuset zu sehen und die dahinterliegenden Arme des Sees Mälaren. Die Aussichtsplattform ist hoch vergittert, aber es gibt speziell für Fotos kleine Löcher im Gitter, durch die ein Objektiv passt.

Blick nach Osten

Der Blick nach Osten reicht weit über die Einfahrt von See her. Das Grün des südlichen Teils von Djurgården im Vordergrund, sind im Hintergrund die vier Inseln von Fjäderholmarna zu erkennen. Hier kann man die Fähren beim Ein- und Auslaufen beobachten. Wem die offene Plattform zu windig ist, der kann sich in das Restaurant und die Sky Bar zurückziehen. Für Fotos sind die Innenräume allerdings ungeeignet.

SEHENSWÜRDIGKEITEN

Kaknästornet. Für Souvenirs ist der Shop im Erdgeschoss zu touristisch – andernorts findet man schönere Mitbringsel. Aber die Aussicht ist tatsächlich beachtlich und mit keinem anderen Punkt in Stockholm vergleichbar. Juni–Aug. Mo–Sa 9–22 Uhr, So 9–18 Uhr, Jan. Mo–Fr 10–17 Uhr, So 10–18 Uhr, Feb. Mo–Do 10–17 Uhr, Fr–Sa 10–21 Uhr, So 10–18 Uhr, März Mo 10–18 Uhr, Di–Sa 10–21 Uhr, So 10–18 Uhr, April–Mai Mo–Sa 10–21 Uhr, So 10–18 Uhr, Sept.–Nov. Mo–Sa 10–21 Uhr, So 10–18 Uhr, Dez. Mo–Sa 10–21 Uhr, So 10–20 Uhr, Mörka Kroken 28–30, 11527 Stockholm, Tel. 08/667 21 80, kontakt@kaknastornet.se, www.kaknastornet.se

ESSEN UND TRINKEN

Restaurant Kaknästornet. Restaurant in 155 Meter Höhe, das in erster Linie von der Aussicht lebt. Essen Sie lieber eine Kleinigkeit im Café und anschließend ausgiebig in der Innenstadt. Mörka Kroken 28–30, 11527 Stockholm, Tel. 08/667 21 80, kontakt@kaknastornet.se, www.kaknastornet.se

So grün ist Stockholm von oben.

SÖDERMALM

Riddarfjärd

Västerbron

Bellmán Museum
Stora Hendriksvik
Karlshällsvägen
Sofiebergsvägen
Långholmskanalen
Fabriksbacken
Reimersholmsgatan

Långholmen Hotel und Vandrarhem
Fängelse-museum
Långholmsmuren
Långholms-parken
Friluftsteater
36 Mälarvarvsb
Mälarvarvet
Långholmen
Söder

Pål-sundet
Långholmsgatan
Långholmsbron
Pålsunds-parken
Alstaviksvägen
Högalids g.
Folk skolegatan
Bergsundsgatan
Slipp Verk-
Lindvalls-gatan
Bergsunds Strand
Vurma

Söder Mälarstrand
Heleneborgs-
Varvsgatan
gatan
Kristi-
Pålsunds-parken gatan
Högalids-gatan
Högalids-parken
Borgargatan
Högalids-kyrkan
Hornsbruksgatan
Hornsgatan
Drakenbergsg.
Lundag-nebovgg

Münchensbacken
Skinnarvik-sringen
Skinnerb
Skinnarviks-parken
Ludvigsb g.
G:la Lundag.
Zinkensdamm T
Ansgarieg.
Bränn-kyrkag.
Hellstens Malmgård
Brännkyrkagatan
Måleriyrkets museum
Hornsgatan
Krukmakar-
Samaritgr.
makargatan
Ringvägen
Rosenlunds-
Maria Skolgata
Maria Bangat

Liljeholmsviken
Färgfabriken, konsthall
Lövholmsgränd
Lövholmsvägen
Trekants-
Liljeholmsvägen
Liljeholmsstranden
Skattekontor
Liljeholmsgården
Liljeholmsgr
Liljeholmsvägen
Liljeholmen T
Nybohovsbacken

Liljeholmsviken
Hornsgatan
T Hornstull
Lignagatan
Hornstulls Strand
Liljeholmens station (godsstation)
Liljeh. infarten
Liljeholmsbron
Kruk-
Hostel Zinkensdamm
Zinkens Väg
Hornsvikstigen
Skarpbrinks-gatan
Tantolunden
P. Ahnhemsvägen
Tantolundsvä.
Friluftsteater
Tantogatan
Sockerbruksgr.
Flint
Jägargatan
Ekermans Gränd
Mamsgatan
Ånghäst-parken
Skold
Södersjur
Södersjur
Eriksdals-lunden

Årstaviken

Årsta holmar
Årsta gård bollplan
Årsta gård

Södertäljevägen
Arstaängsvägen
Sjöviksbacken
Nybohov tpl.
Ingenjörsvägen
Fredsborgsg.
Sjöviks-vägen
Förmansvägen
Sjöviksbacken
Nybodaringen
Hägerstensvägen
Årstabergsvägen
Sjöviksbacken
Årsta Skogsväg

Årsta skog
Årsta skog

Barnstuga
Dellens vägen
Storsjövägen
Bränningevägen
-Årsta-
Tämnar-
Skebiksvägen
Siljansvägen
idr

Hummelvägen
Svärdlängs-
Malgomajvägen
Skälderviks-plan
Järnlundsvägen
Åbyvägen
Årstalänken
Siljans-vägen
Storsjövägen
Skatungs-vägen
Åmänningevägen
Södra Länken
Ramens-
Sandfjärdsgatan

Minuthandlarv.
Frukthandlarv.
Brunnbyvägen
Parthanvägen
Parthandlar-vägen

0   200 m   N

Sehenswürdigkeit, Museum
Aktivitäten, Ausgehen
Information
Kirche, Synagoge, Moschee
Theater
Shopping
Restaurant, Bar, Café
Übernachtungsmöglichkeit

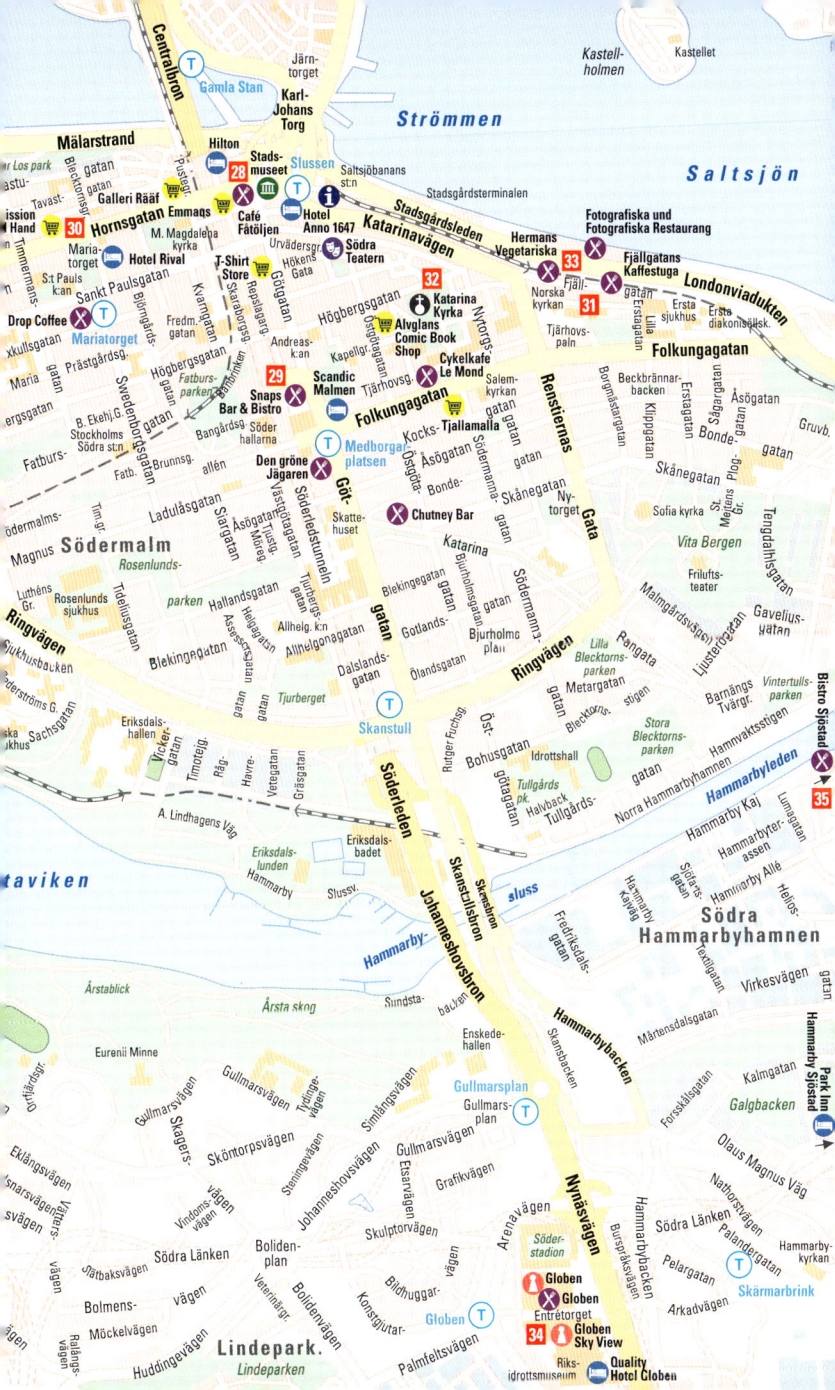

28 Verkehrsknoten Slussen
Die Modernität von damals

Die Straßenkreuzung in Form eines Klee-blatts wirkt heutzutage wie eine Selbst-verständlichkeit. Doch 1935 war solch eine Kreuzung eine Sensation, zumal zu-sätzlich noch eine Schleuse für Schiffe sowie Straßen- und Eisenbahnschienen in-tegriert werden mussten. Mit der Neuge-staltung des Verkehrsknotenpunktes Slus-sen im Übergang von der Altstadt nach Södermalm erreichte der Funktionalismus in Schweden seinen Höhepunkt.

Auf der einen Seite die Altstadt mit Gassen nach mittelalterlicher Ordnung; auf der anderen Seite Södermalm, das direkt mit einem hohen Granitfel-sen beginnt; dazwischen Wasser und eine Klapp-brücke. Das ging über Jahrhunderte gut, bis die Automobilisierung ein stabiles System forderte. Slussen – die Schleuse – reguliert Auto- und Schiffsverkehr seit 80 Jahren. Der Verkehrsstrom zu Land und Wasser wuchs Anfang des vorigen Jahrhunderts beständig. In den 1920er-Jahren spotteten die Stockholmer bereits heftig über das »Schleusenelend«. Durften Schiffe passieren, bil-deten Autos und Fuhrwerke lange Staus durch die Stadt – und anders herum. Die Brücken an Slus-sen, der Schleuse, waren ihrer Aufgabe nicht mehr gewachsen, es musste ein Ausweg her.

Kleeblattkreuzung

Die Aufgabenstellung für die drei beauftragten Architekten William-Olsson, Blom und Lundborg war komplex: Autos und Straßenbahnen aus meh-reren Richtungen, die neue U-Bahn und Eisen-

SLUSSEN plan B

Mer info: www.SLUSSENplanB.nu

Seite 176/177: Das Hotel und Café »Rival« am Mariatorget gehört Ben-ny von ABBA.
Mitte: Vom Aufzug Katarinahissen genießt man die Aussicht über Slussen und Gamla Stan.
Unten: Slussen und das Ufer Sö-dermalms im neuen Planverfahren

bahnschienen, Fahrradfahrer und Fußgänger – dazu der Schiffsverkehr. Die Verkehrsarten sollten getrennt werden, dazu waren verschiedene Ebenen nötig. Das Ergebnis war 1935 die erste innerstädtische Kleeblattkreuzung in Europa. Alles findet auf verschiedenen Ebenen statt: Fußgänger und Radfahrer können durch ein System aus Tunneln und Brücken von der Altstadt nach Södermalm gelangen. Autofahrer wählen im Tunnel die kleeblattförmig angelegten Abfahrten. Auch die 1936 eröffnete U-Bahn und die Vorortbahn nach Saltsjöbaden sind an diesen damals hochmodernen Verkehrsknoten angeschlossen. Und unter allen Brücken hindurch fahren die Schiffe in die namensgebenden Schleusenkammern ein.

Slussen kommt in die Jahre

Slussen wurde zu einem Symbol des modernen Stockholm. Aus dem Schleusenelend war der Stolz der Stadt geworden. Doch heute ist Slussen erneut an seine Grenzen gekommen. An den Betonkonstruktionen nagt der Zahn der Zeit, die Geschäfte entlang der Fußgängerpassagen sind heruntergekommen. Autofahrer fühlen sich in den kurvigen Tunneln unwohl, Fußgänger nervt der moderige Geruch der Unterführungen. So soll das langjährige Symbol des Funktionalismus bis 2020 durch eine neue Verkehrführung ersetzt werden.

Södra Stadshuset

Was bleiben wird, ist Södra Stadshuset, das »südliche Rathaus«, das der an Slussen mehrfach gescheiterte Monumentalarchitekt Boberg 1913 abreißen lassen wollte. Das Palais aus dem Jahr 1663 beherbergt das städtische Museum, das zum Leidwesen ausländischer Besucher nur in Schwedisch beschildert ist. Derzeit wird es renoviert, 2018 soll es wieder eröffnet werden.

Infos und Adressen

Stadsmuseet. Bis 2018 ist das Stadsmuseet aufgrund von Renovierungsarbeiten geschlossen. Allerdings organisiert das Museum weiterhin thematische Touren durch Stockholm. Peter Myndes backe 3, Ryssgården, 11645 Stockholm, Tel. 08/50 83 16 20, stadsmuseet@stockholm.se, www.stadsmuseet.stockholm.se

Café Fåtöljen. Zimtschnecken, Pasta-Salate und belegte Brote bekommt man im Café an der Rückseite des Stadtmuseums. Mo–Fr 9–23 Uhr, Sa–So 10–23 Uhr, Götgatan 12, 11846 Stockholm, Tel. 08/644 06 05, www.cafefatoljen.com

Hilton. Großes Kettenhotel in attraktiver Lage. Guldgränd 8, 10465 Stockholm, Tel. 08/51 73 53 00, stockholm-slussen@hilton.com, www.hilton.com

Hotel Anno 1647. 42 Zimmer in bester Lage – teilweise mit Blick auf Gamla Stan und Slussen. Eines seiner beiden Gebäudeteile wurde 1647 errichtet. Mariagränd 3, 11646 Stockholm, Tel. 08/442 16 80, hotell@anno1647.se, www.anno1647.se

Slussen Informationszentrum. Interessante Infos zum zukünftigen Umbau von Slussen. Di–Do 12–18 Uhr, Sa 11–15 Uhr, Stadsgården 8, 11645 Stockholm, slussen@stockholm.se, www.bygg.stockholm.se/Alla-projekt/Slussen/

29 Götgatan
Södermalms wichtigste Straße

Einst war sie die wichtigste Zufahrtsstraße Stockholms von Süden her. Heute ist die Götgatan im Stadtteil Södermalm überwiegend Fußgängern und Radfahrern vorbehalten. Sie führt vom Verkehrsknoten Slussen hinauf auf den Granitberg zum zentralen Platz Södermalms, dem Medborgarplatsen. Hier lösen moderne Neubauten die historische Bebauung des unteren Straßenabschnitts ab.

Södermalm wird in Schweden nur kurz Söder genannt. Und es heißt auch nicht »in« Södermalm, sondern »auf« Söder – schließlich handelt es sich um eine Insel. Im Norden wird sie vom Durchfluss des Sees Mälaren in Richtung Ostsee bei Slussen begrenzt, im Süden vom Hammarby Kanal bei Skanstull. Letzteres ist übrigens wieder einer der sprechenden Namen in Schweden: Skans meint eine Schanze, Tull ist das schwedische Wort für Zoll. Hier lag über Jahrhunderte die Stadtgrenze. Bis zur Wikingerzeit war Södermalm eine »echte« Insel, durch die Landhebung entstand dann im Süden ein Anschluss zum Festland. Und mit dem Bau des Hammarby Kanals in den 1930ern wurde Söder erneut zur Insel. Zwischen Slussen und Skanstull verläuft eine Straße schnurgerade über den Berg, die Götgatan. Sie war die Zufahrt aus Richtung Süden in die schwedische Hauptstadt; 1494 wurde die Straße erstmals erwähnt.

Jenseits des Zentrums

Södermalm gehörte zu den ersten Gebieten, die außerhalb des Stadtkerns von Gamla Stan besie-

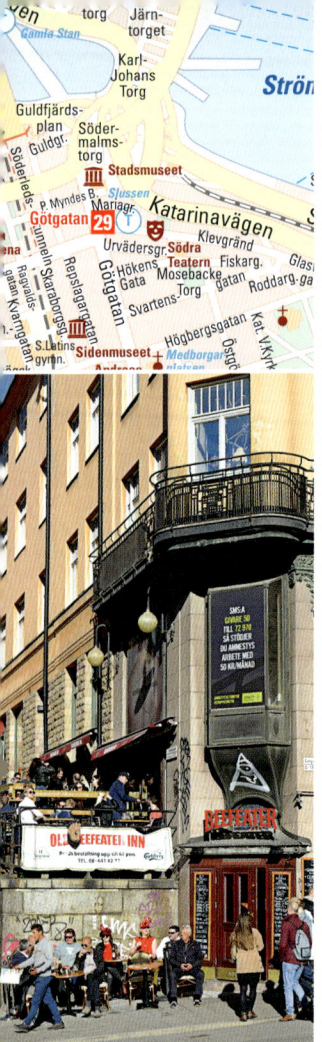

Auf der steilen Götgatan lassen sich Bier und Shopping gut miteinander kombinieren.

Im Sommer vor dem Theater

delt wurden. Von Slussen aus wuchs die
Bebauung entlang der Götgatan nach Süden. Es entstanden kleine Palais und Gasthäu-
ser für die Händler und Fahrensmänner, bis die
Industrialisierung einsetzte. So lässt sich beispielsweise die Geschichte des Gasthauses »Den gröne
Jägaren« bis 1692 zurückverfolgen. Heute befindet sich das Restaurant nicht mehr im ursprünglichen Gebäude, sondern im Erdgeschoss des Hell-
grenska Palatset, einem Palais aus dem Jahr 1866
in der Götgatan. Unrühmliche Berühmtheit erlangte das Lokal, weil Jacob Johan Anckarström
am 16. März 1792 darin zu Abend aß, bevor er
König Gustav III. auf dem Maskenball erschoss.

Arbeiterviertel

Mit der Industrialisierung wuchs die Bevölkerung
von Stockholm stark an, rund 140 000 Arbeiter
wohnten auf Söder. Auch wenn sich seitdem die
Einwohnerzahl der Insel nahezu halbiert hat, ist
doch ihr Charakter als Arbeiterviertel noch zu erkennen – vor allem im Kontrast zu Östermalm. Die
Götgatan wurde nicht nur die Hauptverkehrsstraße, sondern auch die wichtigste Einkaufsstraße im
Süden Stockholms. Bis heute ist sie von kleinen

Geschäften geprägt, große Konsumtempel sind die Ausnahme, auch wenn Åhléns in der Götgatan 1915 sein erstes Kaufhaus errichten ließ.

Palais Louis de Geer

Das erste Gebäude auf der Götgatan von Slussen aus ist das Stadsmuseet im Palais Södra Stadshuset (1663). Hinter der heutigen Hausnummer 16 hingegen verbirgt sich das Palais Louis de Geer. Vom Portal kann man einen Blick auf das sehenswerte Hauptgebäude im Innenhof werfen. Seit 1963 hat in diesem ersten privaten Palais auf Söder die Niederländische Botschaft ihren Sitz, weshalb es leider nicht zu besichtigen ist. So lässt sich auch nicht überprüfen, ob die Legende stimmt: Angeblich spukt König Gustav II. Adolf (1594–1632) durch die Räumlichkeiten auf der Suche nach seiner Jugendliebe Ebba Brahe, die hier einige Zeit wohnte. Der schwedische Schriftsteller Ivar Lo-Johansson (1901–1990), ebenfalls für einige Zeit Mieter in dem Palais, will jedenfalls den König nachts getroffen haben.

Medborgarplatsen

Gegenüber dem weiten, offenen Medborgarplatsen liegt etwas versteckt in einem kleinen Park der ehemalige Herrenhof Björns Malmgård aus dem 17. Jahrhundert. Auch das Palais Lilienhoff in der Götgatan 48 an der Ecke zum Medborgarplatsen entstand in jener Zeit, genauer gesagt zwischen 1668 und 1670 im Stil des holländischen Barock. Im Erdgeschoss befindet sich ein Restaurant, sodass man zumindest einige der historischen Räumlichkeiten in Augenschein nehmen kann. Außerdem bietet das Lokal im Sommer einen großen Biergarten auf dem Platz. Es soll ja niemand sagen, dass es auf Söder nicht auch auf das Sehen und Gesehen werden ankommt.

Oben: Macht Shopping fröhlich? **Unten:** Göran Strååts Skulptur »Kasper« steht auf dem Medborgarplatsen.

Infos und Adressen

ESSEN UND TRINKEN

Chutney. Wer keine Lust auf die klassische, oft fleischlastige schwedische Küche hat, ist hier richtig: Das »Chutney« ist ein unprätentiöses vegetarisches Restaurant in einer ruhigen Seitenstraße und hat im Sommer auch Außentische aufgestellt. Typisch Södermalm! Mo–Fr 11–22 Uhr, Sa 12–22 Uhr, So 12–21 Uhr, Katarina Bangatan 19, 11639 Stockholm, Tel. 08/640 30 10, info@chutney.se, www.chutney.se

Snaps Bar und Bistro. Restaurant und Biergarten in und vor dem Palais Lilienhoff. Mo 11–15 Uhr, Di 11–23 Uhr, Mi–Do 11–1 Uhr, Fr 11–3 Uhr, Sa 13–3 Uhr, Götgatan 48, 11826 Stockholm, Tel. 08/64 02 86 8, www.snapsbar.se

Den gröne Jägaren. Traditionsreiches Restaurant mit moderaten Preisen. Mo–So 11–1 Uhr, Götgatan 64, 11826 Stockholm, Tel. 08/640 96 00, www.gronejagaren.com

Von der Terrasse des Södra Teater kann man bis nach Djurgården sehen.

Der Name der Bar auf dem Medborgarplatsen ist Programm.

ÜBERNACHTEN

Scandic Malmen. Hotel mit über 300 Zimmern, in dem dunkle Farbtöne wie Schwarz und Lila überwiegen. Gut geeignet für Veranstaltungen im Globen. Götgatan 49–51, 10266 Stockholm, Tel. 08/51 73 47 00, malmen@scandichotels.com, www.scandic.de

EINKAUFEN

Emmaus. Secondhandladen für Kinder und Erwachsene und Vintage-Boutique mit täglich neuen Kleidern, Schmuck, Taschen und Schuhen. Betrieben wird der Laden von der gleichnamigen Wohlfahrtsorganisation. Mo–Fr 10.30–19 Uhr, Sa 11–17 Uhr, So 12–16 Uhr, Peter Myndes Backe 8, 11846 Stockholm, www.emmausstockholm.se

T-Shirt Store. Druckfrische, von Designern entworfene T-Shirts mit Prints aus Schweden, die man nicht an jeder Ecke bekommt. Mo–Fr 11–19 Uhr, Sa 11–17 Uhr, So 12–16 Uhr, Götgatan 28, 11846 Stockholm, Tel. 01/07 06 05 71, www.tshirtstoreonline.com

30 Rund um die Hornsgatan
Södermalms Westen

Das Viertel zwischen der Uferstraße Södra Mälarstrand und Hornsgatan ist wenig touristisch. Doch ein Spaziergang lohnt sich nicht nur wegen der Aussicht über die Stadt. Die Schwierigkeiten der Stadtplanung werden in den Gassen neben der Hornsgatan ebenso gut sichtbar wie die Geschichte Södermalms als Arbeiterviertel. Außerdem gibt es viele nette Eckkneipen und Cafés, die zum Verweilen einladen.

Auf den ersten Blick ist die Hornsgatan kein »Höjdare«, kein Höhepunkt, wie die Schweden sagen: eine breite Ausfallstraße von West nach Ost quer durch Södermalm hindurch. Sie beginnt oberhalb von Slussen und führt immer geradeaus fast ans Ende der Insel bis Hornstull. Aber in dem Teil kurz hinter dem Stadsmuseet lässt sich noch schön der alte Straßenverlauf erkennen. Gegenüber der Kirche St. Maria Magdalena verläuft unten die neue Hornsgatan und ein gutes Stück höher die alte – unten ist sie asphaltiert, oben mit Kopfsteinpflaster. Der Buckel von Hornsgatan wurde 1901 kurzerhand gesprengt, damit die Straßenbahnen sich nicht den Berg hinaufquälen mussten. Rund zehn Meter beträgt der Niveauunterschied zwischen den beiden Straßen, wobei der obere Teil für Besucher interessanter ist und aufgrund der niedrigeren, älteren Bebauung auch gemütlicher wirkt.

Mitte: Die Bänke am Monteliusvägen bieten sich für ein Picknick am Abend an.
Unten: »Dropcoffee« ist eine mehrfach ausgezeichnete Kaffeerösterei und ein Café.

Monteliusvägen

An dieser Stelle lohnt sich ein kleiner Streifzug durch die Gassen, durch Bellmannsgatan und Ta-

Spaziergang durch Södermalm

A »**Hotel Hilton**«. Das Hotel ist ein guter Ausgangspunkt für den Spaziergang. Daneben geht es auf einem Fußweg den Berg hinauf.

B **Abzweig des Monteliusvägen von Bastugatan.** Ab hier ist der Weg nur noch zu Fuß zu benutzen. Man gelangt zu mehreren Aussichtsterrassen, von denen sich die besten Panoramablicke über Stockholm bieten.

C **Mariatorget.** Der Marienplatz ist ein kleiner Stadtpark mit Springbrunnen und der Skulptur »Tor med fiske«. In dem Park gibt es auch mehrere Klanginstallationen.

D **Alte Hornsgatan.** Der höher gelegene Teil der Straße mit Kopfsteinpflaster ist für Besucher schöner und interessanter.

E **Galleri Rääf.** Eine von mehreren Galerien in der Hornsgatan

F **Stadsmuseet.** An dem Museum beginnen mehrere Rundgänge auf den Spuren der Kriminalromane von Stieg Larsson.

G **Götgatan.** Wer unterwegs noch keinen Kaffee getrunken haben sollte, wird in dieser Straße sicher fündig.

Das Kopfsteinpflaster in den Nebenstraßen zur Hornsgatan ist erhalten geblieben.

Am Mariatorget wird die Grünfläche intensiv genutzt.

Nicht verpassen

AUF DEN SPUREN VON STIEG LARSSON

Karl Stig-Erland Larsson (1954–2004) war ein schwedischer Journalist und Schriftsteller, der seine Bücher unter dem Künstlernamen Stieg Larsson veröffentlichte. Er wollte nicht mit dem gleichnamigen Schriftsteller und Regisseur aus Skellefteå verwechselt werden. Larsson war politisch aktiv, er engagierte sich stark gegen Rechtsextremismus. Seine drei Kriminalromane, die Millennium-Trilogie, wurde zu einem großen Erfolg und weltweit übersetzt. Auf den Spuren der beiden Hauptfiguren Mikael Blomkvist und Lisbeth Salander bietet das Stadsmuseet sehr erfolgreich englischsprachige Führungen auf Söder zu den Romanschauplätzen an. Reservierung erforderlich!

Stadsmuseet. Peter Myndes backe 3, Ryssgården, 11645 Stockholm, Tel. 08/50 83 16 20, info.stadsmuseet@stockholm.se, www.stadsmuseet.stockholm.se/kalendarium

vastgatan zum Blecktornsgränd, an dessen Ende der Monteliusvägen liegt. Das ist ein Fußweg, der über das Hochufer von Södermalm führt und einen hervorragenden Ausblick auf Teile von Gamla Stan, auf Riddarholmen sowie hinüber zum Stadshuset auf dem anderen Ufer des Mälaren freigibt. Um zu diesem Aussichtspunkt zu gelangen, kann auch der Fußweg halb rechts am »Hilton« an Slussen genommen werden. Die Bastugatan mit ihrem Kopfsteinpflaster ist allerdings recht strapaziös. Der Zugang von Hornsgatan ist nicht ganz so steil. Der Spazierweg führt parallel zur Bastuga-tan in der Höhe bis an den Taleinschnitt. Knapp 500 Meter ist dieser Panoramaweg für Fußgänger lang. 1998 wurde er mit kleinen Aussichtsterrassen und Parkbänken angelegt.

Die Ex-Brauerei Münchenbryggeriet

Unten am Ufer Södra Mälarstrand liegt die ehemalige Brauerei Münchenbryggeriet. Vor 1857 waren in dem Komplex Kleider produziert worden, ab dann braute man Bier. Nach einem Brand 1893

Rund um die Hornsgatan

wurde das Gebäude in seinem charakteristischen
Neorenaissancestil wieder aufgebaut und prägt
seitdem das Bild von Söder. Besonders sticht es
auf dem sonnigen Ufer ins Auge, wenn man
abends von Riddarholmen herüberblickt. Als der
letzte Besitzer, die Brauerei Pripps, 1971 die Produktion verlegt hatte, sollte der Industriekomplex
abgerissen werden. Doch dann kam es anders, die
Brauerei wurde umgewidmet und saniert, seit
1995 dient sie als Messe- und Kongresszentrum.
Auch Konzerte finden hier regelmäßig statt.

Mariatorget

Auf der anderen Seite der Hornsgatan ragt die
Kirche St. Maria Magdalena aus dem Jahre 1625
auf. Sie ist umgeben von Grün, genauso wie der
Park am Platz Mariatorget. Rund um den Brunnen
mit der Statue des nordischen Gottes Thor, der
selbst beim Fischen den Hammer schwingt, erstre-
cken sich Wege mit Parkbänken. Die Besonderheit
des Parks ist eine Klanginstallation: Aus verstec-
ten Lautsprechern klingen vier verschiedene Ton-
welten. Drei von ihnen sollen die Elemente Erde,
Feuer, Wasser und Luft hörbar machen, die vierte
soll Bewegung in Klänge umsetzen.

Hotel Rival

Am Mariatorget liegt auch das »Hotel Rival« von
ABBA-Musiker Benny Andersson. Aus dem früheren Hotel »Aston« und dem angrenzenden Kino
»Rival« ließ er einen neuen Komplex mit angeschlossenem Veranstaltungssaal bauen. Er wurde
2003 eingeweiht und reklamiert für sich, das erste
Boutique-Hotel Schwedens zu sein. In dem bis zu
700 Gäste fassenden Saal finden regelmäßig
Shows und Konzerte statt. Kein Wunder, dass Södermalm der Stadtteil mit den meisten Veranstaltungen ist.

Infos und Adressen

ESSEN UND TRINKEN
Dropcoffee. Café und Rösterei
für Kaffee-Fetischisten. Mo–Fr 8–17
Uhr, Sa, So 10–17 Uhr,
Wollmar Yxkullsgatan 10, 11850
Stockholm, www.dropcoffee.se

ÜBERNACHTEN
Hotel Rival. Boutique-Hotel mit 99
Zimmern und Veranstaltungssaal. Es
wird von ABBA-Musiker Benny Andersson betrieben. Mariatorget 3,
11891 Stockholm, Tel. 08/54 57 89 00,
rival@rival.se, www.rival.se

Hotel Hellstens Malmgård. Kleiner
Herrenhof in einer ruhigen Seitenstraße mit nettem Ambiente.
Brännkyrkagatan 10, 11727 Stockholm, Tel. 08/46 50 58 00,
hotel@hellstensmalmgard.se,
www.hellstensmalmgard.se

Zinkensdamm. Hotel und Jugendherberge am Rande einer Gartenko-
lonie im Westen Södermalms. Zinkens Väg 20, 11741 Stockholm,
Tel. Hotel: 08/616 81 10,
mail@zinkensdamm.com,
www.zinkensdamm.com

EINKAUFEN
**Stockholms Stadsmission Second
Hand.** Hier entdeckt man immer
wieder kleine Schätze. Mo–Fr
10–18.30 Uhr, Sa 11–17 Uhr, So
12–16 Uhr, Hornsgatan 58, 11821
Stockholm, Tel. 08/68 42 34 41,
www.stadsmissionen.se

Galleri Rääf. Moderne Kunst und
Fotografie zum Gucken und Kaufen.
Mo–Fr 12–17 Uhr, Sa–So 11–16 Uhr,
Hornsgatan 32, 11820 Stockholm,
Tel. 070/630 19 21,
www.galleri-raaf.se

31 Fjällgatan
Stockholms Aussichtsterrasse

Die Straße Fjällgatan steht im Wettstreit mit dem Monteliusvägen um die beste Aussicht auf Stockholm. Beide schauen von Süden auf die Altstadt – womit auf jeden Fall klar ist, dass Södermalm die besten Panorama-Ansichten der schwedischen Hauptstadt bietet.

Die Fjällgatan ist einfach zu erreichen. Von den Finnlandfähren aus geht man am besten zu Fuß hinauf, wenn man sich über den vierspurigen Stadgårdsleden auf die andere Straßenseite vorgearbeitet hat. Viel Verkehr, Brücken und Hochhäuser verstellen die Aussicht: Der Beginn der Folkungagatan ist alles andere als vielversprechend. Doch mit dem Abbiegen in die Erstagatan ändert sich das sofort. Über eine kleine Kuppe gelangt man zur Aussichtsterrasse der Fjällgatan.

Es ist eine Frage der Perspektive, ob man die Zufahrtsmöglichkeit für Busse positiv oder negativ findet. Wer auf einer Stadtrundfahrt oder als Ausflug von einem Kreuzfahrtschiff mit dem Bus ankommt, wird die Zufahrt sicher begrüßen. Wer sich als Individualreisender zu Fuß auf den Weg in die Fjällgatan macht, wird sich an der Bus-Armada sicher stören. Bis zu zehn Reisebusse quetschen sich in die kleine Straße.

Fjällgatan im Morgenlicht

Am besten ist die Aussicht morgens, wenn das Licht von Osten oder Südosten kommt. Dann scheint die Sonne auf Skeppsbron, die Promenade der Altstadt, und ermöglicht schöne Fotos. Wer etwas ambitionierter fotografiert, sollte ein Tele-

Mitte: Blick über die Fjällgatan hinweg auf Kastellholmen
Unten: Die denkmalgeschützten, bis zu 300 Jahre alten Häuser der Lotsgatan sind bis heute bewohnt.

objektiv mitnehmen, um Gamla Stan nicht nur als entferntes Panorama abzulichten. Im Rundumblick liegen neben der Altstadt linker Hand noch genau gegenüber die Inseln Skeppsholmen und Kastellholmen. Gut zu erkennen sind das erhöhte Kastell und die Offiziershäuser am Ufer. Beim Schwenk nach rechts kommt Djurgården in Sicht. Aus dieser Perspektive fällt der Freizeitpark Gröna Lund mit seinen Fahrgeschäften ins Auge, aber es ist auch gut zu erkennen, wie grün Djurgården ist.

Einkehr ins Café

Da die Busse hier nur kurz stehen dürfen, bleibt ihren Gästen meist keine Zeit, um das kleine Café am Aussichtspunkt zu besuchen. Nicht dass Kaffee und Kuchen besonders gut wären, man bezahlt die Aussicht mit, aber es gibt eben auch die Möglichkeit, den wunderbaren Blick etwas länger zu genießen. Noch ein Tipp: Die Busse der Kreuzfahrtschiffe starten ihre Stadtrundfahrten selten vor neun Uhr morgens. Davor hat man am Aussichtspunkt Fjällgatan meist noch seine Ruhe, zwischen zehn und zwölf wird es oft voll, und am Nachmittag stimmen die Lichtverhältnisse nicht mehr.

»Hermans Vegetariska Restaurang«

Es gibt aber noch eine Alternative, die den meisten Bustouristen aus Zeitgründen zu weit ist: Einfach die Fjällgatan bis zum westlichen Ende gehen. Hier liegt im Hang »Hermans Vegetariska Restaurang«, das im Sommer auch Tische und Stühle in einem kleinen Garten anbietet – zur Wasserseite! Für die 1A-Lage sind die Preise für das Mittagsbüfett geradezu günstig. Und es gibt die Aussicht gratis dazu! Der Spaziergang lässt sich über eine kleine Brücke fortsetzen, die Fjällgatan mit dem Cornelispark verbindet.

Infos und Adressen

ESSEN UND TRINKEN

Hermans Vegetariska. Ein rein vegetarisches Restaurant in der Fjällgatan oberhalb des Fotografiska und mit wunderschönem Blick über Stockholm. In der Regel gibt es ein großes Büfett. Mo–So 11–21 Uhr, Fjällgatan 23B, 11628 Stockholm, Tel. 08/643 94 80, www.hermans.se

Fjällgatans Kaffestuga. Einfaches Café mit großartiger Aussicht. Ende Apr. – Sept. Mo–So 9–17 Uhr, bei Regen möglicherweise geschlossen. Fjällgatan 37, 11628 Stockholm, Tel. 08/643 14 40, hej@fjallgatan.com, www.fjallgatan.com

ÜBERNACHTEN

Ånedin Hostel. Wer maritim übernachten will, kann dies auf mehreren Schiffen tun. Die 1951 erbaute »MS Birger Jarl« war über viele Jahre hinweg als Passagierschiff im Einsatz und ist heute ein Hostel. Gäste haben die Wahl zwischen verschiedenen Kategorien, die günstigste ist ohne Fenster und mit Etagenbetten. Stadsgårdskajen 156, 116 45 Stockholm, Tel. 08/68 41 01 30, frontdesk@msbirgerjarl.se, www.msbirgerjarl.se

EINKAUFEN

Tjallamalla. Der Modeladen versammelt unter einem Dach um die 250 Design-Labels. Entsprechend vielfältig ist das Angebot, es liegt zwischen 1980er-Retro, Abendkleidern, College-Jacken und klassischen Rucksäcken. Mo–Fr 11–18 Uhr, Sa 11–17 Uhr, Folkungagata 86, 11622 Stockholm, Tel. 08/640 78 47, shoppa@tjallamalla.com, www.tjallamalla.com

32 Katarina Kyrka
Stockholms schönste Kirche

Erhaben liegt Katarina Kyrka auf Söder an einem der höchsten Punkte. Die markante Turmkuppel ist aus allen Himmelsrichtungen gut zu sehen. Selbst in dem gegenüberliegenden Stadtteil Norrmalm hinterlässt sie einen starken Eindruck: Sie liegt exakt in einer Flucht mit der Drottningatan und deshalb immer im Blick, wenn man sich von Norden dem Zentrum nähert. Doch ihre Geschichte ist von unglücklichen Begebenheiten geprägt.

Es war der 17. Mai 1990, als sich die Schreckensnachricht in Windeseile in der Stadt verbreitete – falls man es nicht sowieso sehen konnte: Katarina Kyrka brannte. Die Feuerwehr rückte mit schwerem Gerät an, doch es war bereits zu spät: Der Kirchturm stürzte ein und durchbrach das Deckengewölbe. Am Ende standen nur noch die Außenwände. Immerhin konnten wertvolle Textilien und das Kirchensilber gerettet werden. Eine genaue Brandursache konnte nicht gefunden werden, es wurde aber festgestellt, dass ein Brandherd schon mehrere Tage in den Dachsparren geglüht hatte.

Brand und Wiederaufbau

Katarina Kyrka ist ein Wahrzeichen Stockholms und eine Landmarke für Seefahrer. Es war keine Frage, dass das Gotteshaus nach dem Brand wieder aufgebaut werden sollte. Obwohl die Kirche gut versichert war, entstand die Stiftung »Rädda Katarina« (Rettet Katarina). Es war kein Geringerer als der königliche Schlossarchitekt Ove Hidemark (1931–2015), der den Auftrag zum Wiederaufbau erhielt.

Mitte: Katarina Kyrka wurde nach dem Brand 1990 mit alten Handwerkstechniken rekonstruiert.
Unten: Skånegatan ist bei Einheimischen zum Shoppen beliebt, Touristen sieht man kaum.

So originalgetreu wie möglich

Ein Schlossarchitekt in der Neuzeit muss sich mit
der Renovierung historischer Gemäuer auskennen.
Und so wurde entschieden, dass keine modernen
Baumaterialien verwendet werden sollten. So ori-
ginalgetreu wie möglich sollte die Kirche rekonstruiert werden. 52 000 handgeschmiedete Nägel,
120 000 Dachziegel in einer heute nicht mehr üblichen Größe, 5000 Quadratmeter Kupferplatten
für das Dach und 1600 Scheiben mundgeblasenen
Glases wurden verwendet, um Katarina Kyrka zu
ihrem alten Glanz zu verhelfen. 1995 waren die
Arbeiten abgeschlossen.

Erster Zentralbau Schwedens

Ursprünglich stammt Katarina Kyrka aus den Jahren
1656 bis 1695. Sie war die erste Kirche in Schweden, die als Zentralbau konzipiert war. Diese Bauart ist vergleichsweise selten, in Deutschland kennt
man sie vom Hamburger Michel oder der Dresdner
Frauenkirche. 1723 wurde Katarina Kyrka zum ersten Mal durch einen Brand verwüstet. Damals fielen beim großen Stadtbrand auf Söder auch 500
Häuser den Flammen zum Opfer. Den achteckigen
Turm bekam die Kirche beim Wiederaufbau 1724.

Friedhof

Zu der Kirche gehört ein kleiner Friedhof, auf dem
einige bekannte Schweden ihre letzte Ruhe fanden: Der Schriftsteller Per Anders Fogelström
(1917–1998) lebte auf Södermalm und schrieb fünf
historische Romane über das Leben im Stockholm
des 19. Jahrhunderts. Die Außenministerin Anna
Lindh (1957–2003), die 2003 in Stockholm ermordet wurde, liegt hier ebenso begraben wie der hol-
ländisch-schwedische Liedermacher Cornelis Vress-
wijk (1937–1987), der in Schweden dank seiner
Bellman-Interpretationen sehr populär war.

Infos und Adressen

SEHENSWÜRDIGKEITEN

Katarina Kyrka. Selbst wenn die
Kirche geschlossen hat, lohnt der
kleine ruhige Friedhof allemal einen
Besuch. Mo–Sa 11–17 Uhr,
So 10–17 Uhr, Högbergsgatan 13,
11620 Stockholm, Tel. 08/743 68 00,
www.svenskakyrkan.se/katarina/

ESSEN UND TRINKEN

Cykelkafe Le Mond. Nettes Café
mit vernünftigen Preisen und gutem
Lunch von vegan über vegetarisch
bis zu Fisch und Fleisch. Da es sich
um ein Fahrradcafé handelt, werden
auch Mechanikerkurse angeboten.
Fahrräder dürfen ins Café mit hinein-
genommen werden. Mo, Di, Do 8–18
Uhr, Mi, Fr 7–18 Uhr, Sa–So 10–17
Uhr, Folkungagatan 67, 11622
Stockholm, info@cykelcafe.se,
www.cykelcafe.se

EINKAUFEN

Alvglans Comic Book Shop. Antiquariat für Comics, im Sortiment
sind aber auch aktuelle amerikanische Serien. Mo–Fr 11–18 Uhr,
Sa 11–16 Uhr, Östgötagatan 19,
11625 Stockholm, Tel. 08/642 69 98,
www.alvglans.se

So alte Holzhäuser sieht man fast
nur noch auf Södermalm.

33 Fotografiska
Internationale Fotokunst

Die Lage ist formidabel: Das stattliche Zollgebäude von 1900 liegt direkt am Stadshuskai mit Blick auf die Altstadt, Skeppsholmen und Djurgården. Seit 2010 beherbergt das alte königliche Zollhaus Fotografiska, das bewusst nicht das Wort Museum im Namen trägt. Wechselausstellungen international renommierter Fotografen haben aus dem zuvor baufälligen Lagergebäude einen Publikumsmagneten gemacht.

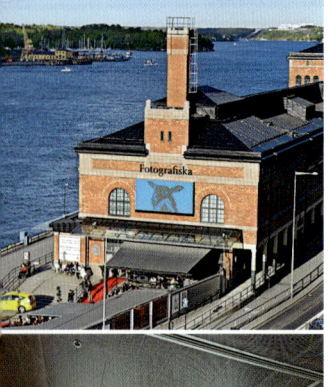

Das Thema Fotografie war in Stockholm etwas in den Hintergrund getreten. Zwar verfügt Moderna Museet seit 1971 über eine große Abteilung mit Fotokunst, doch reichen die Räumlichkeiten bei Weitem nicht aus, um auch nur einen Ausschnitt der rund 100 000 Werke zu zeigen. Diese Lücke schloss 2010 das private Fotografiska, das sich auf Wechselausstellungen international bekannter Fotografen spezialisiert hat. Bis zu drei Ausstellungen laufen parallel. Eröffnet wurde das Zentrum für Fotografie mit einer großen Retrospektive von Annie Leibowitz, die Ausstellungen mit Werken von Robert Mapplethorpe und Herb Ritts waren ebenfalls Kassenschlager. Stockholm hat mit Fotografiska eine weitere Attraktion bekommen.

Das königliche Zollhaus

Aber auch das Gebäude an sich ist sehenswert. Es stammt von dem manchmal zu Bombast neigenden Architekten Ferdinand Boberg (1860–1947). Das große königliche Zollgebäude von 1900 ist ein für die Jahrhundertwende typischer Ziegelbau mit Verzierungen aus Sandstein und Granit. Vom

Mitte: Das Fotografiska liegt in einem alten Zollspeicher.
Unten: Das Innere des Gebäudes wurde komplett modernisiert und dem Museum angepasst.

ursprünglichen Zweck als Zollhaus zeugt noch ein Wappen über dem Portal. Später wurde es als Zollschule genutzt, zuletzt teils als Lagerhaus und teils als Büro.

Neue Nutzung

Als Stockholm bei Kreuzfahrt-Reedereien immer populärer wurde, musste über die Nutzung des renovierungsbedürftigen Gebäudes neu nachgedacht werden. Es liegt genau auf dem Fußweg vom Anleger der Kreuzfahrtschiffe in die Altstadt. Fußgänger zwischen Gabelstaplern mit Last? Das machte wenig Sinn. Die Stadt Stockholm beschloss eine Komplettsanierung. Anfangs war angedacht, hier das geplante ABBA-Museum unterzubringen, dessen Initiatoren sich dann aber doch dazu entschlossen, die Tore auf Djurgården zwischen all den anderen Museen zu eröffnen.

Jan und Per Broman

Doch dann kamen die Brüder Jan und Per Broman, der eine Bildredakteur bei der Tageszeitung »Expressen«, der andere Werbefotograf, und präsentierten ihre Idee eines fotografischen Zentrums. Nach eineinhalb Jahren stand das Konzept, seitdem sind die Brüder nur noch mit Fotografiska beschäftigt. Neben den Ausstellungen gibt es Workshops für Amateure und Profis, Konzerte und Podiumsdiskussionen. Fotografiska hat sich auf Anhieb zu einer Institution für Fotografie entwickelt, nicht nur für Schweden, sondern auch international. Aus dem Stand 360 000 Besucher jährlich sind in einer an Attraktionen nun wahrlich nicht armen Stadt wie Stockholm eine beachtliche Leistung. Mit dazu beigetragen haben mag auch das Restaurant mit seinen Sterneköchen – und vielleicht auch, dass so viele Kreuzfahrtgäste direkt an Fotografiska vorbeigehen.

Im Restaurant des Fotografiska

34 Globen
Die komische Kugel

Was ist das denn? Ein riesiger Golfball mitten in der Stadt? Die Kugel in Stockholms Süden gibt vielen Besuchern ein Rätsel auf. Über ihre Schönheit kann man streiten, aber Globen ist DIE Arena in Stockholm, wenn es um Eishockey, Tennis, Konzerte oder andere Großveranstaltungen geht. Mit ihren großen Besucherkapazitäten kann sie auch dem europäischen Vergleich standhalten.

Es gibt Gebäude, über die es sich leicht spotten lässt, und Globen gehört sicher dazu. Die Mischung aus überdimensioniertem Golfball, Atomkraftwerk und Moschee hat das Aussehen von Södermalm nachhaltig verändert. Mit einer Höhe von 85 Metern erhebt sich das kugelförmige Gebäude über den Rest des Stadtteils. Und nicht nur das! Da es auf einem Hügel erbaut wurde, beträgt die Gesamthöhe 130 Meter über dem Meeresspiegel. Es gibt in Stockholm kaum eine Ecke, von wo aus Globen nicht sichtbar wäre. Nun ja, die Schönheit liegt im Auge des Betrachters – oder eben auch nicht.

Der Poptempel

Bei der Einweihung im Februar 1989 war Globen nach Aussage der Betreiber das größte sphärische Gebäude der Welt. Bis zu 16 000 Besucher finden in der Halle Platz. Sie dürfen solche Großveranstaltungen erleben wie den Eurovision Song Contest, der im Jahr 2000 stattfand, oder die MTV Europe Music Awards, die hier im Herbst 2000 verteilt wurden. Lady Gaga ist in der Halle ebenso aufgetreten wie Rihanna und Justin Timberlake.

Mitte: Die farbige Beleuchtung der Halle Globen wechselt entsprechend der Veranstaltung.
Unten: Die Fahrten des SkyViews dauern etwa zwanzig Minuten.

Der Sporttempel

Am häufigsten wird Globen aber für Sportveran-
staltungen genutzt. Ganz wichtig im Norden:
1989 und 2013 fanden darin Spiele der Eishockey-
Weltmeisterschaft statt. Die Stockholmer Eishockey-
Erstligisten tragen ihre Heimspiele aus und sorgen
durch die große Kapazität für Zuschauerrekorde.
Selbst die amerikanische National Hockey League
nutzt Globen einmal im Jahr.

Die Gondelbahn

Für Besucher spannend ist die weltweit einmalige
Gondelbahn, die 2010 an der westlichen Seite außen an Globen angebracht wurde. Die kugelförmi-
gen Kabinen tragen den Namen »SkyView«, haben
einen Durchmesser von 4,5 Metern und können
bis zu 16 Personen mitnehmen. Damit alle etwas
sehen, sind sie rundum verglast. Etwa 20 Minuten
dauert die einzigartige Fahrt auf die Spitze des
Globus und wieder zurück. Von oben hat man einen fantastischen Blick über Stockholm, man sollte aber besser schwindelfrei sein.

Mikael Genbergs Holzhaus

Zum zwanzigsten Geburtstag von Globen 2009
gab es ein ganz besonderes Geburtstagsgeschenk.
Oben auf dem runden Gebäude – nicht ganz in
der Mitte, sondern schon etwas in Schräglage –
wurde eine kleine rote Hütte gebaut. Zwölf Quadratmeter Grundfläche sind etwas mehr als Michels Tischlerschuppen, aber ansonsten sah sie
fast so aus: rote Wände, weiße Pfosten und ein
schwarzes Dach – nur, dass sie nicht aus Holz,
sondern wegen des geringeren Gewichts aus Alu-
minium gebaut war. Die Idee stammte von dem
schwedischen Künstler Mikael Genberg. Sechs
Monate durfte das kleine Kunstwerk auf Globen
stehen.

Infos und Adressen

SEHENSWÜRDIGKEITEN

Globen. Wer hinter die Kulissen
schauen möchte, kann dies im Rahmen einer etwa 40-minütigen
schwedischsprachigen Führung tun.
Termine werden online bekannt gegeben. Arenatorget, 12177 Johanneshov, Tel. 0771/81 10 00,
www.globearenas.se

Globen SkyView. Die gläserne
Gondel auf den Globen. Mo–Fr
9.30–18 Uhr, Sa–So 9.30–16 Uhr,
Arenatorget, 12177 Johanneshov,
Tel. 0771/81 10 00,
www.globearenas.se/skyview/

ESSEN UND TRINKEN

Globen. In der Halle gibt es eine
Reihe von Restaurants und Cafés,
die Mo–Fr mittags sowie bei Veran-
staltungen geöffnet haben: »Sky
View Café«, »Grill Bar«, »Heartbreak
Bistro« usw.

ÜBERNACHTEN

Quality Hotel Globen. 2014 reno-
viertes Hotel mit über 500 Zimmern;
U-Bahn direkt vor der Tür, 12 Minuten bis zum Hauptbahnhof. Arenas-
lingan 7, 12126 Stockholm,
Tel. 08/686 63 00,
q.globe@choice.se,
www.nordicchoicehotels.se

Konzert oder Eishockey: In Globen
geht beides.

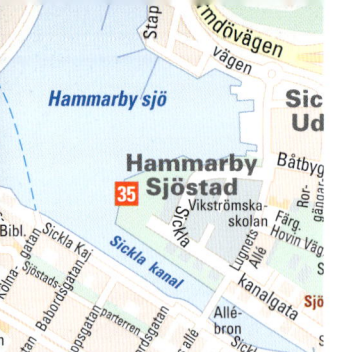

35 Hammarby Sjöstad
Auferstanden aus Ruinen

In Hamburg gibt es die HafenCity, in Malmö wurde das Viertel Västra Hamnen zur Attraktion und in Oslo das ehemalige Werftgelände Aker Brygge. In diesem illustren Umfeld darf Stockholm nicht fehlen: Hammarby Sjöstad ist ein neu geschaffener Stadtteil auf einer ehemaligen Industriebrache – und heute eine der schönsten Wohnlagen der Hauptstadt.

Die Bucht Hammarby Sjö hat Zugang zum offenen Meer, Södermalm war über Jahrhunderte ein Arbeiterviertel – so wurden am Wasser Kaianlagen gebaut, Industrie siedelte sich an und Kleingewerbe. Auf beiden Ufern der Bucht entstanden im 19. und frühen 20. Jahrhundert Gewerbegebiete. Eine Bauwollspinnerei ließ sich nieder, Stearin wurde produziert. Aber eine konsequente Stadtplanung gab es nicht. Mit dem Rückzug des produzierenden Gewerbes standen ab den 1950er-Jahren immer mehr Gebäude leer, eine Industriebrache mit zweifelhaftem Ruf war entstanden – wie man es aus vielen europäischen Hafenstädten kennt. In den 1970er-Jahren verlor der Hafen Hammarby zunehmend an Bedeutung, in Schweden fing man an, das Viertel mit Slums zu vergleichen.

Neuer Wohnraum für Stockholm

1986 begannen die Planungen, den gesamten Stadtteil komplett neu zu bebauen und dringend benötigten Wohnraum zu schaffen. 11 000 neue Wohnungen waren das Ziel, das bald erreicht sein sollte. Die ersten Apartments am Wasser wurden 1994 bezugsfertig, eine Schule 1995 eingeweiht.

Mitte: Die Häuser in Hammarby Sjöstad gelten als besonders umweltfreundlich.
Unten: Mit der Fähre schnell mal rüber

Die alten Industriegebiete werden zu modernen Wohnvierteln am Wasser.

Schnell entwickelte sich Hammarby zu einem beliebten Wohnviertel, das durch seine Nähe zum Wasser und zur Innenstadt besticht. Es wurden aber auch 350 000 Quadratmeter Fläche für Bürogebäude reserviert, sodass neue Arbeitsplätze entstehen konnten. Großer Wert wurde auf ökologisches Wohnen gelegt. Ein Teil der Häuser wird mit dem Biogas der örtlichen Kläranlage beheizt, andere mit Fernwärme. Sonnenkollektoren sind erwünscht, Autos eher weniger.

Radtour in Hammarby Sjöstad

Für Urlauber am spannendsten ist die Vielzahl ausgebauter Radwege, auf denen man das Viertel erkunden kann. Eine kostenlose Fähre verbindet die beiden Ufer der Bucht Hammarby Sjö: auf der einen Seite Södermalm, auf der anderen Södra Hammarbyhamnen – im Stockholmer Sprachgebrauch werden beide Seiten schlicht unter Sjöstaden zusammengefasst. Die Fähre pendelt alle 10 bis 20 Minuten und braucht nur drei Minuten zum Übersetzen. Im Sommer gibt es zusätzlich eine kostenpflichtige Fähre vom Anleger Nybroviken in Östermalm. Sie ermöglicht eine schöne Rundtour von der Innenstadt nach Hammarby Sjöstad über Söder und zurück durch die Altstadt.

Infos und Adressen

ÜBERNACHTEN
Park Inn Hammarby Sjöstad. Von dem modernen Hotel gelangt man auf der Fußgänger- und Radfahrerfähre in nur drei Minuten hinüber nach Södermalm. Per Straßenbahn und T-Bana ist Slussen in einer Viertelstunde erreicht. Midskeppsgatan 6, Hammarby Sjöstad, 12066 Stockholm, Tel. 08/50 50 70 00, info.hammarby@rezidorparkinn.com, www.parkinn.com

TRANSPORT
Fähre Nybroviken – Hammarby Sjöstad. An Bord kann nur mit Kreditkarte bezahlt werden. Die Fähre ist nicht Teil des SL-Tarifverbunds, Verbundtickets gelten nicht! Im Sommer Mo–Fr stündlich 7–17 Uhr, Sa, So 9–17 Uhr, Anleger Lumabryggan oder Nybroviken, www.ressel.se

36 Långholmen
Urlaub hinter schwedischen Gardinen

Långholmen ist nur eine kleine Insel im Stadtgebiet, aber wer an heißen Sommertagen gern mal ins Wasser des Mälaren hüpfen möchte, findet auf ihr die passenden Badestellen. Lange wurden die wichtigsten Gebäude auf Långholmen als Gefängnis genutzt – heute dienen die ehemaligen Zellen als Unterkünfte der Jugendherberge und als preiswerte Hotelzimmer. Ein Fußweg führt einmal rund um die Insel.

Stockholms Ruf als eine Weltstadt mit überdurchschnittlich vielen Grünanlagen wird begründet durch die Insel Djurgården und den Nationalstadtpark. Darüber vergisst man gern die kleine Insel Långholmen, die im Mälaren zwischen Södermalm und Kungsholmen liegt. Knapp 1400 Meter lang und an der dicksten Stelle rund 450 Meter breit ist das kleine Eiland, das weit mehr ist als ein Träger für die Pfosten der gewaltigen Bogenbrücke Västerbron, die seit 1935 Söder und Kungsholmen verbindet. Långholmen hat damals keine eigene Abfahrt bekommen.

Obwohl nur rund 125 Menschen ganzjährig auf Långholmen leben, hat die Insel den Status eines eigenen Stadtteils. Und würde sie nicht die Schnellstraße auf der Brücke zerschneiden, wäre sie wohl einer der ruhigsten Plätze Stockholms. Parkanlagen, die ehemaligen Gefängnisgebäude und Stockholms älteste noch bestehende Werft sind neben den beiden Badeplätzen die Gründe dafür, warum sich ein Besuch unbedingt lohnt – auch über Nacht.

Mitte: Wie alte amerikanische Autos sind auch alte Holzboote wahre Liebhaberstücke.
Unten: Die wenigen Badestellen der Innenstadt sind sehr beliebt.

Die 1935 fertig gestellte Västerbro verbindet Kungsholmen mit Lågnholmen und Södermalm.

Frühe Besiedlung

Långholmen muss schon früh besiedelt gewesen sein, denn im 19. Jahrhundert wurde ein Silberschatz mit Münzen aus dem deutschsprachigen Raum gefunden, den man auf die Zeit um 900 datierte. Damals gab es Stockholm noch nicht, der Handel wurde mit der weiter westlich im Mälaren gelegenen Siedlung Birka getrieben. Aus der Mitte des 17. Jahrhunderts ist belegt, dass Zölle erhoben wurden. Die Durchfahrt von der Ostsee in den Mälaren ist eng genug, um sie an dieser Stelle kontrollieren zu können. Das alte Zollhaus von 1785 ist noch erhalten, befindet sich aber heute in Privatbesitz. Vieles ist noch so wie früher auf Långholmen, die Insel wirkt ein wenig wie aus der Zeit gefallen, und an die Hektik einer Großstadt erinnert nur der Verkehr auf der Brücke.

Mälarvarvet

Die Mälarwerft befindet sich an der südöstlichen Spitze am schmalen Pålsund (»Pfahlsund«). Werftbau ist seit 1680 auf der Insel nachzuweisen, 1985 feierte Mälarvarvet ihren dreihundertsten Geburtstag. Leider gingen die traditionsreichen Schiffsbauer 2007 in Konkurs, aber die zum Teil

Einfach gut!

BADEN AUF LÅNGHOLMEN

Mal kurz abtauchen an einem heißen Sommertag? Dann nichts wie ab nach Långholmen! Es gibt zwei sehr schöne Badeplätze: Långholmsbadet wurde in den 1980er-Jahren angelegt mit einer Wiese an einer lauschigen kleinen Bucht. Auf der Nordseite der Insel liegt Klippbadet – der Name meint einen runden Felsvorsprung im Mälaren. Hier badete man offiziell schon Anfang des 20. Jahrhunderts, aber bitte schicklich nach Damen und Herren getrennt. 1975 wurde, nachdem die zwischenzeitlich schlechte Wasserqualität es wieder zuließ, erneut ein Badeplatz geöffnet. Wer nach Långholmen zum Baden fährt, darf kein Schwimmbad erwarten, sondern nur zwei naturbelassene Plätze mit der minimal notwendigen Infrastruktur. Und einsam ist es an einem heißen Sommertag auch nicht – aber trotzdem schön.

Långholmen mit zwei Badebuchten

historischen Gebäude dienen bis heute der Wartung von Freizeitbooten.

Gefängnisinsel

Die Insel im Stadtgebiet wurde ab 1724 als Gefängnisinsel genutzt. Nein, ein Stockholmer Alcatraz war Långholmen nicht gerade, dafür war der Sund hinüber nach Söder zu schmal. Es begann mit dem sogenannten Spinnhuset (»Spinnerei«), das sich ab 1724 im ehemaligen Wohnhaus Alstavik des deutschstämmigen Braumeisters Ahlstedt befand. Tagediebe und Bettler wurden nach Långholmen verfrachtet, wo die Frauen spinnen und nähen mussten, während die Männer Brasilholz raspelten, aus dem man Farbe für Stoffe gewann. Später wurde ein »richtiges« Gefängnis aus dem ehemaligen Herrenhof, weitere Gebäude kamen hinzu. Erst 1975 verließen die letzten Gefangenen Långholmen. Ein Teil der Häuser wurde abgerissen, aber Alstavik blieb und wurde umgebaut.

Wohnen in Gefängniszellen

Heute befinden sich in den verbliebenen Gebäuden eine Jugendherberge, ein Hotel und ein Restaurant. Im Hotelteil wohnen die Gäste in ehemaligen Gefängniszellen, die mit dem Thema »schwedische Gardinen« aber nur noch spielen: Die Zimmer sind frisch renoviert, haben moderne Flachbildschirme und allen erdenklichen Komfort – aber sie sind halt ein wenig kleiner, als man es von Hotelzimmern gewöhnt ist. Deshalb bucht man auch kein Zimmer, sondern eine Einzel-, Doppel- oder eine Familienzelle. Im Jugendherbergstrakt sind die Zellen etwas einfacher, nicht alle haben Bad und WC. Mitglieder des DJH oder des schwedischen STF wohnen hier zum günstigen Mitgliederpreis.

Oben: Heute dürfen die Knastinsassen selber entscheiden, wann sie abreisen.
Unten: Früher dienten Hotel und Jugendherberge als Gefängnis.

Infos und Adressen

ESSEN UND TRINKEN

Vurma. Das gemütliche Café am Wasser ist ein netter Zwischenstopp auf einem Spaziergang: »Vurma« bietet viele herzhafte Kleinigkeiten an und ist gut für einen kleinen Lunch geeignet. Mo–So 9–19 Uhr, Bergsunds Strand 31, 11738 Stockholm, Tel. 08/669 09 60, edessa@vurma.se, www.vurma.se

Stora Henriksvik. Beliebtes Ausflugscafé mit großem Garten. Die Besonderheit: Auf dem Hof Stora Henriksvik wird eine kleine Ausstellung zu Carl Michael Bellman (1740–1795) gezeigt, die man sich kostenlos ansehen kann. Bellman war im 18. Jahrhundert einer der wichtigsten schwedischen Dichter und Liedkomponisten. Mai – Mitte Juni Sa, So

Das Gartenrestaurant von Stora Henriksvik

11 17 Uhr, Mitte Juni – Mitte Aug. tgl. 11–17 Uhr, bis Ende Sept. Sa, So 11–17 Uhr, Långholmsmuren 21, 11733 Stockholm, Tel. 0708/84 57 47, info@storahenriksvik.se, www.storahenriksvik.se

ÜBERNACHTEN

Långholmen Hotel und Vandrarhem. Ehemaliges Gefängnis, das heute sowohl als Hotel wie auch als Jugendherberge genutzt wird. Übernachtet wird natürlich stilecht in den ehemaligen Gefängniszellen. Es ist ruhig im Grünen gelegen und trotzdem gut zu erreichen. Das dazugehörige Wirtshaus ist auch am Abend empfehlenswert. Långholmsmuren 20, 11733 Stockholm, Tel. 08/720 85 00, info@langholmen.com, www.langholmen.com

Café »Vurma« bietet sich für die Mittagspause an.

VOM MÄLAREN ZU DEN SCHÄREN

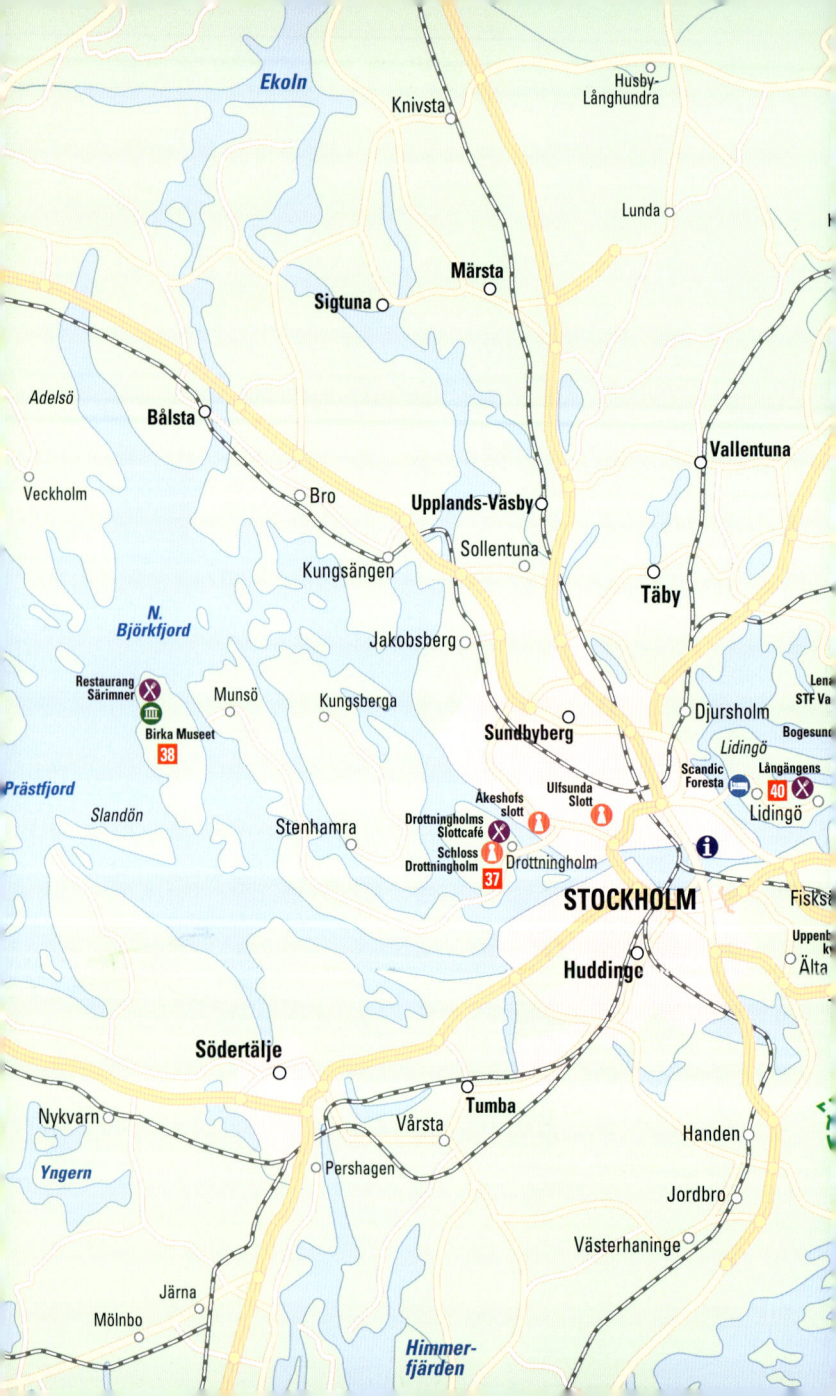

Rimbo
Norrtälje
Rådmansö
Gräddö
Tjockö
Frötuna
Fejans
skärgårds
krog
Spillersboda
Kapellskär
Penningby
42 Furusund
Optischer
Telegraf
Furusunds
Värdshus
Viding
Riala
Bergshamra
Brottby
Roslags-Kulla
Svartlöga
Ljusterö
Gälnan
Åkersberga
Ingmarsö
Waxholms
II Restaurant
Vaxholms
Fästnings
Museum
39
STF Möja Vandrarhem i
Stockholm Skärgård
41 Vaxholm
vik Herrgård
Värmdö
Boo
Gustavs-
berg
Hemmesta
Saltsjöbadens
Sandhamn
Seglarhotell
Saltsjöbaden
Gustavsbergs
Porslinsmuseum
Stavnäs
43
Grand Hotel
Saltsjöbaden
Runmarö
Sandön
Holmen
Kök & Bar
Föreningen
Saltsjöbadens
Friluftsbad
Hevengegrundet
Brevik
Nämdöfjord
esta
park
Dalarö
Fjärdlång

	Sehenswürdigkeit, Museur
	Aktivitäten, Ausgehen
	Information
	Kirche, Synagoge, Mosche
	Theater
	Shopping
	Restaurant, Bar, Café
	Übernachtungsmöglichkeit

0   5 km

N

37 Drottningholm
Wo Königs wohnen

Schloss Drottningholm gilt als das Versailles des Nordens. Es entstand zu jener Zeit, als Schweden eine Großmacht war: Im 17. Jahrhundert gehörten weite Gebiete rund um die Ostsee, darunter Pommern und ganz Finnland, zum schwedischen Reich. Der südliche Flügel des Schlosses wird von der Königsfamilie bewohnt, doch Haupttrakt und Park können als UNESCO-Welterbe besichtigt werden.

Dass der Mälaren Schwedens drittgrößter See nach Vänern und Vättern ist, sieht man ihm nicht an. Die vielen Inseln und Buchten führen zu einem zerklüfteten Bild ohne allzu große freie Wasserflächen. Zahlen belegen den Eindruck: Mit einer Wasserfläche von 1072 Quadratkilometern hat der Mälaren nur ein Fünftel der Fläche des Vänern, aber seine Uferlinie ist ähnlich lang wie die von Schwedens größtem Binnenmeer.

Schutz auf dem Wasserweg

Von Stockholm Richtung Westen fährt man mit dem Schiff durch zahlreiche Sunde und um Inseln herum, hat aber selten den Eindruck, auf einem See unterwegs zu sein. In den vergangenen Jahrhunderten war dies ein großer Vorteil: Der Landweg war beschwerlich, der Wasserweg eine natürliche Verbindung – und geschützte Sunde ließen sich sicherer befahren als offene Wasserflächen. So nimmt es nicht Wunder, dass der schwedische Adel seine Schlösser und Herrenhäuser rund um den Mälaren bauen ließ. Die Hauptstadt war schnell erreicht, trotzdem wohnte es sich idyllisch in der Inselwelt.

Seite 204/205: Je weiter man sich von der schwedischen Hauptstadt entfernt, umso dünner sind die Schären besiedelt. In Saltsjöbaden stehen die Häuser eher dicht.
Mitte: Das Treppenhaus im Schloss
Unten: Fähren verbinden das Zentrum mit Drottningholm.

Das Schloss am Mälaren

Auch König Johan III. (1537–1592) und
seine Frau Katarina ließen Ende des
16. Jahrhunderts ein Schloss auf der Insel
Lövön errichten, das aber am 30. Dezember 1661
durch ein Feuer komplett zerstört wurde. Architekt
Nicodemus Tessin der Ältere (1615–1681) bekam
den Auftrag, ein neues Schloss an alter Stelle zu
bauen. 1662 begannen die Arbeiten. Zu dieser Zeit
war Schweden einer der mächtigsten Staaten
Europas, mit dem Westfälischen Frieden von 1648
herrschte es als Gewinner des Dreißigjährigen
Krieges über große Gebiete im heutigen Deutschland. Entsprechend groß war das Selbstbewusstsein des schwedischen Königshauses.

Versailles des Nordens

Das neue Schloss sollte nicht weniger werden als
das »Versailles des Nordens«. Im Stil des Frühba-
rock entstand ein Park, auch im Schloss selbst
sind einige wunderschöne Barockdetails erhalten,
darunter das Treppenhaus, der Ehrenstrahl-Salon
und der Schlafraum für Hedwig Eleonora, die
Mutter des noch unmündigen Königs Karl XI. Der
Name Drottningholm – was so viel wie »Königin-
insel« heißt – wurde bereits für das erste Schloss

Nicht verpassen

DAS KLEINE LUST-SCHLOSS

Auf dem Gelände von
Schloss Drottningholm befindet sich ein zweites, kleineres
Schloss. Kina Slott wurde 1769 fertig
und im Stil des französischen Rokoko errichtet – bereichert um exoti-
sche Stilelemente. Der chinesische
und orientalische Einschlag war damals ausgesprochen populär. Das
kleine Lustschloss bildet ein Halbrund und ist flankiert von vier kleinen
Nebengebäuden, die an chinesische
Tempel erinnern. Es beinhaltet eine
Sammlung chinesischer Kunst, darunter wertvolles Porzellan, die über
die Schwedische Ostindien-Kompa-
nie eingeführt wurde. 2010 wurde
ein Teil der Sammlung bei einem
spektakulären Einbruch gestohlen.

Kina Slott. Mai–Aug. tgl.
11–16.30 Uhr;
Sept. tgl. 12–15.30 Uhr; es gibt
Kombinationstickets mit Drottningholm Slott; 17802 Drottningholm,
Tel. 08/4026270,
www.kungahuset.se

Oben: Das barocke Schlosstheater ist von außen eher unscheinbar.
Mitte: Der Park von Schloss Drottningholm kann besichtigt werden.
Unten: Eine Malerin zeichnet die Gärten bei Åkehofs Slott in Bromma.

verwendet. Und der Prachtbau blieb der adeligen Damenwelt vorbehalten: 1744 erhielt Prinzessin Luise Ulrike das Schloss, als sie sich mit dem Thronfolger Adolf Friedrich vermählte. In diese Zeit fällt der Bau des Schlosstheaters. Das erste Theater von 1754 brannte bereits 1762 aus – das Feuer loderte während einer Vorstellung ausgerechnet am Namenstag der Königin auf. Luise Ulrike ließ ein neues, prächtiges Theater erbauen, das 1766 eingeweiht wurde. 1777 übernahm der Staat Schloss Drottningholm mitsamt dem Umland und dem Theater, überließ es aber König Gustav III. zur Nutzung. Unter seiner Ägide erlebte das Theater eine Blütezeit, die 1792 mit der Ermordung des Königs endete. Gustav III. war es auch, der neben dem französischen Barockgarten noch einen englischen Naturpark anlegen ließ.

Wohnsitz der Königsfamilie

In der ersten Hälfte des 19. Jahrhunderts war Drottningholm nicht bewohnt, Gustav IV. Adolf und Karl XIV. Johann bevorzugten Haga Slott als Residenz. Drottningholm begann zu verfallen. Erst 1846 ließ Oskar I. – teilweise auf eigene Kosten – das Areal instand setzen. Langsam kam wieder Leben ins Schloss, aber erst unter der Ägide von Gustaf V. wurden die Gebäude zwischen 1907 und 1911 restauriert. Seither dient Drottningholm der Königsfamilie als Wohnsitz. 1981 zogen Carl XVI. Gustaf und Königin Silvia in den südlichen Flügel. Kronprinzessin Victoria und ihr Mann, Prinz Daniel, verließen 2010 die elterliche »Wohnung«, sie dürfen Haga Slott im Hagapark nutzen. 1991 wurde Drottningholm zusammen mit dem Schlosstheater, Kina Slott und den Parks UNESCO-Welterbe. In der Begründung hieß es seinerzeit, die Anlage sei das am besten erhaltene Beispiel für ein Schloss aus dem 18. Jahrhundert in Nordeuropa, und sie sei repräsentativ für königliche Architektur

dieser Epoche in ganz Europa. In Schweden waren das Schloss und seine Nebengebäude bereits 1935 unter Denkmalschutz gestellt worden. Die Parks können besucht werden, die nicht von der Königsfamilie bewohnten Teile des Schlosses ebenfalls – teilweise jedoch nur im Rahmen von Führungen.

Bromma

Natürlich zog die königliche Nachbarschaft weitere Adelige an und solche, die sich für wichtig hielten. Im Ortsteil Bromma, mit der Insel Lövön über zwei Brücken verbunden, stehen gleich mehrere kleine Schlösser. Das kleinste ist Ängby Slott, auch Stora Ängby genannt – ein Herrenhof, von dem aus die umliegenden Ländereien bewirtschaftet wurden. Ljunglöfska Slott stammt aus dem Jahr 1893 und war eigentlich nur eine überdimensionierte Sommervilla, die sich der schwedische Kautabak-König Knut Ljunglöf (1833–1920) bauen ließ. Aber durch den repräsentativen Stil und die schöne Lage am Ufer des Mälaren erhielt die bürgerliche Villa alsbald den Beinamen Schloss. Heute finden hier Tagungen und Konferenzen statt, in einem benachbarten Flügel gibt es ein paar Hotelzimmer.

Vom Mälaren zu den Schären

Åkeshofs Slott hat ein ähnliches Konzept, auch dieses Schloss ist ein Konferenz-Hotel. Der Bau stammt aus der Zeit um 1720 und richtet seit 1988 kleine Tagungen und natürlich Hochzeiten aus. Ulfsunda Slott ist das älteste in Bromma: Es stammt aus den Jahren 1644 bis 1647 und erhielt sein heutiges Aussehen im Wesentlichen in den 1830-Jahren. In dem historischen Gemäuer hat sich ein Designerhotel eingenistet.

Folkhem in Bromma

Die Großstadt ist an Drottningholm herangewachsen. In den 1920ern bis 1930ern wurden in Bromma mehrere zukunftsweisende Siedlungen gebaut, hier wurde das sozialdemokratische »Folkhem« realisiert. Anfangs skeptisch beäugt, waren die Häuser schwer zu verkaufen, bis der damalige sozialdemokratische Ministerpräsident Per Albin Hansson nach Bromma zog. Besonders sehenswert sind die Straße Ålstensgata, eine Reihenhaussiedlung im Bauhausstil von 1933, und Kvarteret Drivbänken im Alviksvägen etwas südlich der Haltestelle Äppelviken. Hier entstand 1919 eine der ersten Reihenhaussiedlungen Schwedens – alle Grundstücke verfügen über eigene Obstgärten.

Oben: Åkehofs Slott dient als Restaurant für Feste und Feiern.
Mitte: Vorstadtidylle in Bromma mit kleinen, älteren Holzhäusern
Unten: Die sozialdemokratische Vorzeigesiedlung aus den 1920ern in der Ålstensgata ist bis heute eine beliebte Wohngegend.

Infos und Adressen

SEHENSWÜRDIGKEITEN

Drottningholm Slott. Den Schlosspark mit seinen englischen und barocken Gärten kann man kostenlos besichtigen. Schloss: Jan.–März Sa–So 12–15.30 Uhr, April tägl. 11–15.30 Uhr, Mai–Sept. tägl. 10–16.00 Uhr, Okt. Fr–So 12–15.30 Uhr, Nov–Mitte Dez. Sa–So 12–15.30 Uhr, Drottningholm Slott, 17802 Drottningholm, Tel. 08/402 62 80, www.kungahuset.se

ESSEN UND TRINKEN

Drottningholms Slottscafé. Café mit Kleinigkeiten für zwischendurch. Mai–Aug. tgl. 9.30–17 Uhr, Sept. tgl. 10.30–16 Uhr, Okt., Apr. Fr–So 11–16 Uhr, Nov.–März Sa–So 11–16 Uhr, Drottningholms Slott, Karamellan 10, 17893 Drottningholm, Tel. 08/759 00 35, info@drottningholmsslottscafe.se, www.drottningholmsslottscafe.se

Akeshov Slott. Edles Restaurant und Hotel in fußläufiger Entfernung von der T-Bana-Station Brommaplan und wenige Minuten vom Naturschutzgebiet Judarskog entfernt. Åkeshov Slott, 16838 Bromma, Tel. 08/445 80 77, akeshofsslott@akeshofsslott.se, www.akeshofsslott.se

ÜBERNACHTEN

Ulfsunda Slott. Ehemaliges Schloss, in dem alle Zimmer unterschiedlich eingerichtet sind. Margretelundsvägen 125, 16736 Bromma, Tel. 08/704 49 40, ulfsundaslott@ulfsundaslott.se, www.ulfsundaslott.se

AKTIVITÄTEN

Drottningholm per Schiff. Strömma bietet ab Stockholm Touren mit historischen Schiffen an. Es gibt Kombitickets, die Schloss Drottningholm und das chinesische Schloss beinhalten. Angeboten werden auch Abendfahrten inklusive Karten für die Aufführungen im Schlosstheater. April, Oktober Fr–So, Mai–Sept. tgl. 6–12 Abfahrten je Richtung ab 10 Uhr, Strömma, Anleger Stadshusbron, Klara Mälarstrand 2, Tel. 08/12 00 40 00, www.stromma.se

Schloss Drottningholm ist der Wohnsitz der schwedischen Königsfamilie.

38 Birka
Stockholms Ursprung

Bereits zur frühen Wikingerzeit gab es eine Siedlung im See Mälaren. Der Handelsplatz Birka gilt als eine der ersten Städte im Norden und ist damit der Vorläufer der Hauptstadt Stockholm. Vom Ende des 8. Jahrhunderts bis etwa zum Jahr 1000 war diese Siedlung bewohnt. Birka, auf der Insel Björkö gelegen, weist viele Parallelen zu Haithabu bei Schleswig auf, das zur selben Zeit entstand.

Das Bild der Wikinger ist geprägt von Raubzügen und grimmigen Kriegern, die das englische Kloster Lindisfarne 793 plündern, die lange vor Kolumbus Amerika erreichen, die bis zum Schwarzen Meer fahren und Paris überfallen: ungeschlachte Gesellen als Gegenentwurf zum feinsinnigen Römischen Reich.

Wikingerstädte

Ackerbau und Viehzucht oder die Gründung von Städten passen nicht zum Klischee der Raufbolde aus dem Norden. Die Wikingerstädte mögen nicht so hoch entwickelt gewesen sein wie Rom oder Athen, aber es gab sie: Kaupang in Norwegen – nicht weit vom Oslofjord gelegen –, Haithabu bei Schleswig und eben Birka in Schweden. In allen nordischen Ländern existierten ein oder mehrere solcher befestigten Handelsplätze, die eine Fundgrube für Archäologen sind.

Mitte: Das Wikingerschiff im Stockholmer Hafen hat wenig mit dem Original gemein.
Unten: Auf Birka werden Hütten der Wikingerzeit rekonstruiert.

Gründung von Birka

Birka lag auf der Insel Björkö im See Mälaren. Die schriftliche Quellenlage ist äußerst dürftig: Der

Ort wird erwähnt in den Schriften Adams von Bremen, die allerdings erst um 1070 entstanden, lange nachdem Birka verlassen wurde. Ausgrabungen erlaubten den Schluss, dass Birka um das Jahr 790 herum als Handelsplatz gegründet wurde, denn zeitgleich entstand auf der benachbarten Insel Adelsö ein Königshof. Um welchen regionalen König oder Häuptling es sich jedoch handelte, ist unbekannt. Ganz ähnlich wie in Haithabu entwickelte sich eine befestigte Siedlung mit Handwerkern und Kaufleuten. Es war ein Tauschhandel über große Distanzen: Bis in die arabische Welt reichten die Kontakte der Wikinger: Sie lieferten Eisen, Pelze und Horn oder auch Bernstein, dafür erhielten sie Seide, Glaswaren und Kräuter. Silbermünzen wurden oft eingeschmolzen und zu Schmuck verarbeitet.

Missionierung

Im Jahr 829 kam der Benediktinermönch Ansgar nach Birka und begann mit der Christianisierung der Bevölkerung, allerdings ohne nachhaltigen Erfolg. Als er 852 zu einem zweiten Besuch in Birka weilte, befand sich die von ihm gegründete Gemeinde in der Auflösung. Es sollte nicht mehr lange dauern, bis Birka verlassen wurde. Um das Jahr 1000 gab es die Siedlung nicht mehr – über die Gründe streiten sich die Gelehrten. Die Landhebung könnte ein Grund gewesen sein, denn die Insel Björkö war über das heutige Sodertalje mit der Ostsee verbunden. Birka könnte aber auch vom aufstrebenden Sigtuna abgelöst worden sein, einer mittelalterlichen Stadt, die ebenfalls als Vorläufer Stockholms gelten darf. Die Insel Björkö und Birka, das zusammen mit dem Königshof auf Adelsö als Welterbe unter UNSECO-Schutz gestellt wurde, sind nur per Schiff zu erreichen. Deshalb wird das Museum auf der Insel auch von der Reederei Strömma betrieben.

Infos und Adressen

SEHENSWÜRDIGKEITEN
Birka Museet. Das Museum beinhaltet Rekonstruktionen einiger Häuser und das Ansgar-Kreuz von 1834. Von Stadshusbron in Stockholm gibt es eine direkte Schiffsverbindung. Tagestouren beginnen um 10 Uhr mit drei Stunden Aufenthalt auf Björkö, sodass man um 17 Uhr wieder in Stockholm ist. Mai Sa–So, ab Mitte Juni Mo–Fr, Juli, Aug. tgl., – Mitte Sept. Do, Sa, So, Achtung: monatlich wechselnder Fahrplan, Birka, 17892 Adelsö, Tel. 08/56 05 15 40, birka.museet@stromma.se, www.birkavikingastaden.se

ESSEN UND TRINKEN
Restaurang Särimner. Mehr Cafeteria als Restaurant: Ein Sommer-Grillbüfett oder belegte Brötchen und Salate stehen zur Wahl. 30. Juni – 24. Aug. tgl. 11.30–15 Uhr, teilweise auch länger, 28. Aug. – 20. Sept. Do, Sa, So 11.30–14 Uhr, Birka, 17892 Adelsö, Tel. 076/766 56 63, sarimner@stromma.se, www.birkavikingastaden.se/ hitta-pa-birka/restaurang-cafe

Im Museum von Birka

39 Stockholms Schären
Das Inselparadies

Stockholms Schärengarten umfasst über 30 000 Inseln, Holme und Schären. Mit einer Ost-West-Ausdehnung von etwa 65 Kilometern und 150 Kilometern in nord-südlicher Richtung ist er das zweitgrößte Inselgebiet der Ostsee. Genug Schären für eine ausführliche Entdeckungsreise jedenfalls: Mit dem Ausflugsschiff lassen sich die wichtigsten Inseln von Stockholm aus erreichen.

Die Zahl muss man sich schon auf der Zunge zergehen lassen: über 30 000 Inseln! Dabei sind noch nicht einmal all die kleinen Kuppen mitgezählt, die an so vielen Stellen aus dem Wasser der Ostsee ragen. Da die Regeln zum Zählen nicht ganz eindeutig sind – ab welcher Größe spricht man überhaupt von einer Insel? –, fallen auch die Zahlenangaben unterschiedlich aus. 5000 Inseln mehr oder weniger können es schon mal sein, wenn über Stockholms Skärgård, den Schärengarten, diskutiert wird.

Schäre, Holm und Insel

Die Abgrenzung zwischen den drei Begriffen Insel, Holm und Schäre ist im Schwedischen fließend. Schären sind die kleinsten Einheiten, auf ihnen wächst meist kein Baum. Es kann sich dabei auch um kleine Granitkuppen handeln, die aus dem Wasser ragen. Ein Holm ist schon etwas größer, darauf gibt es einige Vegetation, zumeist ist er aber unbewohnt. Die Endung –holm findet sich in Namen wie Stockholm, Riddarholmen und Kungsholmen, um nur drei Beispiele aus dem Stadtgebiet zu nennen.

Mitte: Das Leben in den Schären wird heute als Idylle empfunden, früher war es harter Alltag.
Unten: Restaurant und Bed & Breakfast – das Sandhamns Värdshus

Eine Schiffsreise in die Inselwelt entspannt.

Und da fällt schon auf, dass die Trennlinie zwischen Holm und Insel nur schwer zu ziehen ist. Erschwerend kommt hinzu, dass seit der letzten Eiszeit eine ständige Landhebung stattfindet. Sie beträgt 30 bis 35 Zentimeter auf hundert Jahre – innerhalb einer Generation ist kaum etwas zu erkennen, aber in der Summe haben sich die Fahrwasser durch die Inselwelt immer wieder verändert. Und die Schären und Holme sind größer geworden.

Die Schären mit dem Auto oder per Boot

Aber wie kommt man in den Schärengarten? Einzelne Inseln sind sogar mit dem Auto zu erreichen. Dazu zählt ganz im Süden Muskö bei Nynäshamn, auch Värmdö ist längst über Brücken angeschlossen, von Vaxholm mal ganz zu schweigen – Letzteres wird schon nicht mehr als Insel wahrgenommen. Im Nordosten kann Blidö mit einer Autofähre angesteuert werden. Doch viel schöner ist der klassische Weg: der Seeweg. Im Sommer verkehren zahlreiche Passagierschiffe hinaus in die Inselwelt. Man kann kurze Strecken fahren wie zu Fjäderholmarna oder nach Vax-

EIN HAUCH VON LUXUS

Die meisten Schären sind schlicht und bodenständig – ein perfektes Urlaubsziel für Familien. Nicht so Sandhamn, auf der alles etwas feiner ist. August Strindberg (1849–1912) beschrieb Insel und Ort Sandhamn 1873 mit den Worten: »Auf drei Seiten von Wasser umschlossen und auf der vierten das Meer«. Hier hat die Königlich Schwedische Segelgesellschaft ihren Sitz, und das ist weitaus wichtiger als die traditionsreiche Lotsenstation. Ein Hauch von Östermalmer Großbürgertum umweht Sandhamn, und deshalb gibt es eben auch Champagner und nicht nur Bier. Fähren gehen ganzjährig von Stavsnäs ab, sodass das durchaus gediegene Hotel mit Wirtshaus auch das ganze Jahr über Gäste empfangen kann.

Sandhamns Värdshus. Box 79, 13039 Sandhamn, Tel. 08/57 15 30 51, info@sandhamns-vardshus.se, www.sandhamns-vardshus.se

Oben: Von Wind und Wellen abgerundete Felsen sind typisch für die Schären.
Mitte: Sandhamn ist einer der entlegenen Orte, aber für Segler ein Pflichtstopp.
Unten: Die Kirche der Insel Möja ist stattlich.

holm – besonders spannend sind jedoch die äußeren Schären, auf denen oft viel von der alten Skärgårds-Kultur erhalten blieb.

Fejan

Blidösundsbolaget ist die Reederei, die die nördlichen Inseln der Region Roslagen anläuft. Eine Tagestour bis Fejan, die auf der Höhe des Fährhafens Kapellskär abgeht, startet um zehn Uhr und endet abends kurz vor 21 Uhr. Unterwegs hat man drei Stunden Zeit auf Fejan. Die kleine Insel liegt am nördlichen Fahrwasser, durch das auch große Schiffe Stockholm erreichen können. Ende des 19. Jahrhunderts brach in Europa die Cholera aus. Um sie an den Landesgrenzen zu stoppen, wurde auf Fejan eine Quarantänestation eingerichtet.

Schwedische Sänger, die von einer Europatournee zurückkehrten, wurden auf Fejan 1894 interniert, weil es auf ihrem Passagierschiff zu einem Todesfall gekommen war. Während die Sänger auf der Insel festsaßen, bildeten sie mit Einheimischen und anderen Internierten einen Chor, der als die »Choleratur-Sänger« in die Annalen einging. Heute gibt es auf Fejan ein Restaurant, eine ausgesprochen populäre Jugendherberge, eine Fischräucherei und eine Kajakvermietung.

Blidö

Auf Blidö, das von Furusund mit einer kleinen Autofähre zu erreichen ist, gibt es gleich zwei Jugendherbergen. Und auch ein Schiff von Waxholmsbolaget steuert Blidö von Stockholm aus an. Eigentlich handelt es sich insgesamt um vier Inseln: Yxlö und Blidö, die über eine Fähre verbunden sind, sowie Oxhalsö und Västerö. Blidö hebt sich durch seinen üppigen Bestand an Laubbäumen hervor. Inseln mit solch einer guten Infra-

Stockholms Schären

Einfach gut!

struktur sind bei den Stockholmern sehr beliebt als Zweitwohnsitz – sei es ein Haus oder nur eine Hütte in der Nähe des Wassers. Dank Jugendherbergen und Wirtshaus bietet Blidö aber auch auswärtigen Besuchern die Möglichkeit, ein wenig zu verweilen.

Möja

Sehr speziell ist die Insel Möja, die per Schiff mit Umsteigen in Vaxholm zu erreichen ist. Der Name steht für eine ganze Inselgruppe weit draußen im Meer. Früher lebte man auf den Inseln von einer Mischung aus Fischfang und Landwirtschaft. Auf den größeren fand eine geringe Menge an Vieh ihre Weideplätze, manchmal wurden die Tiere auch auf eine unbewohnte Insel zum Weiden gebracht. Die karge Krume gab meist nur Ackerbau zur Selbstversorgung her, und für den Rest des Lebenserwerbs sorgte der oft saisonale Fischfang. Dass die Böden auf Möja – im Unterschied zu manch anderer Insel – durchaus fruchtbar waren, zeigte sich im 19. Jahrhundert, als hier Erdbeeren kultiviert wurden. Der Höhepunkt des kommerziellen Erdbeeranbaus war um 1940 erreicht – damals versorgte die kleine Insel ganz Stockholm mit den Beeren. Heute ist davon nicht viel übrig.

Holzkirche

Da die Fischer lange draußen zum Fang waren und nicht in die Kirche gehen konnten, kam die Kirche zu ihnen. Schon um 1630 wurde im Hauptort Möja eine Kapelle erbaut, die 1769 durch die bis heute bestehende Holzkirche ersetzt wurde. Wer sie besucht, sollte auf das schöne Votiv-Schiff achten: Das Original befindet sich im Nordiska Museet, in der Kirche hängt eine Kopie. Zu dem kleinen Heimatmuseum zählen mehrere Fischerhäuser, in denen sich die Lebensbedingungen

WEIHNACHTSMARKT AUF UTÖ

Er hat den Ruf, einer der schönsten Weihnachtsmärkte Stockholms, ja vielleicht sogar Schwedens zu sein: der Weihnachtsmarkt auf der Insel Utö. Er findet an den ersten drei Dezemberwochenenden statt und ist klein. Aber die winterliche Anreise mit dem Schiff von Årsta, an manchen Tagen auch aus der Innenstadt, ist allein schon den Besuch wert. Wenn es so eisig ist, dass das Schiff von Reif überzogen ist, wenn an Land dann die Fackeln und Kerzen auftauchen, ist die Schären-Weihnacht perfekt. »Utö Värdshus« bietet dazu das typisch schwedische Julbord, das Weihnachtsessen – Tischreservierung notwendig! Übrigens: Wenn keine Fähre geht, gibt es immer noch Taxiboote, und übernachtet werden kann auf Utö auch.

Utö Värdshus. Gruvbryggan, Skärgården, 13056 Utö, Tel. 08/50 42 03 00, receptionen@utovardshus.se, www.utovardshus.se

219

vergangener Tage nachempfinden lassen. Während Stockholm selbst von kriegerischen Handlungen verschont blieb, wurden die vorgelagerten Inseln, darunter auch Möja, 1719 von der russischen Armee überfallen und die Dörfer niedergebrannt. Gerettet werden konnte nur die Kirche und die alte »Dansbana«, ein hölzerner Tanzplatz – immer noch ideal für Mittsommerfeiern. Die insgesamt sechs verschiedenen Schiffsanleger von Möja werden sowohl von Stockholm als auch von Sollenkroka angelaufen. Auf Möja gibt es eine B&B- sowie eine STF-Jugendherberge.

Muskö

Weiter im Süden liegt Muskö. Auf dieser Insel versteht man die strategische Bedeutung der Schären. Zu Zeiten des Kalten Krieges war Muskö Sperrgebiet: Hier betreibt die schwedische Kriegsmarine eine unterirdische Werft von gigantischen Ausmaßen, die über Jahrzehnte auch in Schweden perfekt geheim gehalten wurde. Man hatte Angst davor, bei einer atomaren Auseinandersetzung zwischen die Fronten von NATO und Roter Armee zu geraten. Und so wurde in den 1950er-Jahren eine unterirdische Seefestung gebaut, die weltweit einmalig war und ist.

Die letzte Bastion

Eine Werft mit vier Docks, die den größten Kriegsschiffen Platz boten, ein Krankenhaus, Werkstätten – das alles gehörte zu dieser Anlage, die etwa die Fläche von Gamla Stan hat. Jegliche Militärdoktrin war im Kriegsfall auf Muskö ausgerichtet: Die Insel sollte die letzte Bastion sein, bevor Schweden im Falle einer Niederlage die weiße Flagge schwenken würde. Zum Glück ist dies nie eingetreten, die unterirdischen Werftanlagen werden heute teilweise zivil genutzt.

Oben: Abendstimmung auf Arholma im Nordosten der Schären
Mitte: Die Insel Yxlö kann dank einer Fähre mit dem Auto erreicht werden.
Unten: Früher ganz geheim – die unterirdische Werft von Muskö

Infos und Adressen

ESSEN UND TRINKEN

Seglarrestaurangen. Ehrwürdiges Restaurant mit
Hotel in dem Lotsenort Sandhamn. Es ist ganzjährig geöffnet, was in den Schären nicht selbstverständlich ist. Mo–Sa 11.30–14 Uhr, 17–22 Uhr,
Seglarhotell, 13039 Sandhamn,
Tel. 08/57 45 04 21, hovmastare@sandhamn.com,
www.sandhamn.com

ÜBERNACHTEN

Fejan Skärgårdskrog. Gaststätte und Herberge
mit 26 Zimmern. 21. Juni – 10. Aug.,
76015 Gräddö, Tel. 0176/430 42, www.fejan.se

STF Vandrarhem Möja. STF-Jugendherberge auf
der Insel Möja mit typischer Schärenatmosphäre.
Möja Bergs By 173, 13043 Möja,
Tel. 08/409 109 29, boka@stfmoja.se,
www.stfmoja.se

ANREISE

Blidösundbolaget. Fähren in die nördlichen Schä-
ren. Ab Stockholm gibt es auch einen historischen
Dampfer mit Abendtouren ohne Landgang.
Juni–Aug., Ferskens Gränd 3, 11130 Stockholm,
Tel. 08/24 30 90, kontoret@blidosundsbolaget.se,
www.blidosundsbolaget.se

Waxholmsbolaget. Viele Fähren in die Schären,
teilweise ganzjährig. Im Sommer werden auch

Weiß ist die Farbe der Villen in den Schären.

Fahrten mit historischen Dampfschiffen angeboten. Auskünfte gibt es an den Anlegern von
Nybroviken und Strömkajen. Strömkajen,
11148 Stockholm, Tel. 08/600 10 00,
www.waxholmsbolaget.se

INFORMATION

Visit Skärgården. Die Stockholmer Schären ha-
ben eine eigene Informationsstelle in Östermalm.
Die Homepage bietet auf Englisch auch Links zu
Übernachtungsangeboten. Strandvägen,
Kajplats 18, 11456 Stockholm,
Tel. 08/52 22 27 22, info@visitskargarden.se,
www.visitskargarden.se

Treffpunkt Fähranleger: Wer ist heute alles an Bord?

40 Lidingö
Die große Insel

Die erste große Insel der inneren Schären heißt Lidingö. Seit der Wikingerzeit besiedelt, hat Stockholm Lidingö Stück für Stück vereinnahmt. Heute ist die Insel eines der beliebtesten Wohnviertel der Hauptstadt, weil der Zugang zum Wasser überall gegeben ist und weil genügend Grünflächen unter Schutz gestellt wurden. Parks und Naturschutzgebiete neben Hochhäusern, von denen man die Finnlandfähren sieht: Geht es schöner?

Ein Reiseführer wie dieser soll die attraktivsten Ecken einer Stadt zeigen, die besten Sehenswürdigkeiten – leider gibt es jedoch vermutlich keine Stadt auf der Welt, die nur schön ist. Bei aller Begeisterung, die Stockholm bei vielen Besuchern auslöst, sind da auch hässliche Viertel, Bausünden und Gewerbegebiete, die man ungern nachts durchfahren möchte. Folgt man der Europastraße 20 rund um Stockholm in Richtung Frihamnen (Freihafen) und Värtahamnen, muss man durch den weniger ansehnlichen Stadtteil Gärdet.

Gärdet

Teile der Hafenanlagen haben ihre Funktion verloren und werden umgewidmet und umgebaut, ein großes Tanklager befindet sich neben dem Freihafen, in dem inzwischen viele Kreuzfahrtschiffe festmachen. Ein Hafenbecken weiter liegt im Värtahamnen der Anleger für die Fähren nach Finnland, Estland und Lettland. Alte Gasometer, Stellplätze für Container und Fracht, dazwischen seit Jahren wandernde Baustellen. Und doch gibt es gute Gründe, nach Gärdet zu fahren: um eben mit

Mitte: Das hohe Ufer von Lidingö bietet einen guten Blick auf die Fahrrinne nach Stockholm.
Unten: Hoffentlich wird er nicht gebraucht.

der Fähre nach Finnland abzulegen (siehe
S. 258) oder um hinüber nach Lidingö zu
gelangen.

Der neue Stadtteil

Lidingö war bis 1925 eine idyllische Insel mit
knapp zweitausend Einwohnern. Doch als die erste
Brücke von Gärdet aus hinübergebaut wurde, entstand sehr schnell ein neuer Stadtteil der schwedischen Hauptstadt. Die bis dahin vorherrschende
Landwirtschaft lohnte nicht mehr, die Grundstücke wurden aufgeteilt, es entstanden Villenviertel.
Die Bevölkerungszahl verfünffachte sich. Erst ab
den 1960er-Jahren folgten Mehrfamilienhäuser,
die heute den ersten Eindruck prägen, wenn man
über die neue Lidingö-Brücke fährt.

Skulpturen und Schiffe

Nach Lidingö fährt man zum Beispiel, um Millesgården zu besuchen, das Wohnhaus und Atelier
des Bildhauers Carl Milles (1875–1955) mit dem
zurecht berühmten Skulpturenpark. Aber auch für
Schiffsliebhaber ist die Insel einen Besuch wert,
denn alle Kreuzfahrt- und Fährschiffe umrunden
Lidingö etwa zur Hälfte. Ein kleiner Nachteil: Bis
zum Mittag fotografiert man gegen das Licht, in-

Nicht verpassen

**SKULPTUREN AUF
DER INSEL**
Überall in Stockholm fin-
det man Werke von Carl Milles (1875–1955), dem bedeutendsten schwedischen Bildhauer.
1908 baute er auf Lidingö ein Haus
mit Atelier, das heute als Museum
dient. Ein Skulpturenpark mit seinen
wichtigsten Werken wurde später
terrassenförmig in den Fels geschlagen. Zu den schönsten Werken gehören die »Musizierenden Engel«, die
auf Säulen stehen. Einige hier ge-
zeigte Skulpturen sind Duplikate, die
Originale schmücken öffentliche Gebäude in den USA und Schweden.
1999 wurde auf dem Gelände des
Millesgården eine neue Kunsthalle
eröffnet, die Wechselausstellungen
internationaler Künstler zeigt. Aus
dem Park hat man einen sehr schönen Blick auf Stockholm.

Millesgården. Mai–Sept. tgl.
11–17 Uhr, Okt.–Apr. Di–So
11–17 Uhr, Herserudsvägen 32,
18134 Lidingö, Tel. 08/446 75 94,
www.millesgarden.se

teressant wird es für Fotografen erst am späten Nachmittag. Dass Lidingö schon früh besiedelt war, beweist eine gut erhaltene Runeninschrift, die aber nicht wie sonst üblich auf einem stehenden Runenstein zu finden ist, sondern in einen Fels des ehemaligen Mühlenhügels geschlagen wurde. Sie stammt etwa aus dem Jahr 1000 n. Chr.

Abwasserprobleme

Durch den felsigen Grund ist der Bau von Wasser- und Abwasserleitungen ein Problem. Manche Freizeithäuser beziehen ihr Frischwasser aus einem eigenen Brunnen, für das Abwasser gibt es Gruben, die regelmäßig geleert werden müssen. Auf Lidingö hatte sich bis Mitte des 20. Jahrhunderts auch Industrie angesiedelt – die Belastung von Wasser und Luft mit Schadstoffen war hoch.

Käppalawerk

Von 1958 bis 1969 wurden auf der Insel rund 60 Kilometer Tunnel für Abwasserkanäle gebohrt. Mit dem Käppalawerk entstand eine hochmoderne Kläranlage, die für etwa die Hälfte der Stockholmer Einwohner das Abwasser reinigt und als eine der effektivsten Anlagen der Welt gilt. Außerdem produziert die Anlage Biogas, mit dem die Busse auf Lidingö betrieben werden. Daran merkt man, dass technische Entwicklungen, die in Deutschland noch mühsam diskutiert werden, in Schweden längst selbstverständlich sind.

Zu den schönsten Teilen von Lidingö zählt das Naturschutzgebiet an der nordöstlichen Spitze der Insel. Hier liegt der Herrenhof Elfsviks mit einer fantastischen Aussicht auf die inneren Schären. Von der Innenstadt ist man in etwa einer Viertelstunde mit dem Auto draußen – und hat das Gefühl, Stockholm sei ganz weit weg.

Oben: Alle Fähren und Kreuzfahrtschiffe, die im Värtahamnen festmachen, fahren sehr nah an Lidingö vorbei.
Mitte: Nette Uferpromenaden laden zum Flanieren ein.
Unten: Elfsvik Herrgård ist ein beliebtes Ausflugsziel.

Infos und Adressen

ESSEN UND TRINKEN

Elfviks Herrgård. Alter Herrenhof mit Café und Restaurant im Nordosten Lidingös. Direkt vor der Nase fahren die Kreuzfahrtschiffe und Finnlandfähren vorbei, während man im Sommer am Ufer spazieren und sich im Winter am offenen Kamin wärmen kann. Per Bus 204 von Ropsten aus zu erreichen. Nebensaison Sa 10–15 Uhr, So 10–16 Uhr, Sommer tgl. 10–18 Uhr, 18190 Lidingö, Tel. 08/731 57 20, eg@elfviksgard.se, www.elfviksgard.se

Långängen. Kleiner, alter Hof mit roten Häusern, der scheinbar im Nirgendwo zwischen Wald und Wiesen liegt. Aktuelle Öffnungszeiten siehe Website. Långängens Gård, 18141 Lidingö, Tel. 08/766 34 60, www.langangensgard.se

ÜBERNACHTEN

Scandic Foresta. Das burgähnliche Gebäude, das man schon von Ropsten aus sehen kann, ist ein Hotel. Von Ropsten benötigt die T-Bana nur acht Minuten in die Innenstadt. Herserudsvägen 22, 18134 Lidingö, Tel. 08/51 73 24 00, foresta@scandichotels.com, www.scandichotels.com

AKTIVITÄTEN

Lidingöloppet. Seit 1965 findet der 30 Kilometer lange Geländelauf im September auf der Insel Lidingö statt. Er gehört zu den vier sogenannten schwedischen Klassikern, zu denen noch der Vasalauf mit 90 Kilometer Skilanglauf, die Vätternrunde mit 300 Kilometer Radfahren und das Vansbro-Schwimmen zählen. Ziel ist es, alle vier Wettkämpfe in einem Jahr zu absolvieren. Wer dies geschafft hat, darf den Titel »Ein schwedischer Klassiker« tragen, zurzeit sind es etwa 32 000 Personen. Letztes Septemberwochenende, Anmeldung gegen Weihnachten des Vorjahres, www.lindigoloppet.se

Wie in der guten Stube sitzt man in »Elfviks Herrgård«.

41 Vaxholm
Sicherheit geht vor

Früher kamen Feinde mit dem Schiff über das Meer. Deshalb benötigte Stockholm eine Absicherung zur Ostsee. So entstand in der Einfahrt auf königliches Geheiß eine Festung und Mautstelle: Vaxholm. Auf der Insel neben dem Kastell wurde eine Stadt gegründet und die Lotsenstation angesiedelt. Heute ist Vaxholm ein Vorort mit maritimem Flair. Die wuchtige Festung dient nur noch als Museum.

Schweden hat zwar bis ins 18. Jahrhundert Kriege geführt, doch nur in wenigen Fällen erreichte der Krieg auch das schwedische Festland – oder gar Stockholm. Die größten Feinde um die Vormacht im Ostseeraum waren die Dänen, mit denen sich Schweden um die südlichen Provinzen Skåne, Blekinge, Halland und Bohuslän sowie um die Grenze nach Norwegen stritt. Auf der anderen Seite erhoben die Russen Anspruch auf das unter schwedischer Herrschaft stehende Herzogtum Finnland. Beide Feinde konnten Stockholm nur vom Wasser her gefährden. Eine vorgelagerte Festung sollte »die Tür nach Stockholm« schließen. Die Wahl fiel auf ein kleines Eiland, das zur Insel Vaxön gehörte. 1548 wurde dort zunächst ein Blockhaus errichtet, in der zweiten Hälfte des 16. Jahrhunderts folgte ein massiver Turm aus Stein, von dem die Einfahrt nach Stockholm zu überblicken war. Zu Beginn des 19. Jahrhunderts wurde die Festung erneut erweitert und erhielt ihr heutiges Aussehen. Aber ähnlich wie die große Festung Karlsborg am Vättern (1819–1866) war Vaxholm bei seiner Fertigstellung schon wieder veraltet. Die militärtechnische Entwicklung im 19. Jahrhundert war schneller als die Baumeister.

Mitte: Die Festung von Vaxholm sollte Stockholm vor Angriffen von See her schützen.
Unten: Gustavsberg war einst die Stadt der Porzellanherstellung.

Angriffe auf die Festung

Einfach gut!

In über 300 Jahren geriet das Kastell Vaxholm nur zweimal ernsthaft unter Beschuss: 1719 suchten russische Truppen die schwedische Ostküste heim, scheiterten aber bei dem Versuch Stockholm einzunehmen an der Festung Vaxholm und den Kriegsschiffen der schwedischen Marine. 1872 wurde ein einziger Schuss abgefeuert, und zwar vom schwedischen Kriegsschiff »Hildur«. Es war der Test, ob die verstärkten Mauern der neuesten Artillerie standhielten. Das Projektil durchschlug die Mauer, das Schicksal der Festung war besiegelt. Auch 50 Jahre nach dem Verlust Finnlands und der schwedischsprachigen Åland-Inseln an das russische Zarenreich wirkte die Angst vor einem Angriff auf Stockholm nach. 1925 verloren Vaxholm und die nahe Oskar-Fredriksborg ihre militärische Funktion zur Verteidigung der schwedischen Hauptstadt.

Auf dem Weg zur Kleinstadt

Die Stadt Vaxholm entstand parallel zur Festung auf der größeren Insel Vaxön. Die beiden großen Höfe fielen 1558 an die Krone, und die Bewohner wurden kurzerhand nach Vaxholm umgesiedelt, ob sie wollten oder nicht. Schließlich benötigte man Soldaten auf der Festung und Lotsen für die Einfahrt nach Stockholm. Im Jahr 1652 erhielt Vaxholm Stadtprivilegien. Ende des 19. Jahrhunderts machte sich einerseits die schwindende Bedeutung der Festung bemerkbar, andererseits – wie in Saltsjöbaden – das Streben der wohlhabenden Stadtbevölkerung in die »Seebäder«. Vaxholm lag zu weit weg vom Zentrum, um wie Lidingö ein Vorort zu werden, aber nah genug, um per Schiff als Ausflugsziel zu dienen. 1903 entstand das Hotel im Jugendstil direkt am Hafen. Die lauschige Insel wird inzwischen komplett von der Kleinstadt mit 5000 Einwohnern eingenommen. Am westli-

ZEITGENÖSSISCHE KUNST AUF VÄRMDÖ

2012 eröffnete ein Museum für moderne Kunst auf der Insel Värmdö. Seine Lage auf einer grünen Landzunge direkt am Wasser ist großartig, die Architektur des Gebäudes passt sich mit einer Mischung aus Beton, Holz und Glas gut in die Landschaft ein. Der Name setzt sich zusammen aus »Art« und »Archipelag« – eben Kunst auf den Inseln und Schären. Artipelag zeigt Wechselausstellungen zu Themen wie »Künstlerisches Strandgut aus den Stockholmer Schären« oder »Land trifft auf Wasser« in der amerikanischen und europäischen Fotografie seit 1860.

Artipelag. Mai – 20. Juni tgl. 11–18 Uhr, 21. Juni – Mitte Aug. tgl. 11–19 Uhr, Mitte Aug. – Ende Sept. tgl. 11–18 Uhr, im Winter Mi–So 11–17 Uhr, Artipelagstigen 1, 13440 Gustavsberg, Tel. 08/570 13 00, info@artipelag.se, www.artipelag.se

Man kann es gar nicht oft genug sagen: In Stockholm ist ein Auto eigentlich überflüssig, denn fast alle Ziele sind mit öffentlichen Verkehrsmitteln zu erreichen – insbesondere mit dem Schiff. Dazu gehört auch Vaxholm, das im Linienverkehr vom Zentrum aus regelmäßig angefahren wird. Die Linie 2 führt vom Strömkajen in Östermalm über Slussen und Nacka an den Inseln Fjäderholmarna vorbei, legt auf Lidingö an und fährt dann weiter nach Vaxholm in die »Hauptstadt« der Schären. Hier besteht Anschluss an weitere Linien in die äußeren Schären. Bis zu 14 Abfahrten werden freitags bis sonntags angeboten, an Wochentagen sind es weniger. Die Fahrt dauert 65 Minuten.

Waxholmsbolaget. Lindhagensgatan 100, 11251 Stockholm, Vaxholm Terminal: Tel. 08/686 24 64, Strömkajen Terminal: Tel. 08/686 24 65, www.waxholmsbolaget.se

chen Ende befindet sich ein einfacher Natur-Campingplatz, am östlichen Ende die schöne Hafenpromenade und das »Waxholms Hotel«, das sich noch altertümlich mit W schreibt – ein Buchstabe, der im Schwedischen eigentlich abgeschafft und durch ein V ersetzt wurde.

Von Insel zu Insel

Von Vaxholm pendelt eine Autofähre vorbei am Kastell hinüber nach Rindö, das nur wenig größer als Vaxön ist, aber weniger bebaut ist. Eine zweite Fähre überquert dann die schmale Fahrrinne Oxdjupet nach Värmdö. Das ist zwar auch eine Insel, doch der Sund zum Festland bei Nacka ist so schmal, dass Värmdö kaum als solche wahrzunehmen ist. Auf Värmdö besteht Anschluss an die südliche Autobahnumgehung von Stockholm, »Södra Länken«. Sich auf diese Weise Vaxholm zu nähern hat Charme: Zuerst fährt man durch Stockholms südliche Vororte auf der Autobahn mit ihren Tunneln, danach wird es zunehmend einsamer. Gustavsberg ist der letzte größere Ort, dann geht die Fahrt durch Wälder und Wiesen über Värmdö zu den beiden Fähren – und schon hat man ein Gefühl für die inneren Schären bekommen.

Infos und Adressen

SEHENSWÜRDIGKEITEN

Vaxholms fästning. Museum zur Festungsgeschichte. Während der Öffnungszeiten fährt ein Taxiboot alle 20 Minuten vom Anleger Nr. 9 vor dem Hotel ab. Anfang Juni – Mittsommer, tgl. 12.15–16 Uhr, Mittsommer – Ende Aug. tgl. 11.15–17 Uhr, Kastellet, 18599 Vaxholm, Tel. 08/54 13 11 10, info@vaxholmsfastning.se, www.vaxholmsfastning.se

Bogesund Slott. Schloss aus dem 17. Jahrhundert südwestlich von Vaxholm. Es erinnert an eine Burg, wobei die mittelalterlichen Elemente erst in den 1860ern hinzugefügt wurden. Nur von außen zu besichtigen. Per Brahes Väg, 18593 Stockholm, www.bogesundsslott.se

Gustavsbergs Porslinsmuseum. Mi. 15–19 Uhr, Sa–So: 11–16 Uhr, an Feiertagen geschlossen, Odelbergs Väg 5B, 13440 Gustavsberg, porslinsmuseum@varmdo.se, www.varmdo.se

ESSEN UND TRINKEN

Galleri Lena Linderholm. Kleine Kunstgalerie mit angeschlossenem Café. Mo–Fr 11–17 Uhr, Sa 11–16 Uhr, So 12–15 Uhr, Rådhusgatan 19, 18531 Vaxholm, Tel. 08/54 13 21 73, lena@linderholm.se, www.linderholm.se

ÜBERNACHTEN

Waxholms Hotell. Direkt am Kai gelegen, ist das Hotel eines der markantesten Gebäude Vaxholms und bietet Ausblicke auf die Festung, die Ausflugsboote, Fähren und Passagierschiffe von und nach Stockholm. Hamngatan 2, 18521 Vaxholm, Tel. 08/54 13 01 50, info@waxholmshotell.se, www.waxholmshotell.se

STF Vandrarhem Vaxholm/Bogesund. In Sichtweite des Schlosses Bogesund vor den Toren Vaxholms liegt die Jugendherberge. Per Brahes Väg 1–2, 18593 Vaxholm, Tel. 08/54 17 50 60, info@bogesundsslottsvandrarhem.se www.svenskaturistforeningen.se

Das Museumscafé ist zum Treffpunkt für Einheimische geworden.

In der einstigen Porzellanfabrik befindet sich heute ein Museum.

Gustavsberg könnte das schwedische Wort für Porzellan sein: Die berühmte Porzellanfabrik in der kleinen Hafenstadt stellt seit 1825 kunstvolles Geschirr her. Blumige Motive, zeitlose Formen und faire Preise machten die Services zu Klassikern in schwedischen Haushalten. Heute ist nur noch wenig von der Produktion übrig, dafür gibt es ein hübsches Museum.

Zusammen mit den småländischen Glashütten Kosta und Orrefors zählte Gustavsberg zu den ersten Fabriken, die Künstler einstellten, um den schwedischen Traum vom »schönen Heim« zu verwirklichen. Das verarmte, dünn besiedelte Schweden hatte zwischen 1850 und 1930 ein Viertel seiner Bevölkerung durch Auswanderung verloren. Das Land wieder lebenswert zu machen und Möglichkeiten für ein schönes, preisgünstiges Zuhause aufzuzeigen, waren die Ziele der »Heimausstellung« von 1917 in Stockholm. Wilhelm Kåge (1889–1960) als künstlerischer Leiter von Gustavsberg präsentierte damals ein Geschirr namens »Lilienblau«, das als »Arbeiterservice« in die Designgeschichte einging.

1945 begann man in Gustavsberg mit der Herstellung von Kunststoffprodukten wie Thermoskannen und Tabletts. Aus Porzellan werden auch Waschbecken und Toiletten produziert – kaum ein Haushalt in Schweden, in dem man nicht auf ein Gustavsberg-WC geht. Die Firma teilte sich, und die Abteilung für Sanitäranlagen wurde vom deutschen Keramikhersteller Villeroy und Boch gekauft. Sparmaßnahmen verdrängten die Herstellung des Porzellans nach Osteuropa und Thailand. Die Gustavsberger Produktion schrumpfte auf Montage und Logistik zusammen. Gleichzeitig stellte die Schwesterfirma Gustavsberg Porslin

weiterhin kunstvoll bemalte Teller und Tassen her. Als die Firma ausgerechnet mit Rörstrand aus Stockholm zusammengelegt wurde, begann ein kleiner Rosenkrieg. Die ehemaligen Konkurrenten sollten nun gemeinsam das Service für das Nobel-Dinner anfertigen. Auch diese Zeiten sind mittlerweile vorbei.

Klein, aber fein

Geblieben ist dem ehemaligen Porzellanmekka Gustavsberg eine kleine Produktionsstätte. Aus dem Haushaltsriesen ist ein königlicher Hoflieferant geworden, der zur Hochzeit von Kronprinzessin Victoria und Daniel Westling ein Gedenkservice beisteuerte. Die Teller kann man noch heute in ein paar Stockholmer Geschäften finden. Und 2016 erhielt König Carl XVI. Gustaf ein eigens für ihn entworfenes Service – typisch nordisch in schlichtem Weiß und mit stilisierten Bäumen.

Neben einem Geschäft lockt auch das Gustavsberger Porzellanmuseum Interessierte nach wie vor nach Gustavsberg. Dort sieht man Kunst- und Gebrauchsgegestände aus drei Jahrhunderten. 2018 zieht das Museum in ein neu konzipiertes Kulturhaus, untergebracht in dem ehemaligen Fabriksgebäude. In Gustavsberg lebt die Porzellan-Tradition weiter.

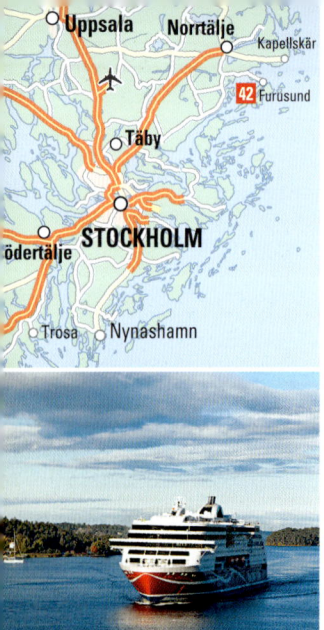

42 Furusund
Wo die dicken Pötte fahren

In der schwedischen Hauptstadt legen viele große Fährschiffe ab. Sie fahren nach Riga und Tallinn in Richtung baltische Länder oder nach Turku und Helsinki in Finnland. Es gibt eine Stelle in den Schären, an der die dicken Pötte dem Land ganz nahe kommen: in Furusund, das etwa 25 Kilometer von Norrtälje entfernt liegt. Dies ist der ideale Platz für Schiffsliebhaber, um Fotos zu machen.

»Ship spotters« heißen sie im Englischen, die Fans von Schiffen, die immer auf der Suche nach dem besten Fotomotiv sind. Kaum eine Stadt in Nordeuropa weist so viele Anläufe von Passagierschiffen auf wie Stockholm: Denn keines der Kreuzfahrtschiffe, die Reisen in der Ostsee anbieten, lässt die schwedische Hauptstadt aus. Dazu kommen noch die ganzen Fähren, die in der Größe vielen Kreuzfahrtschiffen in nichts nachstehen. Viking Line verbindet Stockholm mit Turku und Helsinki, Tallink Silja fährt fast zeitgleich auf denselben Verbindungen. Dazu kommen auch die Tallink-Routen nach Tallinn in Estland und Riga in Lettland.

Dem Ufer ganz nah

Und bevor all diese großen Passagierschiffe Stockholm erreichen, müssen sie durch die Welt der Schären. Für kleinere Schiffe gibt es eine Südroute, aber die dicken Pötte wählen die Nordroute vorbei an Kapellskär, dann durch den Sund Norrfjärden in Richtung Vaxholm, bis die schwedische Hauptstadt auftaucht. Aber zuerst müssen sie an Furusund vorbei! Das ist aus beiden Perspektiven

Mitte: Alle Fährschiffe Richtung Finnland und Estland müssen durch diesen schmalen Sund fahren.
Unten: Das Wirtshaus in Furusund verfügt über eine Terrasse mit Ausblick auf den Sund.

spektakulär: Die Schiffe fahren auf das Land zu – nur einen ganz schmalen Sund zwischen der Insel Yxlö und dem Ort Furusund muss der Kapitän ansteuern. Und wenn sie am Nachmittag Stockholm verlassen, passieren sie ebenfalls Furusund. Nirgendwo in den Stockholmer Schären kann man sie so gut fotografieren wie hier.

Ein Ort für Schiffe

Furusund kann nach deutschen Maßstäben knapp als Dorf bezeichnet werden. Es ist eine Streusiedlung mit ein paar Ferienhäusern und weniger als hundert ganzjährig hier lebenden Einwohnern. Um 1900 war Furusund von mehr als doppelt so vielen Menschen bewohnt. Heute rühmt sich der Ort, gleich zwei Tankstellen zu haben: eine für Autos und eine für Boote. Klar, in den Stockholmer Schären ist ein Freizeitboot für viele Schweden wichtiger als ein Zweitwagen. Eine kleine, kostenlose Fähre des staatlichen schwedischen Trafikverket verbindet Furusund mit der Insel Yxlö und weiter mit Blidö.

Alter Badeort

Astrid Lindgren (1907–2002) und August Strindberg (1849–1912) haben hier Urlaub gemacht, und von einem der Häuser heißt es, es habe Lindgren als Vorlage für die Villa Kunterbunt gedient. Das hat die Schriftstellerin aber höchstpersönlich dementiert – das Vorbild für Pippi Langstrumpfs Haus liegt in der Provinz Småland. 1882 wurde Furusund vom königlichen Hofjuwelier Christian Hammer gekauft. Er wollte die Siedlung zu einem exklusiven Badeort machen. Alle Straßen bekamen klingende italienische Namen wie Venezia, Monte Bello und Ähnliches. Geblieben sind davon nur eine Straße namens »Monte Christos Väg«, ein Pensionat und ein Wirtshaus mit Gästezimmern.

Infos und Adressen

SEHENSWÜRDIGKEITEN

Optischer Telegraf. Von 1837 bis 1871 war Furusund Teil einer Kette von optischen Telegrafen, die von Stockholm bis zur Insel Arholma reichten. Der Mast ist noch erhalten und befindet sich gegenüber des Värdshuset auf einer Kuppe. Strindbergs Väg 6, 76019 Furusund

Felszeichnung. Oberhalb des Gasthafens wurde 1463 eine Kompassrose in den Stein geschlagen, um an die vor Furusund ankernde Flotte des Königs Christian I. zu erinnern.

ESSEN UND TRINKEN

Furusunds Värdshus. Das zum Hotel gehörende Restaurant mit Blick auf das Fahrwasser nach Stockholm. Sa 12–16 und 17.30–22 Uhr, So 12–16 Uhr, Furusunds Strandväg 2, 76019 Furusund, Tel. 0176/803 44, info@furusundsvardshus.se, www.furusundsvardshus.se

ÜBERNACHTEN

Furusunds Värdshus. Kleines Hotel. Furusunds Strandväg 2, 76019 Furusund, Tel. 0176/803 44, info@furusundsvardshus.se, www.furusundsvardshus.se

Der optische Telegraf blieb erhalten.

43 Saltsjöbaden
Stockholms Seebad

Stockholm soll eine Riviera haben? Aber ja! Zumindest hatte sich der Gründer von Saltsjöbaden von der Atmosphäre in Monte Carlo inspirieren lassen. Ende des 19. Jahrhunderts ließ der reiche Industrielle Knut A. Wallenberg den mondänen Badeort erbauen. Und der Erfolg gab ihm recht: Alles, was in Stockholm Rang und Namen hatte, ließ sich in Saltsjöbaden blicken, allen voran König Oskar II.

Knut A. Wallenberg (1853–1938) war eine der prägenden Persönlichkeiten Schwedens zum Ende des 19. Jahrhunderts. Von seinem Vater hatte er 1886 Stockholms Enskilda Banken übernommen, 1905 war er einer der Finanziers und Mitgründer von Norsk Hydro – beides bis heute große skandinavische Unternehmen. Als Politiker engagierte er sich über 30 Jahre lang in der Stockholmer Kommunalpolitik, war Reichstagsabgeordneter und während des Ersten Weltkriegs schwedischer Außenminister. Vor allem ist er aber als großer Stifter und Spender in die Geschichte Stockholms eingegangen. Der Mann hatte Visionen.

Gründung eines Seebades

Eine davon war, ein Seebad nahe der schwedischen Hauptstadt nach dem Vorbild von Monte Carlo entstehen zu lassen. Wallenberg beließ es nach seinem Besuch der Riviera nicht bei der Idee, sondern suchte das passende Land, das er in der Gemeinde Nacka fand. 1892 wurde der Grundstein für das »Grand Hotel Saltsjöbaden« gelegt, und zwar durch König Oskar II. (1829–1907) höchstpersönlich. Als das Hotel 1893 feierlich ein-

Mitte: Das »Grand Hotel Saltsjöbaden« lebt von seiner Geschichte.
Unten: Die Offenbarungskirche mischt Nationalromantik und Jugendstil.

geweiht wurde, lag die gesamte (!) königlich-schwedische Flotte in der Bucht und schoss Salut. Kann ein Hotel zur Eröffnung mehr Ruhm erlangen? Die zwei goldenen Vasen mit den Porträts von Königin Sophia und König Oskar II., die der König dem Hotel zur Einweihung schenkte, stehen bis heute in der Lobby – womit der Konflikt zwischen Tradition und Modernisierung des Hotels in der Gegenwart schon angedeutet ist.

Wallenberg ließ eine Eisenbahnlinie vom Zentrum hinaus nach Saltsjöbaden bauen. Zwei Kaltbadeanstalten entstanden, ein Sanatorium und eine Schule. Um 1900 wohnen etwa 650 Menschen ganzjährig in Saltsjöbaden, heute sind es knapp 10 000 Einwohner. Zahlreiche sehenswerte Gebäude blieben erhalten, darunter die Villa Grünewald, die 1893 von dem bekannten Architekten Ferdinand Boberg (1860–1947) entworfen wurde.

Uppenbarelsekyrkan

Aus seiner Feder stammt auch die sehenswerte Kirche Uppenbarelsekyrkan (Offenbarungskirche), die Wallenberg stiftete. Der Bau ist eine Mischung aus Nationalromantik und Jugendstil, errichtet mit roten Helsingborg-Ziegeln. Der Bildhauer Carl Milles (1875–1955) schuf die Reliefs am Eingang und am Altar, der aus weißem Carrara-Marmor besteht. Auch das Observatorium aus dem Jahre 1931 ist eng mit dem Namen Wallenberg verknüpft. Das Ehepaar hatte eine Stiftung ins Leben gerufen, die den Bau in den 1920er-Jahren mit finanzierte. Heute dienen die Räumlichkeiten als Fortbildungsstätte.

Saltsjöbaden ist mit der Bahn vom Zentrum Stockholms in etwa 20 Minuten zu erreichen. Bis heute ist dies – neben den Schiffsverbindungen – der einfachste Weg in die Schären.

Infos und Adressen

SEHENSWÜRDIGKEITEN
Uppenbarelsekyrkan. Kyrkplan 2, 13334 Saltsjöbaden, Tel. 08/748 19 00

ESSEN UND TRINKEN
Holmen Kök und Bar. Blick auf die Bucht voller Segelboote und das »Grand Hotel Saltsjöbaden«. Juni–Aug. tgl. 12 Uhr – Open End, Torben Gruts Väg 5, 13335 Staltsjöbaden, Tel. 08/717 77 67, info@holmenkokochbar.se, www.holmenkokochbar.se

ÜBERNACHTEN
Grand Hotel Saltsjöbaden. Hotellvägen 1, 13383 Saltsjöbaden, Tel. 08/50 61 70 00, info@grandsaltsjobaden.se, www.grandsaltsjobaden.se

AKTIVITÄTEN
Saltsjöbadens Friluftsbad. Zwei historische Kaltbadeanstalten. Mitte Mai – Ende Aug. tgl. 8.30–18 Uhr, Torben Gruts Väg 8, 13335 Saltsjöbaden, Tel. 08/717 05 52, www.saltisbadet.se

ANREISE
Saltsjöbanan. Per SL-Bahn geht es von Slussen auf Södermalm bis zum Endbahnhof direkt beim »Grand Hotel«. Ankunft: Hotellvägen 1, 13335 Saltsjöbaden, www.sl.se

Beide Kaltbadeanstalten blieben erhalten.

UMGEBUNG UND AUSFLÜGE

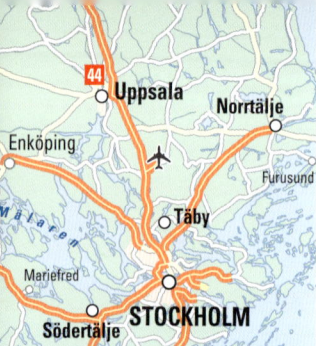

44 Uppsala
Schwedens kirchliches Zentrum

Es mag ja eine Hauptstadt in der Nähe geben, aber die ist nicht so wichtig – meint man gerne in Uppsala. Schließlich ist Uppsala nicht nur älter, sondern darf sich auch rühmen, das kirchliche Zentrum Schwedens zu sein und die älteste Universität Skandinaviens zu besitzen. 15 Nobelpreisträger und 14 schwedische Regierungschefs wurden an der Universität zu Uppsala ausgebildet. Da kann man die Nase schon mal etwas höher tragen.

Die Landhebung ist schuld! Sonst wäre Uppsala Hauptstadt geworden. An Selbstbewusstsein mangelt es seinen Bürgern jedenfalls nicht. Fakt ist, dass die Landhebung dazu führte, dass der mittelalterliche Hafen an der Bucht Ekoln verlandete und der Zugang zum Mälaren zu weit weg und zu schmal für große Schiffe war. Stockholm lag strategisch günstiger zwischen Ostsee und Mälaren als Uppsala oder das im Mittelalter ebenfalls bedeutende Sigtuna. Da half es auch nichts, dass Gamla Uppsala (Alt-Uppsala) bereits 1164 Sitz eines Erzbischofs wurde. Nach einem Brand der Kirche im Jahre 1252 beschloss man, den Bischofssitz mitsamt der Reliquien nach Östra Aros zu verlegen, dem heutigen Uppsala.

Dom

1272 begann man mit dem Bau eines neuen Doms, aber erst 1435 konnte er geweiht werden. Mehrfach beschädigten Brände die Kirche, 1702 wurde sie fast vollständig zerstört. Beim Wiederaufbau konnte die originalgetreue Ausgestaltung des In-

Seite 236/237: Die traditionelle Bauweise schwedischer Häuser wirkt immer gemütlich.
Unten: Der Dom zu Uppsala bildet bis heute das geistliche Zentrum des Landes.

nenraums berücsichtigt werden, die gotischen Elemente der Fassade gingen aber verloren. Während einer Renovierung zwischen 1885 und 1893, die der Architekt und Professor für Kunstgeschichte Helgo Zettervall (1831–1907) leitete, wurden die gotischen Elemente teilweise wieder hergestellt – wenn auch auf zweifelhafte Weise. Aus Kostengründen verwendete man Zement statt Kalkstein, was schnell zu Witterungsschäden führte. Diskussionen darüber, wie mit den unterschiedlichen Stileinflüssen der verschiedenen Epochen umgegangen werden soll, werden bis heute geführt. Schließlich hatte Zettervall die Turmspitzen aus dem 18. Jahrhundert entfernen lassen und durch spitze, neugotische Dächer ersetzt.

Alter Friedhof

Der Dom von Uppsala zählt zusammen mit dem Nidarosdom und der Marienkirche in Danzig zu den größten Gotteshäusern im Ostseeraum und hat die höchsten Türme in Nordeuropa: 118,70 Meter messen sie. Im Dom sind einige prominente Schweden beigesetzt worden, darunter König Gustaf Wasa (1496–1560) und der Botaniker Carl von Linné (1707–1778). Nicht weit entfernt liegt der alte Friedhof, auf dessen Grabsteinen noch

Nicht verpassen

DIE KÖNIGSGRÄBER VON GAMLA UPPSALA

Archäologen haben rekonstruiert, dass Alt-Uppsala zur Steinzeit ein überregionales Machtzentrum gewesen sein muss. Zumindest finden sich hier drei sehr hohe Grabhügel, die der Mythologie nach frühen schwedischen Königen, wahlweise auch den Göttern Thor, Odin und Freja zugeschrieben werden. Die Hügelgräber stammen aus der Zeit 500 bis 600 n.Chr., in der Umgebung gibt es noch ein Feld mit 200 bis 300 Gräbern. Alt-Uppsala war ein heidnischer Kultplatz, auf dem eine christliche Kirche errichtet wurde und später der erste Erzbischofssitz Schwedens. In einem historischen Museum ist die Geschichte Gamla Uppsalas aufgearbeitet.

Gamla Uppsala Museum. April–Midsommar, Mitte Aug.–Sept. tägl. 10–16 Uhr, Midsommar–Mitte Aug. tägl. 11–17 Uhr, Okt.–März Mo, Mi, Sa, So 12–16 Uhr, Disavägen 74, 75440 Uppsala, Tel. 018/23 93 12, gamlauppsala@raa.se, www.raa.se

mehr berühmte Namen zu finden sind: Der UN-Generalsekretär und Friedensnobelpreisträger Dag Hammarskjöld (1905–1961), der große Dichter der Romantik Erik Gustaf Geijer (1783–1847) und der Poet Gustaf Fröding (1860–1911).

Uppsala Slott

Neben der Domkirche nimmt sich das Schloss von Uppsala trotz seiner erhöhten Lage geradezu bescheiden aus. Er wurde zur Zeit Gustaf Wasas erbaut, was an Grundriss und Aussehen unschwer zu erkennen ist: Die gedrungenen runden Türme sind das Wahrzeichen aller Wasa-Schlösser. Als Vergleich können die Schlösser in Örebro, Vadstena und Kalmar dienen, auch Schloss Gripsholm in Mariefred hat diesen nahezu quadratischen Grundriss mit den vier kleinen, korpulenten Türmen. Johann III. (1537–1592) ließ das Schloss Ende des 16. Jahrhunderts zu einem Renaissance-Palast umbauen, nach einem Brand 1702 wurden jedoch Teile des Gebäudes abgerissen und ab 1744 im klassischen französischen Stil wieder aufgebaut – bis 1762 das Geld ausging. Und so blieb das Schloss in Uppsala halb vollendet. Heute dient es völlig unterschiedlichen Zwecken. Einerseits residiert in einem Teil der Regierungspräsident der Provinz Uppland, andererseits haben Firmen ihre Büros, und drei Museen finden in den Flügeln auch noch Platz.

Universität

Rund 24 000 Studenten zählt Uppsala, das auf 140 000 Einwohner kommt – so viele Studierende haben in einer vergleichsweise kleinen Stadt einen nicht geringen Einfluss auf die Stimmung. 1477 gegründet ist die Universität die älteste des Nordens. Sie wurde zur Großmachtzeit kräftig geför-

Spaziergang durch Uppsala

A Uppsala Slott. Schloss aus dem 16. Jahrhundert mit Kunst- und Friedensmuseum

B Dom zu Uppsala. Die höchste Kirche Nordeuropas und eine der größten im Ostseeraum

C Altes Observatorium mit Park. Hier guckte Anders Celsius (1701–1744) in die Sterne, der eigentlich Professor für Astronomie war. Heute ist er vor allem für die von ihm entwickelte Temperaturskala bekannt.

D Linnépark und -museum. Zum Leben und Wirken des Botanikers Carl von Linné. Die Orangerie stammt aus dem Jahr 1743.

E Botanischer Garten der Universität. Der Barockpark stammt aus der Mitte des 18. Jahrhunderts, die Orangerie wurde 1807 eingeweiht. Sie heißt Linnéanum, hat aber nicht direkt etwas mit dem Linnépark und dem Museum zu tun.

F Uppsala Gamla Kyrkogård. Auf dem alten Friedhof von Uppsala finden sich zahlreiche Gräber berühmter Schweden, darunter die Romantiker Erik Gustaf Geijer und Per Daniel Atterbom, aber auch der UN-Generalsekretär Dag Hammarskjöld.

G Uppsala Gamla Järnvägsstation. Der alte Bahnhof von 1866 steht unter Denkmalschutz und liegt gleich neben dem neuen Bahnhof.

H Carolina Rediviva. Die Universitätsbibliothek wurde 1817 erbaut und zählt neben der Stockholmer Bibliothek zu den wichtigsten Sammlungen Schwedens.

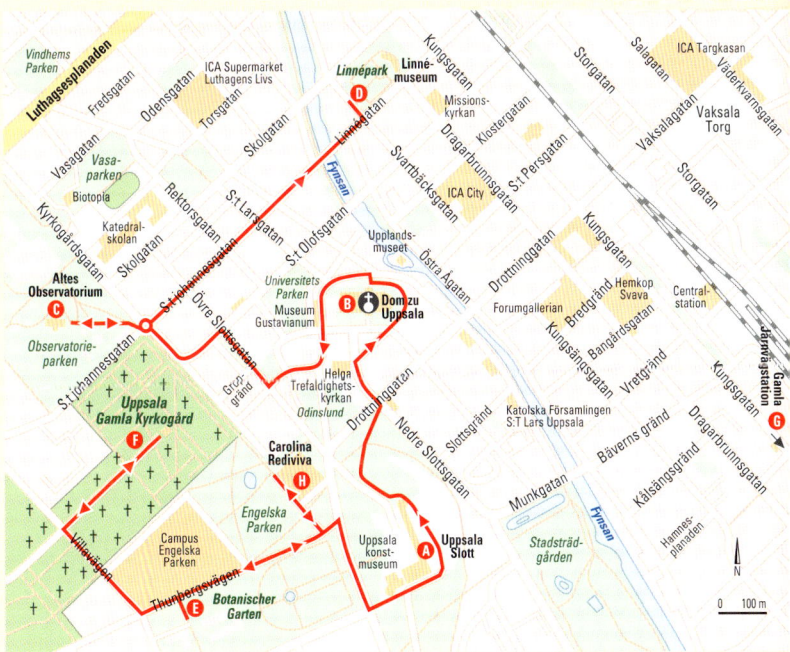

Umgebung und Ausflüge

dert und ausgebaut. Nach eigenen Angaben zählt sie zu den besten in Schweden und zu den hundert besten Universitäten weltweit über alle Fakultäten hinweg – wie auch immer solche Bewertungen zustande kommen. Stolz ist man darauf, dass sich unter den Absolventen 15 Nobelpreisträger, acht schwedische Könige, 14 Ministerpräsidenten und über 50 Mitglieder der Königlich Schwedischen Akademie befinden. Letztere wird durch die auf Lebenszeit gewählten Damen und Herren repräsentiert, die darüber befinden dürfen, wer den Literaturnobelpreis bekommt. Immerhin gibt es die Institution schon seit 1786, und sie zählt 18 Mitglieder.

Die Gebäude der Universität verteilen sich über die Stadt, viele historische Hörsäle liegen im Zentrum. Das Gustavianum von 1622 diente bis 1997 der Lehre, heute ist es ein Museum. Das schlossartige Universitetshuset (Haus der Universität) löste 1887 das Gustavianum als Hauptgebäude der Universität ab. Einzelne Säle werden bis heute für Vorlesungen benutzt. Der Wahlspruch über der Tür der Aula lautet übersetzt »Frei zu denken ist groß, aber richtig zu denken ist größer«.

GUT ZU WISSEN

WALPURGISNACHT MEIDEN!

Nicht nur im Harz haben die Hexen in der Walpurgisnacht Ausgang, auch in Schweden gibt es entsprechende Traditionen. Und die sind in Uppsala besonders ausgeprägt, auch dank der vielen Studentenvereinigungen. Neben dem Krebsessen Anfang August dürfte der 30. April der Tag mit dem höchsten Alkoholkonsum sein. Ist man der Sprache nicht mächtig, sollte man sich als Urlauber dann besser zurückziehen, wenn die Studenten mit Umzügen, kuriosen Wettkämpfen und Partys den Winter austreiben.

Oben: Die Universität von Uppsala wurde im Jahre 1477 gegründet.
Mitte: Gedrungene runde Türme sind das typische Merkmal aller Wasa-Schlösser, so auch in Uppsala.
Unten: Das Studentenleben in Uppsala ist sehr ausgeprägt, hier die Walpurgisnacht.

Infos und Adressen

SEHENSWÜRDIGKEITEN

Domkyrkan. Die Domkirche ist die größte in ganz Skandinavien und beherbergt die Gräber diverser Könige. Später wurde es zur Tradition, diese in der Riddarholmskyrkan in Stockholm beizusetzen. Tgl. 8–18 Uhr, Domkyrkoplan, 75310 Uppsala, Tel. 018/430 35 0 0, www.uppsaladomkyrka.se

Uppsala Slott. Es können nur Teile des Schlosses besichtigt werden, weil hier auch die Regionalverwaltung ihre Büros hat. Das Schloss beherbergt u.a. das Kunstmuseum und das Friedensmuseum. Di–Mi 12–16 Uhr, Do 12–20 Uhr, Fr–So 12–16 Uhr, Drottning Christinas Väg 1E, 75237 Uppsala, Tel. 018/727 24 82, konstmuseum@uppsala.se, www.uppsalakonstmuseum.se

ESSEN UND TRINKEN

Villa Anna. Einen Steinwurf von der Universität entfernt liegt das preisgekrönte Restaurant. Von Lunch über à la carte bis hin zu raffinierten Menüs wird auf Spitzenniveau gekocht. Lunch Mo–Fr 11.30–13 Uhr, Abendessen Di–Sa 17–22 Uhr, Odinslund 3, 75310 Uppsala, Tel. 018/580 20 00, info@villaanna.se, www.villaanna.se

ÜBERNACHTEN

Clarion Gillet. Gutes Mittelklassehotel mit angeschlossener Garage nicht weit von der Domkirche, dem Marktplatz und dem Linneträdgård entfernt. Dragarbrunnsgatan 23, 75320 Uppsala, Tel. 018/68 18 00, cl.uppsala@choice.se, www.nordicchoicehotels.se

Scandic Uplandia. Genauso zentral gelegenes Hotel wie das »Clarion Gillet«, ebenfalls mit eigener Garage. Das »Clarion« positioniert sich zwar einen Tick höher als das »Scandic«, ist de facto aber glcich gut. Dragarbrunnsgatan 32, 75320 Uppsala, Tel. 018/495 26 00, uplandia@scandichotels.com, www.scandichotels.se

Neben Riddarholmskyrkan ist der Dom zu Uppsala die zweitwichtigste Grablege schwedischer Herrscher.

45 Schloss Skokloster
Schwedens größtes privates Schloss

Schloss Skokloster ist das größte in Schweden jemals gebaute Privatschloss. Es entstand zur Großmachtzeit Ende des 17. Jahrhunderts, Bauherr war der Graf und Feldmarschall Carl Gustaf Wrangel. Das prachtvolle Gebäude liegt zwischen Stockholm und Uppsala an einem schmalen Arm des Sees Mälaren. Es gehört seit über 200 Jahren zu den beliebten Ausflugszielen im Umland der schwedischen Hauptstadt.

Sicher, Carl Gustaf Wrangel (1613–1676) war eine große Nummer in Schweden. Aber solch ein Schloss für einen Grafen? Wrangel hatte Erfolg, und das zählte. Der Graf machte Karriere in der Armee, war Generalmajor, Feldmarschall, wurde zum Generalgouverneur von Pommern ernannt und schließlich zum Reichsmarschall. Seine Erfolge im Dreißigjährigen Krieg – unter anderem gewann die schwedisch-holländische Flotte unter seinem Oberbefehl 1644 die Schlacht bei Fehmarn gegen die Dänen – scheinen sich gelohnt zu haben. Die Ernennung zum Generalgouverneur von Pommern führte dazu, dass er 1648 auch Kanzler der Universität Greifswald wurde.

Grund und Ehre

Mitte: Die Räumlichkeiten des Schlosses können im Rahmen einer Führung besucht werden.
Unten: Das berühmte Porträt von Kaiser Rudolf II., der über den Astronomen Tycho Brahe auch Kontakte nach Schweden pflegte.

Wer so viel Einfluss und Macht hatte, musste damals auch entsprechend repräsentativ wohnen. Von 1654 bis 1676 ließ sich das Ehepaar Wrangel Schloss Skokloster bauen. Es war nicht ihr einziger Wohnsitz: In Stockholm gehört ihnen Wrangelska Palatset auf Riddarholmen, in Pommern residier-

Schloss Skokloster

ten sie in Schloss Wrangelsburg unweit von Greifswald. Noch heute heißt die Gemeinde in Vorpommern nach dem schwedischen Grafen. Auch Schloss Spyker auf Rügen gehörte Wrangel, er war für den Umbau im Stil der Renaissance und die rote Farbgebung verantwortlich.

Das Barockschloss

Es lässt sich nicht mehr genau rekonstruieren, welche Architekten alle an Schloss Skokloster beteiligt waren. Caspar Vogel, der auch Wrangelsburg in Pommern entwarf, gilt als erster Architekt, der königliche Hofarchitekt Nicodemus Tessin der Ältere war vermutlich auch beteiligt. Jean de la Vallée schuf den barocken Park. Die Bauart von Schloss Skokloster ist in Schweden einmalig, eventuell hat der Palast Ujazdowski in Warschau als Vorbild gedient – Wrangel hatte auch Warschau belagert. Woher auch immer die Einflüsse stammten: Skokloster ist wahrscheinlich Schwedens schönstes Barockschloss. Die vier Türme mit ihrem ungewöhnlichen achteckigen Grundriss bestimmen das Bild der weißen Fassade.

Museum

Mit dem Tod Wrangels 1676 wurden die Arbeiten an dem fast fertigen Schloss eingestellt. Die Tochter des Ehepaars Wrangel heiratete Nils Brahe, bis 1967 verblieb Skokloster im Besitz der Familie Brahe und ihrer Rechtsnachfolger. Dann kaufte der schwedische Staat das Schloss, renovierte die barocke Perle und machte ein Museum daraus. Die Rüstkammer enthält eine der größten Waffensammlungen Europas, außerdem gibt es eine Porträtgalerie mit über 600 Werken. Die schöne Lage auf einer Halbinsel zum Mälaren hin tut ein Übriges dazu, Skokloster zu einem beliebten Ausflugsziel zu machen.

Infos und Adressen

SEHENSWÜRDIGKEITEN
Skoklosters Slott. Das Schloss kann sowohl individuell besichtigt werden als auch im Rahmen einer Führung auf Schwedisch oder Englisch. Mai, Sept. Sa–So 11–16 Uhr, Juni–Aug. tgl. 11–17 Uhr, Skoklosters Slott, 74696 Skokloster, Tel. 08/402 30 60, sko.bokning@lsh.se, www.skoklossersslott.se

ESSEN UND TRINKEN
Skokloster Macken. Eine Tankstelle aus den 1960ern wurde von den Nachfahren des letzten Schlossbesitzers als Café und Lebensmittelladen wiedereröffnet. Nett für einen kleinen Stopp zwischendurch. Skoklostervägen 96, 74696 Skokloster, Tel. 018/38 60 11, info@skoklostermacken.se, www.skoklostermacken.se

ANREISE
Rederi Fyris. Im Sommer um 11 Uhr von Uppsala, um 16.30 Uhr wieder in Uppsala. c/o KW AB Verkstadsgatan 4, 753 23 Uppsala, Tel. 0733/30 30 42, info@mskungen.se, www.mskungen.se

Die Wrangelsche Waffenkammer

46 Mariefred
Die Idylle am Mälaren

Gassen mit bunten Holzhäusern, eine Dampfeisenbahn und ein mächtiges Schloss aus rotem Backstein inmitten einer grünen Landschaft direkt am blau schimmernden See: So stellt man sich Schweden idealerweise vor. Mariefred mit Schloss Gripsholm ist solch eine Postkartenidylle. Für einen Tagesausflug ist die Stadt von Stockholm aus gut zu erreichen.

Der Mälaren ist zwar Schwedens drittgrößter See nach Vänern und Vättern, doch das sieht man ihm nicht an. Viele Inseln und Buchten lassen ihn zerklüftet erscheinen, große, freie Wasserflächen sind die Ausnahme. In einer der vielen Buchten liegt die Kleinstadt Mariefred mit knapp 4000 Einwohnern. Ihre bekannteste Sehenswürdigkeit ist Schloss Gripsholm.

Tucholskys letzte Ruhe

Gripsholm dürfte das in Deutschland bekannteste schwedische Schloss sein. Zu verdanken hat es diesen Ruf dem Schriftsteller und Journalisten Kurt Tucholsky (1890–1935), der ihm mit der Novelle »Schloß Gripsholm« ein Denkmal setzte. Tucholsky, der 1930 nach Schweden emigrierte, verstarb 1935 in Göteborg und wurde in Mariefred beigesetzt.

Mitte: Mariefred mit seinen wunderschönen bunten Holzhäusern
Unten: Eine Rose auf Tucholskys Grab in Mariefred

Doch tut man Mariefred unrecht, wenn man nur das Schloss besichtigt. Der Ort ist so alt wie die ursprüngliche Burganlage. Im 15. Jahrhundert entstand hier ein Kloster mit dem Namen »Pax Mariae« – was in der schwedischen Übersetzung zu Mariefred wurde. 1605 erhielt das Dorf dank

Infos und Adressen

des Schlosses Stadtrechte, seit 1682 wurde Mariefred weitgehend von Stadtbränden verschont. Das
ist angesichts der Bebauung mit Holzhäusern eine
ungewöhnlich lange Zeit. Vielleicht hat es damit
zu tun, dass die wirtschaftliche Entwicklung rund
um den Mälaren über mehrere Jahrhunderte an
Mariefred vorbeilief. Die Kleinstadt fiel in eine Art
wirtschaftlichen Dornröschenschlaf. Daran änderte die Anbindung an das Bahnnetz durch die
Schmalspurbahn ebenso wenig wie die Dampf-
schiffverbindung nach Stockholm ab 1903. Bis
heute ist der historische Dampfer »Mariefred«
unterwegs zwischen der Hauptstadt und der
Schlossidylle. In den Sommermonaten ist schon
die Schifffahrt ein Erlebnis.

Schmalspurbahn

Dankenswerterweise hat die Schmalspurbahn
überlebt und ist im Sommer eine der Attraktionen
von Mariefred. Die Stichbahn in Richtung Södertälje war ursprünglich eine Normalspurbahn, wurde aber nach der Stilllegung von einem Verein auf
dem alten Bahndamm auf 600 Millimeter Schmal-
spur umgebaut. Seit 1966 also fahren Personen-
und Güterzüge im Schmalspurformat auf der historischen Trasse. Die Loks und Waggons stammen
von anderen schwedischen Schmalspurbahnen,
die nicht mehr in Betrieb sind. Sobald der Rauch
aus den Schornsteinen der Lokomotiven aufsteigt,
strömen die Urlauber zu der Bahnanlage, die
nicht weit vom Schloss in einem Park liegt.

Und so präsentiert sich Mariefred bis heute als
eine etwas verschlafene Kleinstadt mit Kopfsteinpflaster und schmalen Gassen, alten Holzhäusern
und Grünflächen. Wenn sich an einem schönen
Sommertag der Backsteinbau des Schlosses im
Mälaren spiegelt, ist die Idylle perfekt. Kein Wunder, dass Kurt Tucholsky diese Kulisse gefiel.

GRIPSHOLM –
Das »Tucholsky-Schloss«

Schloss Gripsholm zählt zu den schönsten Schlössern Schwedens.

Von Kurt Tucholsky in seiner »Eine Sommergeschichte« untertitelten Er-
zählung »Schloss Gripsholm« verewigt, ist das Schloss besonders für
Deutsche ein lohnendes Ausflugsziel. In dem märchenhaften roten Bau
mit runden Türmen, verwinkelten Treppen und Möbeln aus vier Jahrhunderten wurde seit dem ersten Schweden-König Gustav I. Wasa Politik betrieben und Kulturgeschichte geschrieben.

Schloss Gripsholm liegt auf einer Landzunge am Ufer des Mälaren, von der
Ortschaft Mariefred nur durch eine kleine Bucht getrennt. An dieser Stelle war
bereits um 1370 eine erste Burg entstanden, die die Könige in den folgenden Jahrhunderten ausbauten. König
Gustav I. Wasa (1496–1560) ließ die alte
Burg und Teile des Klosters schleifen.
Unter seiner Ägide wurde von 1537 bis
1545 Schloss Gripsholm erbaut. Es ist eines der typischen Wasa-Schlösser, wie
man sie auch in Vadstena, Kalmar und
Örebro findet: Vier gedrungene Rundtürme an den Ecken sind das Erken-
nungsmerkmal dieser Bauten. Eine Ver-
teidigungsfunktion hatte das Schloss
trotz seines wehrhaften Aussehens nicht.

Porträtsammlung

Im Schloss Gripsholm ist die staatliche
schwedische Porträtsammlung untergebracht. Über 4000 Werke aus dem
16. Jahrhundert bis in die Neuzeit zeigen berühmte Schweden.

Die Porträts beschränken sich keines-
wegs auf Adel und Politik. Je näher man
bei dem Rundgang der Gegenwart
kommt, desto mehr steigt der Grad der
kreativen Gestaltung und der internationalen Bekanntheit der Abgebildeten.
Seite an Seite mit Königen findet man
Regisseur Ingmar Bergman, ABBA-Musiker Benny Andersson und Kinderbuchautorin Astrid Lindgren.

Interieur

Das Schloss Gripsholm beherbergt eine
einzigartige Sammlung von Möbeln und
Kunsthandwerk aus vier Jahrhunderten.
Die Zeitreise beginnt im Schlafgemach
von Herzog Karl aus dem 16. Jahrhundert. Blumige Wandmalereien, wertvolle
Intarsien und ein offener Kamin – in
Schweden sind nur wenige Interieurs aus
dieser Epoche so gut erhalten. Doch
nicht alle Bewohner in der Geschichte
des Schlosses lebten freiwillig hier: Die
Söhne von Gustav I. Wasa, Erik und Johann, sperrten sich einander im Kampf
um den Thron gegenseitig ein.

Neben seiner bewegten Geschichte ist
das Schloss für das von König Gustav III.
(1746–1792) eingerichtete Theater in einem der Renaissancetürme bekannt.
Dort durften nicht nur Adlige zusehen:
Für die Bediensteten gab es Stehplätze.
Der König fiel mit seiner Liebe zum
Schauspiel und zur Maskerade unter den
europäischen Hoheiten auf. Sie wurde
ihm sogar zum tödlichen Verhängnis: Er
starb nach dem Attentat beim Maskenball in der Stockholmer Oper, die wir
ebenfalls ihm zu verdanken haben. Das
Unglück verewigte Komponist Giuseppe
Verdi mit der Oper »Ein Maskenball«.

47 Trosa
Ein Paradies für Segler

Die Kleinstadt Trosa liegt südlich von Stockholm an der Küste, dort wo der Fluss Trosaån in die Ostsee mündet. Sie ist mit dem Boot ungefähr eine Tagestour von Stockholm entfernt, sodass der Gästehafen in der Saison unzählige Sportboote und Segelschiffe zählt. Geschützt von vorgelagerten Inseln und Schären ist Trosa einer dieser typisch schwedischen Orte, die im Sommer in voller Blüte stehen.

Schwedens große Flüsse liegen alle im Norden, im Süden des Landes sind die Wasserläufe kleiner und fallen im Landschaftsbild selten auf. Der Trosaån ist einer dieser Flüsse, und schon der Name verrät es: Ein »å« ist im Schwedischen kleiner als ein »älv«, was so viel wie Fluss bedeutet. An der Mündung dieses kleinen Flusses in die Ostsee entstand Trosa vermutlich schon früh. Darauf lässt zumindest die Vielzahl an Runensteinen schließen, die in der Umgebung gefunden wurden. Auch ein Goldschatz wurde ausgegraben, der auf die Zeit 400 bis 500 n. Chr. datiert und sich heute im Historischen Museum in Stockholm befindet. Schon im 15. Jahrhundert war Trosa ein bedeutender Warenumschlagplatz und erhielt deshalb 1454 Stadtrechte.

»Sommarställe«

Mitte: Der Ort Trosa entstand an der Mündung eines kleinen Flusses in die Ostsee.
Unten: Fisch ist an der Küste nicht nur auf der Speisekarte zu finden.

Es war die Lage nahe an der Ostsee und doch geschützt durch Inseln und Schären, die Trosa so erfolgreich machte. Ein natürlicher Hafen in einer Flussmündung mit guter Anbindung ans Hinterland – besser geht es kaum. Dass Trosa heute trotzdem nur rund 5000 Einwohner zählt, ist wohl

Gartenwirtschaft am Schloss Tullgarn

dem Aufstieg der schwedischen Hauptstadt sowie der Entwicklung der weiter südlich liegenden Städte Norrköping und Nyköping geschuldet. Außerdem war die Zufahrt zum Hafen nicht für große Schiffe geeignet. Heute ist das ein Vorteil, denn Trosa wurde so zu einer typischen schwedischen »Sommarställe«. Wenn man gemein sein möchte, interpretiert man den Begriff so, dass hier außer in den schwedischen Sommerferien der Hund begraben liegt – aber ganz so schlimm ist es nicht. Doch durch die Nähe zur Hauptstadt werden vor allem Segler und Sportbootfahrer angezogen – schließlich ist für viele Schweden, die an der Küste leben, das Boot wichtiger als der Zweitwagen.

Nach der großen Zeit als Handelsplatz lebte die Bevölkerung über Jahrhunderte vornehmlich vom Fischfang. Die Fischer wohnten im Sommer auf den Schären und im Winterhalbjahr in Trosa. Ein solches Fischerhaus ist die Åbladstugan aus dem 18. Jahrhundert, benannt nach dem letzten Besitzer. Manch altes Haus aus dem 18. und 19. Jahrhundert ist in Trosa erhalten, doch noch ältere Ge-

Nicht verpassen

SCHLOSS TULLGARN

Etwa zehn Kilometer nördlich von Trosa liegt nahe der alten Europastraße Schloss Tullgarn. Das repräsentative Gebäude wurde 1727 im Auftrag von Graf Magnus Julius de la Gardie (1674–1741) erbaut und gehört inzwischen zu den königlichen Schlössern. Das Schloss selbst kann im Rahmen von Führungen besichtigt werden. Vor allem lohnt es sich aber wegen des Wirtshauses, das sich in einem ehemaligen Wirtschaftsgebäude befindet. Hier gibt es mittags ein günstiges und gutes Büfett, das sich bei schönem Wetter im Garten unter großen Bäumen einnehmen lässt.

Tullgarns Värdshus. Mitte Mai – Aug. Mo–Fr 11–17 Uhr, Sa–So 12–18 Uhr, Sept.–Mitte Mai Sa–So 12–17 Uhr, Zufahrt über alte E4, Abzweig Tullgarn Slott, 61074 Vagnhärad, Tel. 08/55 17 20 26, www.tullgarnsvardshus.se

bäude sucht man vergebens: Auch Trosa wurde 1719 von russischen Truppen niedergebrannt, als der Konflikt zwischen den beiden Ostseemächten eskalierte.

Uferpromenade

Das Schönste an Trosa ist heute die Uferpromenade am Fluss entlang. Zum Teil historische Holzvillen säumen das Ufer, bis die ersten Hafenspeicher auftauchen. Hier haben Kunsthandwerker ihre Werkstätten, hier werden Souvenirs verkauft, und es gibt den üblichen Seglerbedarf. In einem alten Speicher hat »Bomans Hotel« zwei Suiten untergebracht – von außen rustikal, von innen großzügig und komfortabel, natürlich mit Hafenblick. Es folgen in Richtung Flussmündung die Anleger des Gästehafens und eine kleinere Schiffswerft. Die Tankstelle für Sportboote darf auch nicht fehlen.

Stendörren

Trosa ist leicht zu erreichen für alle, die mit dem Auto nach Stockholm fahren: Von der E4 ist es bei Vagnhärad nur ein kurzer Abstecher. Eine schöne Alternative zur E4 ist die Straße 219 von Nyköping: Bei Studsvik lohnt sich ein weiterer Abstecher zum Naturschutzgebiet Stendörren. Hier verbinden Fußgängerbrücken ein paar Schären, sodass man auch ganz ohne Boot eine kleine Wanderung durch die Inselwelt machen kann. Wer ein Seekajak oder Paddelboot dabei hat, kann Stendörren Naturreservat auch vom Wasser aus erkunden. Es gibt Feuerplätze, die mit Holzvorräten, Müllbehältern und Toiletten ausgestattet sind. Und man darf frei zelten. Ein Windschutz und zwei Hütten stehen für Übernachtungsgäste zur Verfügung. Für die Hütten muss man sich im Naturum anmelden, das sich am Ende der Straße befindet.

Oben: Traditionelle Bauweise am Fluss Trosaån
Mitte: Werbung muss nicht immer blinken, um ansprechend zu sein.
Unten: Im Stendörren Naturreservat verbinden Brücken für Wanderer die Inseln miteinander.

Infos und Adressen

SEHENSWÜRDIGKEITEN

Stendörren Naturreservat. Das Naturschutzgebiet kann ganzjährig besucht werden. Im Naturum gibt es eine Ausstellung zur Natur der Schären, auch können hier die einfachen Schutzhütten angefragt werden. Juni–Aug. tgl. 10–18 Uhr, Mai, Sept. Mo–Fr 12–16 Uhr, Sa–So 10–17 Uhr, der Ausschilderung von der Straße 219 Nyköping–Vagnherad folgen, Tel. 0155/26 31 80

ESSEN UND TRINKEN

Restaurang Punschkällaren. Kellergewölbe mit Blick auf den Fluss Trosaån. Schwedische Küche mit französischem und italienischem Einschlag, besonders zu empfehlen ist die Crème brûlée. Mo–Do 11–21 Uhr, Fr 11–23 Uhr, Sa 12–23 Uhr, So 12–21 Uhr, Torget 6, 61935 Trosa, Tel. 0156/175 50, www.punschkallaren.dinstudio.se

ÜBERNACHTEN

Trosa Stadshotel. Eher hochpreisiges, familiengeführtes Hotel im Zentrum Trosas mit eigenem Spa. Das Haus liegt einen Steinwurf vom Fluss entfernt, der malerisch durch den Ort fließt und aussieht, als ob er einem Inga-Lindström-Film entsprungen wäre. Västra Långgatan 19, 61935 Trosa,

Speisen unter Bäumen bei Schloss Tullgarn

Tel. 0156/170 70, info@trosastadshotell.se, www.trosastadshotell.se

Bomans Hotel. Alle Zimmer sind unterschiedlich eingerichtet, und die Unterschiede sind groß! Von arg plüschig über pseudo-antik bis poppig und quietschbunt. Die Suiten sind in einem alten Hafenmagazin untergebracht. Angegliedertes Restaurant mit guter Küche. Hamnen, 61930 Trosa, Tel. 0156/525 00, info@bomans.se, www.bomans.se

»Bomans Hotel« liegt mitten in Trosa.

48 Sörmland
Schlösser und Herrenhöfe

Südlich von Stockholm liegen in der Provinz Sörmland beinahe 40 Schlösser und unzählige Herrenhöfe. Der Adel scheint sich im schwedischen Kernland nahe der Hauptstadt wohlgefühlt zu haben. Manche der Prachtbauten befinden sich in Privatbesitz, andere sind Museen in öffentlicher Hand, und einige wurden zu Hotels umgebaut, in denen man auch als Urlauber den Luxus vergangener Zeiten erleben kann.

Stockholms Countryside nennt sich die Region Sörmland, die südlich der Hauptstadt von den Seen Hjälmaren und Mälaren bis an die Ostsee reicht. Das leicht hügelige und manchmal felsige Gelände ist von vielen kleinen und größeren Gewässern durchzogen. Vielerorts sieht Sörmland ganz von allein wie ein englischer Landschaftspark aus. Für landwirtschaftliche Nutzung sind die Böden nur bedingt geeignet, große, fruchtbare Ebenen sind die Ausnahme. Stattdessen entstanden an fließenden Gewässern Sägewerke und Schmiedehämmer. Der Adel, der die Nähe zum Hof schätzte, ließ sich gern in Sörmland nieder. Und so hat diese Region die wohl höchste Dichte an Herrenhäusern und Schlössern in Skandinavien.

Nynäs Slott

Einige der Schlösser sind berühmt: So setzte Kurt Tucholsky (1890–1935) Schloss Gripsholm in Mariefred mit seiner gleichnamigen Novelle ein literarisches Denkmal. Zu den königlichen Schlössern gehört auch Tullgarn Slott bei Trosa. Aber auch die weniger bekannten lohnen zum Teil einen

Mitte: Schloss Nynäs stammt aus dem 17. Jahrhundert.
Unten: Die Parkanlage wird nach altem Vorbild rekonstruiert.

Sörmland

Ericsbergs Slott liegt bei Katrineholm.

Besuch. Nynäs Slott liegt südlich von Trosa nicht weit von der Straße 219 in Richtung Nyköping. Es handelt sich um ein dreistöckiges Gebäude mit einem Walmdach aus der Mitte des 17. Jahrhunderts. Um 1860 bekam das Schloss eine neue Fassade, die bis heute erhalten blieb. Der Auftraggeber Erik Gyllenstierna (1602–1657) war Kammerrat, stieg zum Landeshauptmann von Sörmland auf und schließlich zum Präsidenten des Hofgerichts in Åbo (Turku), das damals noch zu Schweden gehörte und die Hauptstadt Finnlands war. Zum Freiherren geadelt, ließ er nicht nur Nynäs Slott bauen, sondern auch Ericsbergs Slott.

Ericsbergs Slott

Ericsbergs Slott liegt weiter westlich, etwa zwölf Kilometer von der Ortschaft Katrineholm entfernt. Gyllenstierna erlebte die Vollendung seiner beiden Schlösser nicht mehr, erst seine Frau Beata von Yxkull (1618–1667) ließ Ericsberg mithilfe des Hofarchitekten Nicodemus Tessin des Älteren (1615–1681) fertigstellen. Wie überall bei Schlössern gibt es auch zu Ericsberg Sagen und Mythen: So soll die in einem Gedicht als hartherzig beschriebene Hausherrin von ihrem Personal verflucht worden sein und bis heute durch die Ge-

Geheimtipp

SCHLAFEN WIE EIN KÖNIG

Zwischen den Ortschaften Flen und Malmköping mitten in Sörmland liegt Schloss Yxtaholm. Eine Besiedlung ist seit 1329 nachweisbar, die verschiedenen Gebäude der weitläufigen Anlage entstanden überwiegend im 18. Jahrhundert. Es gibt neben dem Hauptgebäude eine Schmiede, die als Restaurant und Veranstaltungsraum dient sowie verschiedene Flügel, in denen sich Hotelzimmer befinden. Auch das einstige Stallgebäude wurde zum Hotel umund ausgebaut. Durch die ruhige Lage auf einer kleinen Insel ist Yxtaholm ideal als Rückzugsort – außer an Wochenenden, dann finden in dem romantischen Milieu oft Hochzeiten und ähnliche Veranstaltungen statt. Es stehen Leihfahrräder, eine Boulebahn und Ruderboote zur Verfügung. Samstags und sonntags werden Reitausflüge angeboten. Eine Spa-Abteilung darf auf diesem Niveau nicht fehlen.

Yxtaholms Slott. 64291 Flen, Tel. 0157/244 40, info@yxtaholmsslott.se, www.yxtaholmsslott.se

Oben: Mälsåker gehört zu den bestbewahrten Barockschlössern. **Mitte:** Die Landschaftsparks der Anwesen lohnen einen Blick. **Unten:** Im Inland sind die Wirtschaftsgebäude in Rot gehalten. Die rote Farbe war ein Nebenprodukt der Kupfergruben in Falun.

mäuer spuken. Ericsberg befindet sich in Privatbesitz, das Schlossmuseum und der Barockpark von 1687 können nur von Gruppen besucht werden.

Mälsåker Slott

Auch bei Schloss Mälsåker hatte die Familie Gyllenstierna ihre Finger im Spiel. Um 1660 von der Familie Soop erbaut, fiel es zu Beginn der 18. Jahrhunderts an die Familie Gyllenstierna. Mälsåker liegt bei Strängnäs auf der Insel Selaön im Mälaren. 1993 wurde das Barockschloss von der schwedischen Reichsantiquarbehörde restauriert, seit 2006 ist es für die Öffentlichkeit zugänglich. Wenn man sich in Sörmland umschaut, fällt auf, wie viele Schlösser und Herrenhöfe – nicht immer ist die Abgrenzung zwischen beiden eindeutig – in der zweiten Hälfte des 17. Jahrhunderts erbaut wurden. Die Erklärung ist einfach: Schweden gehörte zu den Gewinnern des Dreißigjährigen Krieges. Verdiente Militärs und Großbürger wurden in den Adelsstand gehoben, Lehen reichlich vergeben.

Hörningsholm Slott

Aber zurück an die Küste: Die Insel Mörkö liegt zwischen Trosa und Södertälje in der Bucht Himmerfjärden. Auf Mörkö gibt es eine Klippe am nördlichen Ende, die sich über den Sund erhebt. Hier stand bereits im Mittelalter eine Befestigungsanlage, die im 16. Jahrhundert zu einem Renaissanceschloss aus- und umgebaut wurde. Hörningsholm wurde 1520 vom Dänenkönig Christian II. (1481-1559) zerstört, aber wieder aufgebaut. 1719, als die russischen Truppen die schwedische Küste heimsuchten, wurde es erneut in Mitleidenschaft gezogen. Über längere Zeit stand es als Ruine auf der Insel, bis man in der zweiten Hälfte des 18. Jahrhunderts ein neues Hauptgebäude errichtete.

Infos und Adressen

ESSEN UND TRINKEN

Orangerie Nynäs Slott. In der lichtdurchfluteten Orangerie lässt es sich gut essen, bei schönem Wetter auch auf der Terrasse. Im selben Gebäude ist auch eine Gärtnerei untergebracht mit diversen Pflanzen und seltenen Samen. Mai – 14. Juni, 22. Aug. – 4. Okt. Sa, So 10–17 Uhr, 20. Jun. – 16. Aug. tgl. 10–17 Uhr, 61199 Tystberga, Tel. 0155/26 15 05, nynasslott@nynasslott.se, www.nynasslott.se

ÜBERNACHTEN

Häringe Slott. Zwischen Nynäshamn und Väster-haninge liegt bei Landfjärden das Schloss Häringe. Die Zimmer in den Seitenflügeln können recht unterschiedlich sein. Gehobene Preisklasse. 13791 Västerhaninge, Tel. 08/50 42 04 40, info@haringeslott.se, www.haringeslott.se

Mauritzbergs Slott. Auf der Halbinsel Vikbolandet südlich der Bucht Bråviken und nur 20 Kilometer vom Zoo Kolmården entfernt liegt Schloss Mauritzberg. Es beherbergt ein charmantes kleines Hotel mit 16 Zimmern. 61031 Vikbolandet, Tel. 012/55 01 00, info@mauritzberg.se, www.mauritzberg.se

In der Orangerie von Schluss Nynäs gibt es ein kleines Café.

Södertuna Slott. Eines der vielen Schlösser aus dem 17. Jahrhundert nördlich von Gnesta. 1986 wurde aus dem Schloss ein Hotel, die Zimmer befinden sich in zwei Seitenflügeln. Gehobene Preisklasse. 64691 Gnesta, Tel. 0158/705 00, info@sodertuna.se, www.sodertuna.se

Sundbyholm Slott. Das Schloss wurde am westlichen Teil des Sees Mälaren erbaut. Die Hotelzimmer sind in teils alten, teils modernen Gebäuden untergebracht. 63508 Eskilstuna, Tel. 016/42 84 00, info@sundbyholms-slott.se, www.sundbyholms-slott.se

Die Festung Stegeborg bei Söderköping entstand wahrscheinlich schon im 13. Jahrhundert.

49 Finnland-Cruises
Kurz mal nach Helsinki

Ein Abstecher nach Helsinki ist für Schweden das Normalste der Welt: Schnell mal eine Tageskreuzfahrt in die benachbarte Hauptstadt machen gehört zu den jährlich wiederkehrenden Ritualen. Täglich verbinden komfortable Fährschiffe Stockholm und Helsinki. Sowohl Helsinki als auch die in der Mitte zwischen beiden Ländern liegenden Åland-Inseln mit dem Hauptort Mariehamn sind einen Abstecher wert.

Man sieht sie in Södermalm liegen, die leuchtend roten Fährschiffe der Reederei Viking Line. Etwas weiter außerhalb am Anleger Värtahamnen gegenüber der Insel Lidingö machen die weiß-blauen Schiffe des Konkurrenten Tallink Silja Line fest. Jeden Nachmittag gegen 17 Uhr heißt es »Leinen los«: Dann ziehen die dicken Pötte einträchtig hintereinander durch das enge Fahrwasser in Richtung Helsinki. Um 20 Uhr starten die nächsten beiden Schiffe gen Finnland, diesmal mit dem Ziel Turku. Dazwischen liegen noch die Abfahrten von Tallink nach Riga und Tallinn. Die Frachtfähren lassen wir außen vor, sie sind für Urlauber weniger interessant.

Zollfreie Ware

Die Route zwischen Stockholm und Helsinki ist eine der beliebtesten Strecken in der Ostsee, denn die Åland-Inseln genießen trotz ihrer Zugehörigkeit zu Finnland und damit zur EU einen steuerlichen Sonderstatus: An Bord kann zollfrei eingekauft werden. Für die Skandinavier sind Alkohol und Zigaretten günstiger als an Land, allein der

Mitte: Kein Kreuzfahrtschiff in der Ostsee lässt Stockholm und Helsinki aus.
Unten: Täglich fahren zwei Reedereien fast gleichzeitig von Stockholm hinüber in die finnische Hauptstadt.

Dom und Uspenski-Kathedrale liegen vis-à-vis der Fähranleger.

Einkauf lohnt schon eine Reise. Durch die enorme Popularität der Route war und ist die Konkurrenz hart zwischen Helsinki und Stockholm. Die Reedereien haben über Jahrzehnte versucht, sich mit immer größeren, schöneren und attraktiveren Schiffen zu profilieren. Für keine Strecke in Nordeuropa wurden so viele und gute Fährschiffe neu gebaut wie für die Hauptstadtverbindung. Die letzten Jahre wurde es etwas ruhiger, was die Neubauten anging, aber noch immer ist das Niveau der Schiffe überdurchschnittlich hoch.

Fahrt durch die Schären

Nach dem Ablegen in Stockholm verschwindet die Hauptstadt erstaunlich schnell. Die Inselgruppe Fjäderholmarna sieht von den hohen Schiffen sehr klein aus, dann taucht an Backbord – für Landratten: in Fahrtrichtung links – Vaxholm in der Ferne auf. Spektakulär ist die enge Durchfahrt durch Oxdjupet mit den Festungsanlagen von Oskar-Fredriksborg an beiden Ufern. Man kann sich gut vorstellen, warum es nie gelang, Stockholm von der Wasserseite aus einzunehmen. Mit dem nächsten Kurswechsel des Schiffes nach Nordost

Nicht verpassen

DER DOM VON HELSINKI

1819 legte Carl Ludwig Engel die ersten Entwürfe für den Dom vor, 1852 wurde er vollendet. Engel ließ sich von der Form orthodoxer Kirchen inspirieren, der Grundriss ähnelt dem der Isaakskathedrale in St. Petersburg. Zur Zarenzeit war die Kirche dem heiligen Nikolaus gewidmet, die Finnen benannten sie 1919 schlicht in »Suurkirkko« (Großkirche) um. Auf den Stufen des Senatsplatzes vor dem Dom fand im Juni 1993 der legendäre gemeinsame Auftritt der Band Leningrad Cowboys zusammen mit dem Alexandrow Ensemble der russischen Armee vor 70 000 Besuchern statt – im nicht immer einfachen Verhältnis zwischen Russland und Finnland viel mehr als nur ein Jux-Konzert.

Helsinginkirkot. Mo–So 9–18 Uhr, Juni–Aug. Mo–So 9–24 Uhr, Unionsgatan 29, 00170 Helsinki, Tel. +358 09/23 40 61 20, www.helsinginkirkot.fi

259

Nicht verpassen

Unübersehbar ragen ihre Masten in den Himmel von Mariehamn. Die »Pommern« hat für immer als Museumsschiff auf den Åland-Inseln festgemacht. Sie gehörte zu den sogenannten Flying P-Linern der Hamburger Reederei Laeisz. Der äländische Reeder Gustaf Erikson (1872–1947) kaufte nach dem Ersten Weltkrieg reihenweise Großsegler auf, als alle anderen bereits auf Maschinenkraft setzten. Eingesetzt wurden sie für Weizentransporte von Südamerika nach Europa. Zu seiner Flotte zählten die »Pommern«, die »Pamir« und die »Passat«. Letztere wurde 1959 von der Stadt Lübeck als Museumsschiff gekauft.

Ålands sjöfartsmuseum. Sept.–Mai. tgl. 11–16 Uhr, Juni–Aug. tgl. 10–17 Uhr, Hamngatan 2, Mariehamn 22100, Tel. +358 018/199 30, info@sjofartsmuseum.ax, www.sjofartsmuseum.ax

führt die Passage zwischen der Insel Ljusterö und dem Festland durch einen weiten Sund. Richtig eng wird es noch einmal zwischen der Insel Yxlö und Furusund – und damit ist die sogenannte Revierfahrt auch fast schon beendet. Die Zahl der Inseln wird geringer, das offene Meer ist erreicht.

Åland-Inseln

Rund vier Stunden benötigen die Fährschiffe durch die Stockholmer Schären. Am schönsten ist die Fahrt im Hellen, und ideal ist im Sommer die nachmittägliche Abfahrt nach Helsinki. Eine Alternative kann die Vormittagsfähre nach Turku sein, die ein Aussteigen auf den Åland-Inseln in Mariehamn möglich macht. Diese Inseln gehören zwar zu Finnland, sind aber seit jeher schwedischsprachig. Der Hauptort Mariehamn ist nett, aber ohne große Höhepunkte. Aufgrund der geringen Verkehrsdichte und der dünnen Besiedlung sind die Åland-Inseln ideal für Fahrradtouristen.

Nachtfähre nach Helsinki

Die wichtigste Route ist und bleibt aber die Nachtstrecke nach Helsinki. Übrigens legen auch die Nachtfähren auf den Åland-Inseln an – aber ohne dass es die Gäste an Bord merken. Auf einer der äußeren Inseln wird schnell mal festgemacht und gleich wieder abgelegt. Damit wurden die Åland-Inseln steuerrechtlich angelaufen, das berechtigt dazu, an Bord zollfreie Waren zu verkaufen. Im Verkehr zwischen zwei EU-Staaten ist der zollfreie Verkauf abgeschafft worden.

Suomenlinna

Am nächsten Morgen taucht die finnische Küste auf. Vorbei an der Festung Suomenlinna laufen die Fähren die Hauptstadt an. Suomenlinna wurde 1748 von den Schweden als »Sveaborg« (Schwedenburg) auf einer Insel erbaut, um die Stadt vor russischen Angriffen zu schützen. 1809 musste Schweden Finnland an den russischen Zaren abtreten, der Finnland den Status als Großherzogtum gab und das durch einen Stadtbrand zerstörte Helsinki neu aufbauen ließ. Selbstständig wurde Finnland erst 1918. Die finnische Armee übernahm die Festung in der Einfahrt zu Helsinki und benannte sie in »Suomenlinna« (Finnenburg) um. Auch wenn einzelne Gebäude heute noch vom Militär genutzt werden, ist sie in erster Linie ein Ausflugsziel geworden, das vom nahen Zentrum mit Taxibooten im Sommer zu erreichen ist.

Helsinki

Die großen Schweden-Fähren machen mitten im Zentrum fest: Viking Line liegt am nördlichen Ufer der Bucht direkt an der orthodoxen Uspenski-Kathedrale, Tallink Silja gegenüber. Bis zum Fischmarkt am Hafen sind es von den beiden Anlegern keine 500 Meter zu Fuß, Besucher sind also sofort mitten im Geschehen. Vom Sonnendeck der Schiffe gut zu erkennen sind die beiden Kirchenkuppeln: links der weiße Dom und rechts die in rotem

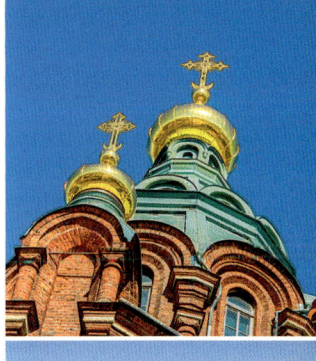

Oben: An Deck lohnt der Aufenthalt vor allem während der Fahrt durch die Schären.
Mitte: Das orthodoxe Kreuz an der Uspenski-Kathedrale verweist auf Finnlands russische Geschichte.
Unten: Heute ein Ausflugsziel: die Festung Suomenlinna

Backstein gehaltene Uspenski-Kathedrale. Beide Gebäude entstanden während der russischen Herrschaft. Es war Zar Alexander I. (1777–1825), der Helsinki zur Hauptstadt des Großfürstentums machte. Die Jahrhunderte zuvor hatte Turku noch diesen Status inne. Aber dem Zaren war Turku zu nah bei Schweden, er wünschte eine finnische Hauptstadt, die näher an St. Petersburg liegen sollte. Die Wahl fiel auf das unbedeutende und von Bränden zerstörte Helsinki. Alexander I. verfügte, dass eine Hauptstadt im Stile von St. Petersburg entstehen solle, der finnisch-deutsche Architekt Carl Ludwig Engel (1778–1840) erhielt den Auftrag, das Zentrum neu zu gestalten.

Dom und Uspenski-Kathedrale

So entstanden der 1852 vollendete Dom, der Senatsplatz und die Senatsgebäude rundherum im Stile des Klassizismus. Die orthodoxe Uspenski-Kathedrale wurde 1868 geweiht. Die beiden Kırchen symbolisieren Finnlands Rolle zwischen Ost und West: hier das christliche Kreuz, dort das russisch-orthodoxe Kreuz mit den zusätzlichen Querbalken – hier die Orientierung nach Westeuropa, dort der Einfluss Russlands. Ein Spaziergang führt vom Anleger zuerst zum Markt unten am Hafen, wo ein Obelisk steht, der eigentlich »Stein der Zarin« heißt, im Volksmund aber despektierlich als »Zahnstocher« bezeichnet wird. Alle wichtigen Gründerzeitgebäude befinden sich im Umkreis von rund 300 Metern vom Markt: das Präsidentenpalais, das Stadthaus, das Regierungspalais, die alte Universität und natürlich die beiden Kathedralen. Nahe dem Markt legen auch die Taxiboote zur Festung Suomenlinna ab. Kunst aus der Zeit von 1750 bis 1950 findet man im Ateneum, das zur Nationalgalerie gehört. Gegen 16 Uhr sollte man wieder an Bord sein, wcnn die Fährschiffe zurück nach Stockholm fahren.

Oben: Die Einfahrt nach Helsinki ermöglicht einen Blick auf die Stadt.
Unten: Der weiße Dom von Helsinki entstand während der russischen Herrschaft über Finnland.

Infos und Adressen

SEHENSWÜRDIGKEITEN

Festung Suomenlinna. Fähren ein- bis viermal stündlich ganzjährig ab Anleger Marktplatz, Suomenlinna C 74, 00190 Helsinki, Tel. +358 295/33 84 10, www.suomenlinna.fi/de

Ateneum Art Museum. Di, Fr 10–18 Uhr, Mi, Do 10–20 Uhr, Sa, So 10–17 Uhr, Kaivokatu 2, 00100 Helsinki, Tel. +358 02 94/50 04 01, ainfo@ateneum.fi, www.ateneum.fi

ESSEN UND TRINKEN

Restaurant Zetor. Das Restaurant der finnischen Kultband Leningrad Cowboys, die durch den gleichnamigen Kaurismäki-Film berühmt wurden. So, Mo 12–24 Uhr, Di 12–3 Uhr, Mi–Sa 12–4 Uhr, Mannerheimintie 3–5, Kaivopiha, 00100 Helsinki, Tel. +35 80 10/766 44 50, ravintola.zetor@sok.fi, www.zetor.net

ÜBERNACHTEN

Scandic Grand Marina. Zwischen Uspenski-Kathedrale und Viking-Line-Anleger in fußläufiger Entfernung zum Zentrum von Helsinki. Katajanokanlaituri 7, 00160 Helsinki, Tel. +35 89/166 61,

Nicht immer wird das Essen so rustikal serviert.

Originelle Dekoration im Restaurant »Zetor«

grandmarina@scandichotels.com, www.scandichotels.com

ANREISE

Eine Minicruise von Stockholm nach Helsinki sollte man vorbuchen, entweder im Reisebüro, bei einem Nordeuropa-Spezialisten oder auch online. Vor Ort in Stockholm gibt es Büros der Reedereien, aber bei kurzfristiger Buchung kann man das Pech haben, dass es keine Kabinen mehr gibt.

TallinkSilja. Schweden: City Terminalen, Klarabergsviadukten 72, 11164 Stockholm, Tel. 020/53 53 00, Deutschland: Böckmannstr. 56, 20099 Hamburg, Tel. 040/547 54 12 22, www.tallinksilja.de

Viking Line. Schweden: Terminalen Stadsgården, 11630 Stockholm, Tel. 08/452 42 00, Deutschland: Große Altefähre 20–22, 23552 Lübeck, Tel. 0451/38 46 30, www.vikingline.de

Eckerö Linjen. Kurze Überfahrt von Grisslehamn nach Eckerö auf den Åland-Inseln. Eine preisgünstige Alternative für alle, die nur bis zu den Inseln wollen. Mehrere Abfahrten täglich. Skatuddsvägen 13, 76456 Grisslehamn, Tel. 0175/258 00, www.eckerolinjen.se

50 Der Göta Kanal
Einmal quer durch Schweden

Der Göta Kanal ist ein faszinierender Wasserweg quer durch Schweden. Rund 600 Kilometer misst die Strecke von Stockholm nach Göteborg, die durch die Schären und über viele Seen führt, immer wieder verbunden durch einzelne Kanalabschnitte. Vier Tage dauert die Zeitreise mit den drei historischen Göta-Kanal-Schiffen, deren Maße exakt auf die Größe der Schleusenkammern abgestimmt sind.

Leicht wiegt sich das Schilf am Ufer dem Schiff entgegen, als wollte es sich verbeugen. Grüne Wiesen und Alleen gleiten langsam vorbei, bis eine Schleuse die Fahrt bremst. Auf den Zentimeter genau manövriert der Kapitän vom offenen Brückennock das historische Fahrgastschiff in die schmale Schleusenkammer. An Tampen befestigte Holzpfähle schützen als Fender den weißen Rumpf vor Beschädigungen durch die Steinwände. Wenn das Schiff in die Kammer eingefahren ist, kann der Kapitän das Ufer mit der ausgestreckten Hand berühren, so eng ist es hier. 58 Schleusenkammern müssen auf dem Weg von Stockholm nach Göteborg passiert werden. Sie überwinden einen Höhenunterschied von beinahe hundert Metern von der Ostsee hinauf zum höchsten Punkt am See Viken und wieder zurück auf Meeresniveau am Kattegatt bei Göteborg.

Von Göteborg nach Stockholm

Wer sich der schwedischen Hauptstadt Stockholm ganz entschleunigt nähern möchte, sollte den historischen Weg quer durch Schweden wählen: mit dem Schiff durch den Göta Kanal von Göteborg

Mitte: Die Schleusenstufen von Berg sind eine architektonische Meisterleistung.
Unten: In Stockholm machen die Göta-Kanal-Schiffe stilvoll an Skeppsbron fest.

nach Stockholm oder in die Gegenrichtung. Es ist eine Reise für Liebhaber alter Technik, für Freunde des langsamen Naturgenusses – und für Schiffsenthusiasten. Es gibt nur drei Passagierschiffe, die die volle Strecke zwischen den beiden größten Städten Schwedens fahren, und ihr Alter erstaunt: Das jüngste Schiff der Flotte heißt »Diana« und stammt aus dem Jahre 1931. Die »Wilhelm Tham« lief 1912 vom Stapel, doch die Seniorin in dem Trio ist die »Juno« von 1874. Alle drei Schiffe wurden für die Fahrt auf dem Göta Kanal gebaut, alle drei haben nahezu ihr ganzes Schiffsleben auf dem Kanal verbracht – von kleineren Unterbrechungen abgesehen. Nein, Stockholm ist wirklich nicht arm an alten Dampfschiffen, bei einigen wenigen wird sogar noch richtig Dampf im Kessel gemacht. Aber die drei Göta-Kanal-Schiffe sind selbst innerhalb dieses illustren Kreises eine Besonderheit, weil sie als einzige Kabinen an Bord bieten und dadurch ein mehrtägiges Erlebnis statt nur einiger Stunden.

Neue Wasserverbindung

Der Bau des Göta Kanals ist indirekt eine Folge der verlorenen Schlacht bei Poltawa in der heutigen Ukraine, die 1709 das Ende der schwedischen

Einfach gut!

RADTOUREN AM GÖTA KANAL

Neben dem Göta Kanal verläuft der alte Treidel- und Versorgungsweg. Darauf kann man nicht nur herrlich spazieren gehen, er ist auch ideal für kürzere und längere Radtouren. Wer das eigene Fahrrad dabeihat – in den Zügen der staatlichen SJ ist die Radmitnahme leider nicht möglich –, kann überall beginnen. Sehr hübsch ist beispielsweise das flache Stück zwischen der ersten Schleuse in Mem und Söderköping. Aber auch zwischen den Schleusenstufen von Berg bei Linköping und Motala am Vättern lässt es sich bestens radeln. Eine Alternative sind Mieträder, die es an mehreren Orten entlang des Kanals gibt. Die Homepage des Kanalbetreibers Göta Kanalbolag listet die verschiedenen Anbieter auf und informiert über geeignete Streckenabschnitte.

Göta Kanalbolag. Box 3, 59121 Motala, Tel. 0141/20 20 50, info@gotakanal.se, www.gotakanal.se/de/Radfahren

Einfach gut !

KURZ MAL KANAL-LUFT SCHNUPPERN

Nicht jeder möchte gleich eine mehrtägige Fahrt auf dem Göta Kanal von Göteborg nach Stockholm unternehmen. Für Autoreisende fast am Weg liegt die charmante Kleinstadt Söderköping, die neben einigen schönen Hotels und Restaurants auch ein Ausflugsschiff auf dem Kanal zu bieten hat. Die »Lindön« gehört dem örtlichen Hotel »Söderköpings Brunn« und wird für drei- und neunstündige Fahrten eingesetzt, allerdings nur von Mitte Juni bis Ende August. Sie führen Richtung Ostsee entweder bis zur Schleuse von Mem oder darüber hinaus an der Schlossruine Stegeborg vorbei bis zu der kleinen Insel Harstena. Die Preise liegen zwischen etwa 60 und 100 Euro inklusive Mittagessen an Bord. Reservierung erforderlich!

Söderköpings Brunn. Skönbergagatan 35, 61421 Söderköping, Tel. 0121/109 00, info@sbrunn.se, www.soderkopingsbrunn.se

Großmachtzeit besiegelte. Als dann noch Finnland 1809 im dritten Napoleonischen Krieg an Russland fiel, war das ohnehin angeschlagene Selbstbewusstsein der schwedischen Militärs ganz auf Abwehr gerichtet. Die Festung Waxholm vor den Toren Stockholms wurde ausgebaut, und man suchte nach Möglichkeiten, die Verbindung nach Westschweden auf einem anderen Weg als über die Ostsee rund um das Land zu bewerkstelligen – ein Wasserweg quer durch Schweden schien die Lösung. Es waren in erster Linie strategische Überlegungen, die zum Bau des Göta Kanals führten, die wirtschaftliche Entwicklung des Binnenlandes war eher ein angenehmer Nebeneffekt. Die Idee war nicht neu: Schon 1516 hatte Bischof Hans Brask einen Kanal quer durch Schweden vorgeschlagen.

Ein gigantisches Unternehmen

Es sollte aber dem Adeligen Baltzar von Platen (1766–1829) vorbehalten sein, die Pläne auch in die Tat umzusetzen. 1806 präsentierte von Platen dem Reichstag und König eine Abhandlung zum möglichen Bau des Kanals. Durch seine energische Art und die intensive Lobby-Arbeit konnte er in Stockholm überzeugen. 1810 beschloss der schwedische Reichstag das für damalige Verhältnisse gigantische Bauvorhaben, im selben Jahr wurde die Betreibergesellschaft Göta Kanalbolag in Motala gegründet, die bis heute die Geschicke des Kanals bestimmt. Von Platen sollte die Arbeiten leiten, fachliche Unterstützung bekam er vom schottischen Ingenieur Thomas Telford. Telford hatte bereits 1808 Vermessungsarbeiten durchgeführt und die mögliche Streckenführung berechnet.

58 000 Soldaten und Arbeiter haben den Göta Kanal zwischen 1810 und 1832 von Hand mit Spaten gegraben. Die Arbeitszeiten waren hart,

Der Göta Kanal

die langen skandinavischen Sommertage wurden von Sonnenaufgang bis Sonnenuntergang genutzt: Vier Uhr morgens Appell, um fünf Uhr Beginn der Arbeiten, die mit drei Pausen bis 20 Uhr dauerten. Trotzdem war die Arbeit begehrt, es gab auch eigene Frauengruppen, die ihre Vorarbeiterinnen selbst wählten.

Die Route

Die Streckenführung verband geschickt vorhandene Gewässer. Seen, aber auch Flüsse wurden genutzt, wo immer es möglich war. Von Mem an der Ostseeküste bis Sjötorp am Vänern beträgt die Entfernung 190 Kilometer, nur etwa die Hälfte davon ist gegrabener Kanal. Seen wie der Roxen bei Linköping oder der Vänern wurden in den Wasserweg einbezogen. Wenn die Schiffe in Stockholm ablegen, befahren sie zuerst den Mälaren, wo eine Stippvisite an Schloss Drottningholm auf dem Programm steht. Durch den Södertälje Kanal, der den Mälaren mit der Ostsee verbindet, geht es in die geschützte Bucht Himmerfjärden, vorbei an der Insel Oaxen in Richtung Trosa. Zwei größere Buchten müssen überquert werden, doch das geschieht meist nachts.

Südlich von Norrköping verläuft die Route zwischen Schären hindurch, dann knickt der Kurs nach Westen ins Inland ab. Vorbei an der Schlossruine Stegeborg geht es zur ersten Schleuse bei Mem, wo der Göta Kanal beginnt. Auf dem Kanal sind neben den drei Passagierschiffen vor allem Freizeitboote unterwegs, Segler wie Motorboote. In Söderköping werden mit einem jüngeren Ausflugsschiff auch kurze Tagestouren angeboten.

Vier Tage benötigen die historischen Dampfer der Reederei Göta Kanal für die Strecke von Stockholm nach Göteborg oder anders herum. Mit ein-

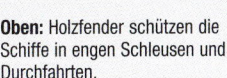

Oben: Holzfender schützen die Schiffe in engen Schleusen und Durchfahrten.
Unten: Der Kanal ist selten breiter als bei Söderköping.

gerechnet sind Stopps an Sehenswürdigkeiten und nächtliche Ruhepausen von ein paar Stunden. Bei vielen Schleusungen bleibt genügend Zeit für einen Spaziergang parallel zum Kanal auf dem Treidelweg zur nächsten Schleuse. Es gibt auch sechstägige Fahrten, bei denen nachts gar nicht gefahren wird und mehr Zeit für Besichtigungen bleibt.

Anleger in Stockholm

In Stockholm machen die Göta-Kanal-Schiffe an Skeppsbron in der Altstadt fest, nicht weit vom Schloss. Das ist die Ostsee-Seite von Gamla Stan. Früher lagen sie gegenüber vom Stadshuset am Kai von Riddarholmen, doch dort gibt es keine festen Liegeplätze mehr, während an Skeppsbron auch andere Schiffe abgefertigt werden. So müssen die drei historischen Dampfer durch den Danviks Kanal vorbei an Hammarby erst einmal Södermalm umrunden, um bei Långholmen den Mälaren zu erreichen – auch eine Art von Stockholm-Sightseeing. Der Göta Kanal ist nur von Mai bis September befahrbar, den Rest des Jahres ist er geschlossen.

Oben: Die »Wilhelm Tham« von 1912 beim Anlauf von Söderköping
Mitte: Für viele Freizeitskipper sind die Schleusen eine große Herausforderung.
Unten: Die »Juno« stammt von 1874 und ist noch immer mit Passagieren unterwegs.

GUT ZU WISSEN

KLEINE SCHIFFE, KLEINE KABINEN

Die sorgfältige, liebevolle Pflege der historischen Schätzchen »Wilhelm Tham«, »Diana« und »Juno« macht deren Kabinen leider auch nicht größer. Meist haben sie Etagenbetten, die höchste Kategorie verfügt sogar über ein Waschbecken, aber Toiletten und Duschen müssen die Gäste sich pro Deck teilen. Die »Klimaanlage« besteht aus einem Drehschieber in der Tür. Es ist alles sauber und ordentlich, aber wer modernen Kreuzfahrtstandard erwartet, ist hier leider falsch.

Infos und Adressen

ESSEN UND TRINKEN

Smultronstället, Söderköping. Der Name lässt sich nicht übersetzen, bedeutet aber so viel wie Lieblingsort. In diesem Fall ist es ein Eiscafé direkt an der Schleuse mit unzähligen Eiskreationen. 30. Apr.–Mittsommer tgl. 10–19 Uhr, Mittsommer–10. Aug. tgl. 10–21 Uhr, 11. Aug.–Ende Aug. tgl. 10–19 Uhr, Slussplan, Kanalgatan, 61434 Söderköping, Tel. 0121/216 11, sommar@smultronstallet.se, www.smultronstallet.se

ÜBERNACHTEN

Söderköpings Brunn. Das alte Kurhotel von 1774 bietet zeitgemäßen Komfort in historischen Räumlichkeiten. Wer möchte, kann sich aus einem breiten Angebot an Spa-Anwendungen verwöhnen lassen. Skönbergagatan 35, 61421 Söderköping, Tel. 0121/109 00, info@sbrunn.se, www.soderkopingsbrunn.se

AKTIVITÄTEN

Rederi Göta Kanal AB. Die drei historischen Schiffe bieten wahlweise vier- oder sechstägige Touren zwischen Stockholm und Göteborg an, alternativ kann man auch zweitägige Schnuppertouren von Söderköping nach Motala buchen. Pusterviksgatan 13, 41301 Göteborg, Tel. 031/80 63 15, bookings@gotacanal.se, www.gotacanal.se

Tierpark Kolmården. Knapp 40 Kilometer nördlich von Söderköping liegt der Zoo Kolmården, der ein beliebtes Ausflugsziel ist – auch von Stockholm aus. Neben exotischen Tieren leben hier Elche, Bären, Wölfe und Wisente. Mit eigenen Übernachtungsmöglichkeiten. 1. Mai–16. Aug. 10–17 Uhr, im Hochsommer 10–18 Uhr, Kolmården, 61892 Kolmården, Tel. 010/708 70 00, kontakt@kolmarden.com, www.kolmarden.com

Ausländische Besucher interessieren sich in Kolmården vor allem für die schwedische Tierwelt.

REISEINFOS

Anreise mit dem Auto

Es gibt verschiedene Möglichkeiten, nach Stockholm zu fahren. Zum einen ist da der Landweg: Von Hamburg aus sind es ziemlich genau tausend Kilometer bis zur schwedischen Hauptstadt, wenn man durch Dänemark und über die Öresundbrücke fährt. Die Strecke über die Autobahn E4 in Schweden ist nicht besonders abwechslungsreich. Die zweite Variante ist der Seeweg: Die Nachtfähren legen abends in Kiel, Travemünde oder Rostock ab, am nächsten Morgen ist Schweden erreicht. Den kürzesten Weg in Schweden hat man bei Nutzung der Fähre von Kiel nach Göteborg (Stena Line): Von Göteborg aus fährt man fünf bis sechs Stunden bis nach Stockholm. Die Routen von Rostock (TT-Line und Stena Line) und Travemünde (TT-Line) führen nach Trelleborg. Hier muss man sieben bis acht Stunden reine Fahrzeit rechnen. Wer nur nach Stockholm möchte und keine Rundreise plant, sollte unter Umständen auf das Auto verzichten. Parkplätze in Stockholm sind rar und deutlich teuer als bei uns, hinzu kommt die (allerdings niedrige) City-Maut an Werktagen, die seit 2015 auch für ausländische Fahrzeuge gilt. Informationen zu Straßen, zur Verkehrslage und allgemeine nützliche Infos gibt das schwedische Verkehrswerk. www.trafikverket.se

Anreise mit dem Zug

Sehr entspannt ist die Anreise per Bahn, die aus Norddeutschland in einem Tag machbar ist. Aus Süddeutschland empfiehlt sich eine Zwischenübernachtung in Malmö. Per ICE geht es auf der Vogelflugroute nach Kopenhagen, wo man in den Zug nach Stockholm umsteigt. Dank des Südschweden Spezials der Deutschen Bahn kann die Bahnreise in manchen Fällen günstiger sein als eine Anreise mit dem Flugzeug. Eine Alternative ist die Fähre von Kiel nach Göteborg und von dort mit dem Schnellzug nach Stockholm. Innerhalb Schwedens ist Stockholm per Schnellzug aus allen größeren Städten gut zu erreichen. Die Preise der schwedischen Bahn SJ sind moderat, das Reisen ist komfortabel. www.sj.se, www.bahn.de

Anreise mit dem Flugzeug

Stockholm hat drei Flughäfen: den internationalen Flughafen Arlanda im Norden der Stadt, der von allen großen Airlines angeflogen wird, den innerstädtischen Flughafen Bromma, der überwiegend inländische Flüge abwickelt, und

Werbung für das Abba-Museum auf einer Straßenbahn

Grüne Bäume, blaues Wasser und tiefschwarzer Kaffee – das ist Stockholm.

Skavsta, der rund 100 Kilometer südlich bei Nyköping liegt. Arlanda ist an das regionale Nahverkehrsnetz SL angeschlossen, die meisten Reisenden nutzen jedoch den Bus, der etwa 40 Minuten in die Innenstadt braucht, oder den Zug Arlandaexpress, der nur 20 Minuten benötigt, aber deutlich teurer ist. Bromma ist per SL und Bus zu erreichen und Skavsta in regelmäßigen Abständen per 90-minütiger Busfahrt. Die Busse kommen am Hauptbahnhof in Stockholm an.
www.swedavia.se/arlanda,
www.swedavia.se/
bromma, www.skavsta.se,
www.flygbussarna.se
www.arlandaexpress.com

Eintritt

Seit dem 1. Februar 2016 ist der Eintritt für staatlichen Museen in Stockholm kostenlos. Darunter fallen unter anderem das beliebte Moderna Museet, das Mittelaltermuseum oder die Hallwylsche Sammlung. Dadurch haben sich auch einige private Museen wie das Fotografiska Museet gezwungen gesehen, ihre Preise zu senken oder ganz abzuschaffen. Eine Liste der Museen, die kostenlos besucht werden können, findet sich unter www.visitstockholm.com/.

Fremdenverkehrsämter

VisitSweden ist das Fremdenverkehrsamt Schwedens und bietet nützliche Infos zur Reise nach Schweden im Allgemeinen. Tel. 069/22 22 34 96 (deutsche Rufnummer)
www.visitsweden.com

Stockholm Visitor Center ist das Fremdenverkehrsamt der Stadt Stockholm mit Besucherzentrum in der Innenstadt und Filialen u.a. am Flughafen Arlanda: Sergels Torg 5, 11157 Stockholm
Tel. 08/50 82 85 08,
www.visitstockholm.com

Veranstaltungsmagazine: Überall im Stadtgebiet kann man die Gratiszeitung »Metro« mitnehmen. Alternativ und deutlich umfassender sind die Veranstaltungstipps in der Zeitung »Dagens Nyheter«, kurz »DN«.

Fundbüro

Für Fundsachen ist in Schweden die Polizei zuständig. Für den gesamten Innenstadtbereich ist die Station in der Kungsholmsgatan verantwortlich.
Kungsholmsgatan 43, 10675 Stockholm
Tel. 010/563 36 10
www.polisen.se/Service/Hittegods/

Fundsachen, die in öffentlichen Transportmitteln verloren gegangen sind, kommen in das Fundbüro von SL (Stockholmer Lokalverkehr).
Klara östra Kyrkogata 6,
11152 Stockholm,
Tel. 08/600 10 00, www.sl.se

Geld/Währung

Zahlungsmittel ist in Schweden die Schwedische Krone (SEK). Vor allem deutsche Urlauber müssen sich umstellen: »Bares ist Wahres« gilt in Schweden nicht. In Schweden ist das Zahlen per Kreditkarte die Norm. Viele Tankstellenautomaten akzeptieren nur noch Karten. Auch Kleinstbeträge wie ein einzelner Kaffee werden mit Karte bezahlt.

EC-Karten sind ein deutsches System und funktionieren im Ausland nur bedingt. Man kann damit zu einem günstigen Kurs Geld am Bankomat (auch Minibank genannt) ziehen, als

Der Sommer ist Partyzeit in Stockholm.

Hier geht es zum Bezahlen, und zwar meist bargeldlos.

Zahlungsmittel in Geschäften oder an Tankstellen funktionieren sie nur selten. Akzeptiert werden alle gängigen Kreditkarten wie Mastercard und Visa. Wichtig ist es zu wissen, dass die Bezahlung mit der Kartee in der Regel per PIN erfolgt.

Gesundheit

In Schweden gibt es keine Allgemeinmediziner mit eigenen Praxen. Die Behandlung wird in der Regel über die Krankenhäuser abgewickelt. Zentrale Anlaufstellen sind deren Akutmottagningar (etwa »Akut-Aufnahmen«). Für die Behandlung wird eine Pauschalgebühr erhoben, die für alle gilt, für Schweden wie für Ausländer. Die meisten deutschen Krankenkassen zahlen diese Gebühr nach Vorlage einer Quittung zurück.

Apotheken sind sehr gut ausgestattet und bieten teils Medikamente ohne Re-

KALENDER

JANUAR
Neujahr. 1. Januar – Feiertag

Heilige Drei Könige. 6. Januar – Feiertag

MÄRZ/APRIL
Karfreitag und Ostersonntag. Feiertage

APRIL
Tag der Arbeit. 1. Mai – Feiertag

Christi Himmelfahrt. Feiertag

Valborgsmässoafton Valborgsmässoafton am 30. April ist die Feier des Frühlings und wird insbesondere in den Studentenstädten exzessiv gefeiert. Andernorts werden am Abend große Feuer entzündet.

MAI/JUNI
Pfingstsonntag. Feiertag

JUNI
Nationalfeiertag. 6. Juni – Feiertag

Midsommarafton. Freitag zwischen dem 19. und 25. Juni

Midsommardagen. Samstag zwischen dem 20. und 26. Juni – Midsommar ist das bekannteste schwedische Fest (siehe auch Bild unten). Gefeiert wird der längste Tag des Jahres, und zwar stets am folgenden Samstag Für die Stockholmer ist es zeitgleich der Beginn der Urlaubszeit.

NOVEMBER
Allerheiligen. 1. November – Feiertag

DEZEMBER
Weihnachten. 24.–26. Dezember

Silvester. 31. Dezember

zept, die in Deutschland verschreibungs-
pflichtig sind. In dringenden Fällen den
Notruf 112 wählen.

Kartenvorverkauf

Die meisten großen Konzerte, Sportver-
anstaltungen und Ähnliches lassen sich
bei Ticnet oder durch Lifenation vorbu-
chen.www.ticnet.se, www.lifenation.se

Klima

Juni bis August sind die wärmsten Monate des Jahres in Stockholm. Im Sommer liegen die Durchschnittstemperatu-
ren am Tag zwischen 20° und 23° C, im
Winter im Schnitt bei 2° C, schneereiche
Winter sind jedoch möglich. Durch die
Lage in Meeresnähe ist das Klima recht
ausgeglichen. Im Jahr fallen durchschnittlich 539 mm Niederschlag. Das ist
deutlich weniger, als Hamburg und
München zu verzeichnen haben!

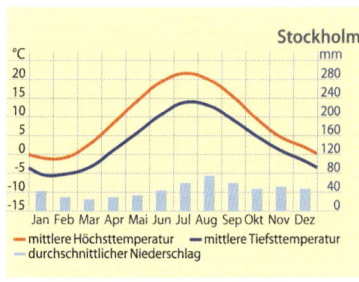

Die T-Bana sorgt für schnelles Vorankommen im
Untergrund.

Mahlzeiten

Frukost: entspricht in etwa unserem
Frühstück und wird in den Hotels in der
Regel als großes Büfett serviert. Wer
lieber später frühstücken möchte, findet
in vielen Cafés die unterschidlichsten
Angebote.

Lunch: ist das Mittagessen, das nach
12 Uhr eingenommen wird. Die Speisen
sind etwas einfacher als am Abend, dafür auch deutlich günstiger. Das Dagens
rätt (Tagesgericht) ist häufig eine gute
Wahl, was das Preis-Leistungs-Verhältnis
angeht.

Fika: eine schwedische Institution. Die
Kaffeepause, zu der es Kaffee und klassisch Kanelbullar, also Zimtschnecken,
gibt.

Middag: Es mag unserem Mittagessen
ähnlich klingen, ist aber das Abendessen.
Normalerweise wird es gegen 18 Uhr
eingenommen, aber in Stockholm auch
gerne später. Am Abend sind die Speise-
karten in den Restaurants umfangreicher und die Gerichte teurer als am
Mittag.

Straßenmusikanten lieben Stockholm.

Notrufnummer

112 – Polizei, Feuerwehr und Rettungsdienst

Öffentlicher Nahverkehr

Der gesamte Nahverkehr wird in Stockholm und Umgebung von SL (Storstockholms Lokaltrafik) abgewickelt. Dies umfasst die T-Bana (U-Bahn), Straßenbahnen, Busse und Pendelzüge. Der Nahverkehr ist sehr gut ausgebaut und bringt einen schnell und komfortabel von A nach B.

Flygbussarna fährt die Flugplätze an, und für den Transport auf dem Wasser sind größtenteils private Reedereien zuständig. Die wichtigste im Linienverkehr ist Waxholmsbolaget.
www.sl.se, www.flygbussarna.se
www.waxholmsbolaget.se

Parken

Parken ist in Stockholm im Innenstadtbereich tagsüber grundsätzlich kostenpflichtig, und Parkplätze sind wie in allen Städten rar. Nur wenige Hotels verfügen über eigene Parkplätze, meistens gibt es in der Nähe Parkhäuser. Die Kosten liegen über deutschem Groß stadtniveau, abgerechnet wird in der Regel über die Kreditkarte. Falschparken kostet zwischen 550 SEK und 1000 SEK pro Tag. Die größte Parkgesellschaft Stockholms, Parkering, treibt die Tickets auch in Deutschland ein. Von 18 bis 8 Uhr kann in vielen Nebenstraßen gratis geparkt werden – wenn was frei ist.

Påtår

Eine schwedische Besonderheit! Wörtlich übersetzt bedeutet es so viel wie »sich nachnehmen«. Das betrifft den Kaffee in

Wohnen wie die Nobelpreisträger im »Grand Hotel« gegenüber vom Schloss

Cafés, der in der Regel frei zugänglich ist. Ein Nachschenken ohne Bezahlung ist in Ordnung, aber natürlich sollte man es nicht übertreiben und allerspätestens beim vierten Kaffee einen neuen bezahlen. Neuerdings beginnt die Sitte des Påtår leider zu verschwinden, insbesondere in den Großstädten. Je klassischer das Café, desto größer die Wahrscheinlichkeit, diesen Brauch noch anzutreffen. Zwischenlösungen gibt es auch schon: Der zweite Kaffee ist günstiger als der erste.

Post

Wer Postkarten verschicken möchte, kann die Briefmarken häufig mit der Karte zusammen kaufen. In Stockholm gibt es gelbe und blaue Briefkästen. Blau für lokale Post, gelb für den Rest. www.postnord.se

Rauchen

In Schweden ist das Rauchen seit 2005 in öffentlichen Räumen untersagt. Darunter fallen auch Restaurants, Cafés und Bars. Auch auf Terrassen von Cafés und Restaurants sollte man lieber fragen, ob man rauchen darf. Eine beliebte Alternative ist der typisch schwedische Snus, der Kautabak, den man sich unter die Oberlippe schiebt. Der ist nämlich auch drinnen erlaubt.

Reisedokumente

Schweden ist Mitglied im Schengenraum, daher ist für EU-Bürger aus den

Schengenländern ein Personalausweis
für die Einreise ausreichend. Kinder benötigen einen Kinderausweis.

Sprache

Wer nach Schweden fährt, muss nicht
erst Schwedisch lernen, um über die
Runden zu kommen – erst recht nicht in
Stockholm. Englisch spricht fast jeder,
insbesondere an den touristischen Hot-
spots. Mit Deutsch hingegen kommt
man nicht weit.

Stadtbesichtigungen

Per Boot bietet Strömma Rundfahrten
und »Hop-on – hop -off«-Touren an, et
was flotter ist die Tour mit dem RIB-
Boat. www.stromma.se, www.ribsight-
seeing.se, www.redsightseeing.com

Ganz klassisch per Bus gibt es zwei große Anbieter: Strömma und Red Sight-
seeing. Letzterer bietet Audioguides an,
die auch auf Deutsch verfügbar sind.
www.stromma.se, ww.redsightseeing.com

Wer lieber selber treten will, kann
Stockholm per Rad entdecken. Geführte
Touren und Fahrradvermietung findet
man unter:
www.bikesweden.se

Auch auf zwei Rädern, aber elektrisch
angetrieben, lässt sich Stockholm vom
Segway aus erkunden. Allerdings ohne
Guide auf eigene Faust.
www.stockholmadventures.com

Strömma bietet geführte Rundgänge
durch Gamla Stan an. www.stromma.se

Taxi

In Stockholm gibt es neben den geprüften Taxiunternehmen kleinere, »unge-
prüfte« Firmen. Alle geprüften Taxis haben gelbe Kennzeichen. Grundsätzlich ist
es ratsam, vor der Fahrt nach dem Preis
zu fragen, da diesen jedes Unternehmen
selbst festlegen kann. Alle Taxen haben
gelb-weiße Plaketten auf der Tür, die die
Preise angeben. Von nicht geprüften
Taxen ohne gelbes Kennzeichen wird ab-
geraten. Hotelrezeptionen bestellen gerne ein Taxi, wenn dies gewünscht ist.
Taxi Stockholm: 08/15 00 00
Taxi 020: 020/20 20 20
Taxikurir: 08/30 00 00

Telefonieren

Schweden hat die internationale Vor-
wahl +46. Um nach Deutschland zu te-
lefonieren, muss stets die Ländervorwahl
Deutschlands +49 zuerst gewählt werden, nach Österreich die +43 und in die
Schweiz die +41.

Trinkgeld

Ein ewig schwieriges Thema. Grundsätzlich gilt: Es ist in Schweden in Ordnung,
kein Trinkgeld zu geben. Nichtsdesto-
trotz wird es gerne gesehen. Das klassische Aufrunden auf die nächste glatte
Summe ist angemessen. Alternativ sind
8 bis 10 Prozent der Gesamtsumme ein
guter Richtwert.

STOCKHOLM
für Kinder und Familien

In Junibacken finden Kinder ganzjährig einen Abenteuerspielplatz.

Schweden wird als familienfreundlichstes Land Europas gehandelt. Die Einheimischen erfreuen sich in der Tat an einer großzügigen Elternzeit, und die Besucher werden die kinderfreundliche Infrastruktur schätzen. Interaktive Museen, abwechslungsreiche Outdoor-Aktivitäten und gemütliche Unterkünfte machen die Reise für Groß und Klein zum Vergnügen.

Einmal Matrose sein

Unabhängig davon, dass der Segler »Vasa« ein Magnet für Groß und Klein ist, bietet das **Vasamuseum** Kindern unterschiedliche Möglichkeiten, das Schiff auf eigene Faust zu erkunden. Simulatoren erklären die Zusammenhänge von Rumpfform, Ballast und Kanonendecks; sie sind beliebt, genauso wie die rekonstruierte Bergungsglocke, in die man hineinklettern kann (siehe Seite 160).

Im **Sjöhistoriska Museet** wird verzaubert, wer Schiffe und maritime Abenteuer mag. Neben den Museumsschiffen auf Djurgården »Sankt Erik« und »Finngrundet« gibt es noch das Museum im Nationalstadtpark nördlich des Djurgårdskanals. Für Kleinkinder ist es noch nicht so spannend, aber ab sechs Jahren aufwärts wird es interessant (siehe Seite 150).

Bücher werden lebendig

Die geliebten Pippi Langstrumpf, Pettersson mit Findus, die Brüder Löwenherz: Sie alle sind im **Museum Junibacken** versammelt und warten darauf, von Kindern entdeckt zu werden. Kinderwagen müssen leider draußen bleiben, aber die Rezeption verleiht Schlösser (siehe Seite 170). Nicht alle Bücher der großen schwedischen Kinderbuchautorin Astrid Lindgren spielen in Småland. »Mio mein Mio« beginnt in Stockholm in dem kleinen Park Tegnérlunden, und »Karlsson vom Dach« spielt im Stockholmer Stadtteil Vasastaden. Wer sich früh genug anmeldet, kann sogar **Astrid Lindgrens Wohnung** in der Dalagatan 46 besuchen (siehe Seite 72). Unter www.astridlindgrenshem.se werden die Touren in Kleingruppen mit bis zu zwölf Teilnehmern angekündigt.

Sport und Spiel

Passender kann es gar nicht sein: Zu Füßen von Astrid Lindgrens ehemaliger Wohnung liegt ein großer **Bolz- und Spielplatz im Vasapark**. Ein Kiosk verkauft Snacks und Getränke. Zwischen den U-Bahn-Stationen St. Eriksplan und Odenplan in der Odengatan gelegen (siehe Seite 73).

Auf Södermalm lädt der **Spielplatz Bryggartäppan** junge Familien auf eine wahre Zeitreise ein. Historische Häuser im Kindermaßstab zeigen, wie Familien um das Jahr 1800 auf der Insel lebten und auch arbeiteten. Schmiede, Werkstatt und Plumpsklo – vieles war früher doch abenteuerlicher als heute. Gegenüber von Gotlandsgatan 60, 11665 Stockholm.

Museen zum Anfassen

Das **Freilichtmuseum Skansen** ist für Jung und Alt gedacht. Es gibt vieles zum Anfassen und Ausprobieren, jede Menge Tiere können beobachtet und teils auch gestreichelt werden. Das neu eröffnete Lill-Skansen-Haus beherbergt einen Streichelzoo und richtet sich speziell an die jüngsten Besucher (siehe Seite 154). Skansen will mit historischen Gebäuden aus dem ganzen Land das Leben in Schweden vor rund hundert Jahren zeigen. Seinen Höhepunkt findet das historische Treiben während des Herbstmarktes – dann kann nämlich jeder Besucher mitmachen. Von Waschweibern über Sackhüpfen zum rustikalen Wettstreit, bei dem zwei Kontrahenten versuchen, sich gegenseitig mit einem Heusack von einem Holzbalken zu stoßen, ist alles dabei. Im Teilbereich **Skansen Akvarium** sind prachtvolle Tropenfische, darüber hinaus Reptilien, Amphibien, Vögel und kleinere Säugetiere zu sehen. Sept.–Apr. Mo–Fr 10–16 Uhr, Sa, So 10–17 Uhr, Mai Mo–Fr 10–17 Uhr, Sa, So 10–18 Uhr, Juni–Mittsommer, Aug. Mo–Fr 10–18 Uhr, Sa, So 10–19 Uhr, Mittsommer–Juli tgl. 10–20 Uhr, Djurgårdsslätten 49–51, 11521 Stockholm, Tel. 08/666 10 00, info@skansen-akvariet.se, www.skansen-akvariet.se

Etwa 35 Kilometer südlich von Stockholm erstreckt sich über vier Etagen das **Naturkundemuseum Tom Tits Experiment**. Wobei das Wort »Museum« einen falschen Eindruck erweckt, denn hier stehen Experimente zum Selbermachen im Vordergrund. Spielerisch lernen Kinder (und Erwachsene) das Periodensystem, den menschlichen Körper und optische Täuschungen kennen. Mi–Fr 10–17 Uhr, Sa, So 10–18 Uhr, Storgatan 33, 15136 Södertälje, Tel. 08/55 02 25 00, info@tomtit.se, www.tomtit.se

Vergnügungspark

Im **Achterbahn- und Zuckerwatteparadies Gröna Lund** direkt an der Ostsee kreist das Kettenkarussell schon über dem Wasser, die Freefall-Türme bieten einen atemberaubenden Ausblick, und die Achterbahnen sind nur einen Katzensprung entfernt. Wem der Sinn nach weniger Adrenalin steht, der kann das Heim von Pettersson und Findus besuchen oder sich durch ein Haus voller Sinnestäuschungen hangeln (siehe Seite 146).

Familienfreundliche Unterkünfte

Old Town Lodge

Während die Altstadt tagsüber von Touristen gefüllt ist, kehrt nach Ladenschluss Ruhe in die engen Gassen ein. Das Hostel in einem Gebäude aus dem 17. Jahrhundert überrascht unterirdisch mit frischem Design, einer gemütlichen Gästeküche und günstigen Preisen für ein Familienzimmer mit Etagenbetten. Baggensgatan 25, 111 31 Stockholm, Tel. 08/20 44 55, guest@oldtownlodge.se, oldtownlodge.se

MS Monika

In der maritimen Metropole bietet es sich an, auf einem der Hotelschiffe zu übernachten. Während die »Af Chapman« bei Jugendlichen beliebt ist, finden Familien mit kleineren Kindern auf der »MS Monika« mehr Ruhe. Auf dem hundert Jahre alten Boot wird man am nördlichen Ufer von Kungsholmen friedlich in den Schlaf geschaukelt. Kungsholms Strand 133, 11233 Stockholm, Tel. 08/120 921 00, kontakt@msmonika.se, www.msmonika.se

Scandic Hasselbacken

Djurgården ist mit Junibacken, Gröna Lund und Skansen der ideale Ort für Familien mit Kindern. Es gibt kaum Hotels auf der Insel, und wer übernachtet, hat die Ruhe und Natur fast für sich alleine. Mit Fähre, Straßenbahn oder Fahrrad ist man in einer Viertelstunde im Zentrum. Hazeliusbacken 20, 10055 Stockholm, Tel. 08/51 73 43 00, hasselbacken@scandichotels.com, www.scandichotels.com (siehe HL 20)

Långholmen Hostel & Hotel

Wer traut sich in die Zelle? Das Hostel war früher ein Gefängnis. Die meisten Zimmer sind enge Doppelzimmer, doch es gibt auch für Familien geeignete Viererzimmer. Ältere Kinder kommen im eingegliederten Museum der düsteren Geschichte der Insel auf die Spur, während sich die Kleinen am nahen Sandstrand austoben können. Långholmsmuren 20, 11733 Stockholm, Tel. 08/720 85 00, info@langholmen.com, www.langholmen.se (siehe HL 36)

Deutlich besser als das Småland bei IKEA!

Kleiner Sprachführer

ALLGEMEIN

Guten Tag. God dag.
Hallo. Hej.
Auf Wiedersehen. Hej
  då.
Wie geht's? Hur är det?
Danke, gut. Tack, bra.
ja ja
nein nej
bitte är du snäll
danke tack
Vielen Dank! Tack så
  mycket!
Wie bitte? Ursäkta?
Ich verstehe nicht. Jag
  förstår inte.
Ich heiße ... Jag heter ...
Ich spreche kein Schwe-
  disch. Jag talar inte
  svenska.
Sprechen Sie ...? Talar
  du ...?
Deutsch tyska
Wie viel Uhr ist es? Hur
  mycket är klockan?

UNTERWEGS

links vänster
rechts höger
geradeaus rakt fram
nah nära
fern borta
Entschuldigung, wo ist ...
  Ursäkta, var finns
  det ...
geöffnet öppet
geschlossen stängt
die Touristeninformation
  turistbyrån

der Hauptbahnhof cen-
  tralstationen
die U-Bahn tunnelbanan
der Flughafen flygplat-
  sen
eine Bushaltestelle en
  busshållplats
das Museum museet
die Kirche kyrkan
das Hotel hotellet
Hilfe! Hjälp!
Eintrittskarte inträdes-
  biljett
Fahrschein/Ticket biljett
Erwachsener vuxen
Kind barn
Senior pensionär
Studierender student
Schüler elev
die Polizei polisen
der Arzt läkaren
das Krankenhaus sjuk-
  huset

ÜBERNACHTEN

Ich habe ein Zimmer re-
  serviert. Jag har re-
  serverat ett rum.
Haben Sie ein freies
  Zimmer? Finns det ett
  ledigt rum?
ein Zimmer für zwei Per-
  sonen ett rum för två
  personer
ein Einzel-/Doppelzim-
  mer ett dubbel-/
  enkelrum
mit Bad med badrum
mit Frühstück med f
  rukost

mit Halbpension med
  halvpension
für eine Nacht för en
  natt
für eine Woche för en
  vecka
Gepäck bagage
Parkplatz parkering
rauchfrei rökfritt
Sauna bastu

ESSEN UND TRINKEN

Haben Sie einen Tisch
  für zwei Personen?
  Finns det ett bord för
  två personer?
Reservieren Sie bitte für
  20 Uhr einen Tisch
  für vier Personen.
  Reservera ett bord för
  fyra personer till
  klockan åtta, tack.
Ist dieser Tisch noch
  frei? Är detta bord
  ledigt?
Die Speisekarte, bitte!
  Menyn, tack!
Ich esse vegetarisch. Jag
  äter vegetariskt.
Ich möchte ... (bei
  Speiseauswahl) Jag
  tar ...
Guten Appetit! Smaklig
  måltid!
Die Rechnung, bitte!
  Notan, tack!
Das ist für Sie. Det är till
  dig.

Es hat gut geschmeckt.
Det var gott.
Tagesgericht dagens rätt
Frühstück frukost
Mittagessen lunch
Vorspeise förrätt
Hauptspeise huvudrätt
Nachspeise efterrätt
Weinkarte vinlistan
ein Glas ett glas
eine Flasche en flaska
ein Messer en kniv
eine Gabel en gaffel
ein Löffel en sked
ein Teller en tallrik
Mineralwasser mit/ohne
Kohlensäure
mineralvatten
med/utan kolsyra
Apfel-/Orangensaft
äppeljuice/orangejuice
Tee te
Kaffee kaffe
Milch mjölk
Limonade läsk
Weißwein vitvin
Rotwein rödvin
Bier öl
Essig vinäger
Öl olja
gebacken ugnsbakad
gegrillt grillad
geräuchert rökt
eingelegt inlagd
Butter smör
Zwiebel lök
Knoblauch vitlök
Sahne grädde
Gemüse grönsaker
Obst frukt

Käse Ost
Beeren bär
Pilze svampar
Pfifferlinge kantareller
Salat sallad
Suppe soppa
Pfeffer peppar
Salz salt
Zucker socker
Kräuter örter
Gewürze kryddor
Nüsse nötter
Fleisch kött
Steak stek
Fleischbällchen köttbullar
Hackfleisch köttfärs
Rinderfilet oxfilé
Schweinefilet fläskfilé
Huhn kyckling
Pute kalkon
Elch älg
Wild vilt
Leber lever
Würstchen korv
Schinken skinka
Fisch fisk
eingelegter Hering sill
Lachs lax
Garnelen räkor
Kartoffeln potatis
Reis ris
Auflauf gratäng
Nudeln pasta
Speiseeis glass
Lebensmittelallergie
livsmedelsallergi

EINKAUFEN

ein Einkaufszentrum ett köpcentrum
ein Lebensmittelgeschäft en livsmedelsaffär
eine Bäckerei ett bageri
ein Brot ett bröd
eine Apotheke ett apotek
Wie viel kostet das? Hur mycket kostar det?
Ich nehme es. Jag tar det.
teuer dyr
billig billig
die Größe storleken
bezahlen betala
das Geld pengarna
der Geldautomat bankomaten
Kreditkarte kreditkort
bar kontant

ZAHLEN

0 noll
1 ett
2 två
3 tre
4 fyra
5 fem
6 sex
7 sju
8 åtta
9 nio
10 tio
100 hundra
1000 tusen
¼ en kvart
½ en halv

Register